주역 64괘

周易 六十四卦

임병학 역해(易解)

도서
출판 中道

『주역(周易)』은 인류의 문명이 열리면서 진리의 빛을 밝힌 하늘의 말씀이자 성인(聖人)의 학문이다. 복희씨(伏羲氏)가 64괘 괘상(卦象)을 긋고, 문왕(文王)이 64괘 괘명(卦名)을 짓고, 주공(周公)이 384효 효사(爻辭)를 짓고, 공자께서 십익(十翼)을 찬술(撰述)함으로써 완성되었다.

64괘는 괘상이 제일 근본이고, 괘의 이름과 뜻이 괘사(卦辭)이고, 여섯 효(爻)가 가진 뜻이 효사이고, 괘상과 괘사·효사를 공부할 수 있는 말씀이 십익이다. 괘상과 괘사(卦辭, 괘명), 효사 그리고 십익(十翼)은 하나의 진리를 밝히고 있다.

『주역 64괘』는 다음의 내용을 담고 있다.

첫째, 『주역』 64괘의 괘상과 64괘의 「괘사」, 「단사(彖辭)」, 「대상사(大象辭)」, 「서괘(序卦)」, 「잡괘(雜卦)」의 말씀을 정확하게 해석하였다. 또 괘의 여섯 효사(爻辭)에 나타난 괘 이름을 통해 괘의 의미를 확장하였다. 예를 들면, 지수사괘(地水師卦)의 「단사」와 「서괘상」에서는 거듭 '사(師)는 중(衆, 무리)이고'라 하였는데, 스승이나 군대로 해석하고 있는 것이다.

둘째, 괘상과 괘 이름에 담긴 형이상학적 의미를 해석하였다. 괘상은 뜻을 온전히 담고, 말씀은 그 괘상에 담긴 진리를 성인이 드러낸 것이다. 64괘의 괘사·효사는 시적(詩的) 언어를 통해 하늘의 뜻(형이상학)을 담고 있기 때문에 공자(孔子)의 십익(十翼)을 통해 해석될 때 올바른 길을 찾을 수 있다.

한대(漢代) 이후 내려온 상수역학과 의리역학은 자기모순을 그대로 노출하고 있다. 상수(象數)는 술수(術數)로, 의리(義理)는 관념적 이데올로기로 떨어져 있다.

셋째, 64괘 괘 이름의 한자와 괘상의 관계를 밝혔다. 괘 이름을 이해하는 것은 괘상을 풀어내는데 있어서 매우 중요한 의미를 가지고 있다. 예를 들면, 수천수괘(水天需卦)에서 수(需)를 풀이하면, 비 우(雨)는 물이니 감괘(坎卦)가 되고, 말 이을 이(而)는 하늘 천(天)에서 가운데 일(一)이 양쪽으로 늘어지면 이(而)가 되기 때문에 건괘(乾卦)를 담고 있다.

넷째, 『주역』의 진리 표상체계인 하도(河圖)·낙서(洛書)와 팔괘도(八卦圖)를 통해 64괘를 풀이하였다. 역도(易道)는 상(象)으로 표상되는데, 상은 하도낙서의 수리(數理)로, 팔괘가 배열된 팔괘도(八卦圖)로, 팔괘가 중첩된 64괘로, 그리고 말씀인 계사(繫辭)로 표상된다. 『주역』을 바르게 해석하기 위해서는 역도의 표상체계를 근거로 해야 한다.

대표적으로 건괘(乾卦)와 곤괘(坤卦), 건괘(蹇卦)와 해괘(解卦), 손괘(損卦)와 익괘(益卦), 곤괘(困卦)와 정괘(井卦), 기제괘(既濟卦)와 미제괘(未濟卦) 등은 하도·낙서와 팔괘도의 뜻을 직접 표상하는 괘이다.

다섯째, 『정역』에서 밝힌 『주역』의 학문적 내용을 근거로 하였다. 『정역』은 철저히 공맹지도(孔孟之道)를 계승하고, 『주역』에 비장된 진리를 드러낸 저서이다. 공자께서 「설괘」 제6장에서 말씀으로 그려놓은 정역팔괘도(正易八卦圖)를 긋고, 「계사상」 제9장에 밝힌 하도·낙서(河圖洛書)원리와 360일 정역(正曆)의 기수(朞數)를 확연하게 드러낸 것이다.

『주역』에서 주(周)는 두루, 널리, 주나라 등으로 해석하지만, 진실(眞實), 참이라는 뜻이 있다. 참된 역(易)이 주역이고, 바른 역(易)이 정역이다.

나는 이 책을 저술해야겠다고 미리 계획한 것은 아니었다. 『한자, 주역으로 풀다 2』를 저술하면서, 발걸음이 저절로 옮겨지게 되었다. 왜곡되고 타락한 『주역』의 해석을 멀리하고, 성인의 말씀을 드러내고자 하는 마음에서 시작하였다. 이어서 『주역 384효』를 역해(易解)할 계획이다. 384효에서 밝힌 말씀 하나하나의 형이상학적인 뜻을 생각해보고자 한다. 특히 『주역 64괘』의 풀이를 바탕으로 이태경(李泰暻) 선생님과 공동으로 '주역 64괘 화보'를 작업하고 있다.

아~~ 『주역』이 이렇게 풀어지다니! 매일이 놀라움과 감사의 연속이다. 『주역』과 『정역』을 가르쳐주신 고(故) 관중(觀中) 류남상(柳南相) 선생님과 여러 교수님께 감사드리며, 수많은 인연들의 고마움에 감사하지 않을 수 없다.

이 책에 특별한 노고와 정성을 아끼지 않으신 김시우(金時佑) 박사님과 조용태(趙龍泰) 박사님, 최미진(崔美振) 선생님, 『주역』을 함께 공부하고 있는 동양학대학원 선생님들, 마음학 공부에 열정을 다하는 마음학연구회 연구원들의 지원과 격려에 감사를 드린다. 도서출판 中道의 신원식 대표님께도 감사한 마음을 전한다.

2023년 삼복지절(三伏之節), 대전(大田) 도안서실(道安書室)에서
불초(不肖) 임병학(林炳學) 삼가 쓰다.

목 차

제3부 팔괘(八卦)와 팔괘도(八卦圖)

제1부 상경(上經)

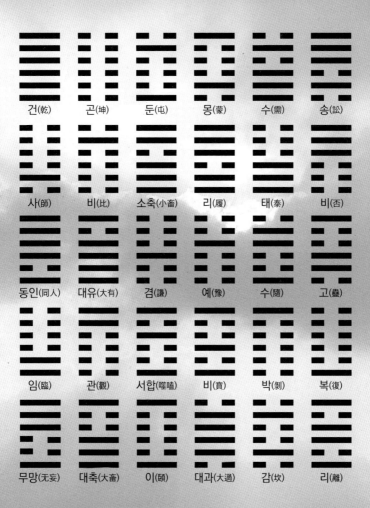

건(乾)　곤(坤)　둔(屯)　몽(蒙)　수(需)　송(訟)

사(師)　비(比)　소축(小畜)　리(履)　태(泰)　비(否)

동인(同人)　대유(大有)　겸(謙)　예(豫)　수(隨)　고(蠱)

임(臨)　관(觀)　서합(噬嗑)　비(賁)　박(剝)　복(復)

무망(无妄)　대축(大畜)　이(頤)　대과(大過)　감(坎)　리(離)

하늘 건

　중천건괘(重天乾卦)는 내괘와 외괘가 모두 건괘(乾卦, ☰)로, 여섯 효가 모두 양효(陽爻, ▅)로 구성되어 있다. 건괘(乾卦)의 첫 문장은 '건 (乾)은 원(元)이고 형(亨)이고 이(利)이고 정(貞)이니라'로, 천도(天道) 사상(四象)을 밝히고 있다.

　건(乾)을 풀이하면, 왼쪽의 십(十)과 십(十)은 모두 하늘을 나타내는 수리(數理)로 건괘(乾卦, ☰)를 상징하고, 가운데 일(日)은 빛으로 하늘이다. 모두 하늘을 상징하고, 하늘의 작용을 의미한다.

　또 건(乾)의 오른쪽에 있는 누운 사람 인(⺉)은 진리를 밝힌 성인을 의미하고, 새 을(乙)은 생명의 시작을 의미한다. 건(乾)은 건도(乾道), 천도(天道)이고, 천도를 세상에 밝히는 분은 성인(聖人)이며, 성인에 의해서 만물의 존재 의의가 드러나게 되는 것이다.

　「단사(彖辭)」에서는 '위대하구나! 건원(乾元)이여 만물이 비로소 시작되니 이에 하늘을 통솔하는 것이로다. 구름이 행하고 비가 베풀어져서 품물(品物)이 형상을 이루는 것이다'(大哉라 乾元이여 萬物이 資始하나니 乃統天이로다. 雲行雨施하야 品物이 流形하나니라)라 하여, 건(乾)

은 위대한 창조의 근원으로 천지만물을 생성시키는 것이다. 건원(乾元)에 의해 만물은 각각 바르게 되고 조화를 이루는 것이다.

또 「단사」에서는 '종시(終始)를 크게 밝히면 여섯 위가 천시(天時)로 완성하니'(大明終始하면 六位時成하나니)라 하여, 역도(易道)의 내용인 종시(終始)를 밝히고 있다. 또 '건도(乾道)가 변화함에 각각 성명(性命)을 바르게 하니'(乾道ㅣ 變化에 各正性命하나니)라 하여, 건도(乾道)와 성명(性命)을 통해 하늘의 변화 이치와 사람 본성의 관계를 논하고 있다.

「대상사(大象辭)」에서는 '하늘의 운행이 강건하니, 군자가 이로써 스스로 강건하고 쉬지 않는 것이다'(天行이 健하니 君子ㅣ 以하야 自彊不息하나니라)라 하여, 자강불식(自彊不息)을 밝히고 있다.

또한 「계사상」 제12장에서는 '건곤(乾坤)은 역도(易道)가 온축된 것이구나! 건곤이 열을 이루면 역도가 그 가운데 서는 것이니 건곤이 훼손되면 역도를 볼 수 없고, 역도를 볼 수 없으면 건곤은 혹 거의 사라질 것이다'(乾坤은 其易之縕耶ㄴ뎌 乾坤이 成列而易이 立乎其中矣니 乾坤이 毁則无以見易이오 易을 不可見則乾坤이 或幾乎息矣리라)라 하여, 역도(易道)가 건곤지도(乾坤之道)임을 밝히고 있다.

또 「계사하」 제6장에서는 '건곤(乾坤)은 역도의 문이구나! 건은 양물(陽物)이고 곤은 음물(陰物)이니 음양이 합덕(合德)하고 강유(剛柔)의 본체가 있는 것이다. 천지의 본성을 본체로 하며 신명한 덕에 통하니'(乾坤은 其易之門邪ㄴ뎌 乾은 陽物也오 坤은 陰物也니 陰陽이 合德하야 而剛柔ㅣ 有體라 以體天地之撰하며 以通神明之德하니)라 하여, 건곤(乾坤)은 역도(易道)의 문으로, 아무리 강조해도 지나치지 않는다.

『주역』의 입문이자 개론이 되는 「계사상」 제1장 첫 문장에서는 '하늘은 높고 땅은 낮으니 건곤(乾坤)이 정해지고, …… 건(乾)은 남자를 이루고 곤(坤)은 여자를 이루니, 건이 위대한 시작을 주관하고 곤이 만물을 완성하여 짓는 것이다. 건이 쉽게 주관하고 곤이 간단히 능하니'(天尊地卑하니 乾坤이 定矣오 …… 乾道ㅣ 成男하고 坤道ㅣ 成女하니 乾知大始오 坤作成物이라 乾以易知오 坤以簡能이니)라 하여, 건곤(乾坤)으로 시작하고 있다.

또 「계사하」 제1장과 제12장에서는 '무릇 건(乾)은 확연하니 보는 사람이 쉽고, 무릇 곤(坤)은 퇴연하니 사람이 보기에 간단하니'(夫乾은 確然하니 示人易矣오 夫坤은 隤然하니 示人簡矣니)라 하고, '무릇 건은 천하의 지극히 강건한 것이니 덕행(德行)이 항상 쉬움으로써 험함을 알고, 무릇 곤은 천하의 지극히 순응하는 것이니 덕행이 항상 간단함으로써 막힌 것을 아니'(夫乾은 天下之至健也니 德行이 恒易以知險하고 夫坤은 天下之至順也니 德行이 恒簡以知阻하나니)라 하여, 건곤지도(乾坤之道)가 이간지도(易簡之道)임을 밝히고 있다.

「계사상」 제6장에서는 '무릇 건은 그 고요함에 전일하고 그 움직임에 곧은 것이다. 이로써 위대함이 생기며'(夫乾은 其靜也 專하고 其動也 直이라 是以大ㅣ 生焉하며)라 하여, 전(專)과 직(直)으로 건도의 체용을 밝히고 있다.

건괘의 여섯 효사(爻辭)에서는 잠룡물용(潛龍勿用), 현룡재전(見龍在田), 종일건건(終日乾乾), 혹약재연(或躍在淵), 비룡재천(飛龍在天), 항룡유회(亢龍有悔)의 육룡(六龍)을 밝히고 있다.

잠룡물용(潛龍勿用)은 용이 물속에 있으니 쓰지 않는 것으로, 양(陽)이 아래에 있는 것이다. **잠룡(潛龍)**.

현룡재전(見龍在田)은 나타난 용이 밭에 있으므로, 내 마음의 밭에 진리가 내려와 있으니 덕의 베품이 넓은 것이다. **현룡(見龍)**.

종일건건(終日乾乾)은 하루를 마치도록 강건하고 강건함으로, 군자가 진리를 반복하는 것이다. **군자룡(君子龍)**.

혹약재연(或躍在淵)은 혹은 뛰고 혹은 연못에 있음이니, 나아감에 허물이 없는 것이다. **약룡(躍龍)**.

비룡재천(飛龍在天)은 나는 용이 하늘에 있으므로, 대인이 짓는 것이다. **비룡(飛龍)**.

항룡유회(亢龍有悔)는 항극한 용이 후회가 있으므로, 가득차서 오래가지 못하는 것이다. **항룡(亢龍)**.

한편 건괘(乾卦)와 곤괘(坤卦)에는 특별한 말씀인 「문언(文言)」이 있다.

건괘 「문언」에서는 '문언에서 말하기를 원(元)은 선의 어른이고, 형(亨)은 아름다움의 모임이고, 리(利)는 의의 화합이고, 정(貞)은 일의 줄거리이다. 군자는 인(仁)을 체득하여 족히 다른 사람의 어른이 되며, 모임을 아름답게 하여 족히 예(禮)에 부합하며, 만물을 이롭게 하여 족히 의(義)에 화합하며, 곧고 바름이 족히 일을 주관한다. 군자는 이 사덕(四德)을 행하는 사람이다. 그러므로 건(乾)은 원·형·이·정이라 하였다'(文言曰 元者는 善之長也오 亨者는 嘉之會也오 利者는 義之和也오 貞者는 事之幹也니 君子ㅣ 體仁이 足以長人이며 嘉會ㅣ 足以合

禮며 利物이 足以和義며 貞固ㅣ 足以幹事니 君子ㅣ 行此四德者라 故로 曰乾元亨利貞이니라)라 하여, 인도(人道)인 인·예·의·지 사덕(四德)은 천도(天道) 사상(四象)인 원·형·이·정(元亨利貞)을 그대로 품부 받은 것이다.

인(仁)은 원(元)이 내재된 것으로, 인을 체득함으로써 자기를 완성하고 다른 사람을 인격적인 세계로 지도하는 어른이 되는 것이다. 인(仁)은 사람 인(亻)과 두 이(二, 天地)로, 천·인·지(天人地)를 일관하는 선의 어른인 사랑이다.

예(禮)는 '아름답게 만나서 족히 예에 부합된다'라 하여, 인격적 존재의 만남이다. 예는 보일 시(示, 빛)와 풍년 풍(豊, 수확한 곡식을 하늘에 바치는 것)으로 하늘이 내려준 빛의 은혜에 감사하는 사람의 모습이다. 따라서 예는 신(神)과 사람의 만남을 근본으로, 사람과 사람이 만나는 원리이다. 예(禮)의 아름다운 모임은 가정과 국가라는 사회로 드러난다. 가정과 국가는 단순한 사람들의 집단이 아니라 인격적인 만남이 이루어지는 아름다운 세계이다.

의(義)는 '만물(萬物)을 이롭게 함이 족히 의에 화합한다'라 하여, 사람과 사람의 사회적 관계, 사람과 만물의 관계를 주관하는 것이다. 의는 양 양(羊, 백성=天心)과 나 아(我)로, 나의 마음에 하늘(백성)이 내려온 것이다. 정의(正義)가 만물을 이롭게 한다는 것은 사회적 관계를 이롭게 하고, 만물이 가지고 있는 그 본래적 가치에 맞게 사용하는 것이다.

지(知)는 정(貞)이 내면화된 것으로 '곧고 바르니 족히 일을 주관한다'라 하여, 변화의 일을 알아서 신이 하는 바를 알 수 있는 신명성(神明性)이다. 지(知)는 화살 시(矢)와 입 구(口)로, 하늘이 이치를 밝힌 성인의 말씀이다. 위의 인용문에서는 인·예·의·지(仁禮義智)에서 유일하게 지를 직접 말하지 않고 종시(終始)의 이치인 사(事)로 대신하고 있다.

군자가 실천해야 할 사덕(四德)은 유학의 핵심적 개념으로, 『맹자』 등에서는 인·의·예·지(仁義禮智)와 사단지심(四端之心)으로 논하고 있다.

또 「문언」의 육효(六爻) 효사(爻辭)에서는 동양철학에서 사용하는 핵심적 개념들을 집약하고 있다.

초구(初九)에서는 '공자께서 말씀하시기를 용덕(龍德)이 숨어 있는 것이니, 세상을 바꾸지 않고 이름을 이루려고 하시 않아 세상에 숨어서 근심이 없으며, 옳음을 보지 못해도 근심이 없어서 즐거우면 행동하고 걱정하면 하지 않아서 자신의 마음을 확고하게 하는 것이 잠룡(潛龍)인 것이다'(子ㅣ 曰龍德而隱者也니 不易乎世하며 不成乎名하야 遯世无悶하며 不見是而无悶하야 樂則行之하고 憂則違之하야 確乎其不可拔이 潛龍也니라)라 하여, 잠룡물용(潛龍勿用)의 인문적(人文的) 의미를 밝히고 있다.

초구(初九)는 진리가 아직 세상에 드러나지 않고 수면 아래에 숨어 있기 때문에 밖으로 드러나려고 하지 말고, '돈세무민'(遯世无悶)하고 '불견시무민'(不見是无悶)해야 하는 것이다.

구이(九二)에서는 '공자께서 말씀하시기를 용의 덕(德)이 정중(正中)한 것이니, 떳떳한 말씀을 믿으며 떳떳한 행동을 삼가며 삿된 것을 막고 진실을 보존하며 세상을 선하게 하지만 자랑하지 않으며 덕을 널리 베풀어 감화시키니, 『주역』에서 말씀하시기를 나타난 용이 밭에 있으니 대인을 봄이 이롭다고 하였으니, 군덕(君德)인 것이다'(子ㅣ 曰龍德而正中者也니 庸言之信하며 庸行之謹하야 閑邪存其誠하며 善世而不伐하며 德博而化니 易曰見龍在田利見大人이라하니 君德也니라)라 하여, 군자의 덕(德)을 밝히고 있다. 군덕(君德)은 군자의 덕(德)으로, 군자의 인·예·의·지 사덕(四德)이다.

이효(二爻)는 『중용(中庸)』의 형이상학적 연원이 된다. 정중(正中)과 용언(庸言)·용행(庸行)은 그대로 『중용(中庸)』의 중(中)과 용(庸)이고, 한사존성(閑邪存誠)의 성(誠)은 『중용』의 핵심 사상이다.

구삼(九三)에서는 '공자께서 말씀하시기를 군자는 덕에 나아가고 사업을 닦으니, 충과 믿음이 덕에 나아가는 까닭이고, 말씀을 닦고 진실을 세우는 것이 사업에 거처하는 것이다. 지극함을 알아서 지극히 하는 것이라 기미와 함께 할 수 있으며, 마침을 알아서 마치는 것이라 더불어 정의를 보존하니, 이러한 까닭으로 윗자리에 거하지만 교만하지 않고 아랫자리에 거하지만 근심하지 않으니, 그러므로 강건하고 강건하여 그 때로 인하여 근심하면 비록 위태로우나 허물은 없을 것이다'(子ㅣ 曰君子ㅣ 進德修業하나니 忠信이 所以進德也오 修辭立其誠이 所以居業也라 知至至之라 可與幾也며 知終終之라 可與存義也니 是故로 居上位而不驕하며 在下位而不憂하나니 故로 乾乾하야 因其時而惕하면 雖危나 无咎矣리라)라 하여, 군자의 진덕수업(進德修業)을 밝히고 있다.

진덕수업을 위한 충(忠)과 신(信)은 『논어』에서 집중적으로 밝히고 있다. 충(忠)은 가운데 마음인 '중심'(中心)으로, 본성을 진실하게 하는 것이고, 신(信)은 인(亻)과 언(言)으로, 성인의 말씀을 믿는 것이다.

삼효(三爻)의 진덕수업(進德修業)을 「계사상」에서는 덕을 성대하게 하고 사업을 크게 하는 '성덕대업'(盛德大業)과 성인이 덕을 숭상하고 사업을 넓게 하는 '숭덕광업'(崇德廣業)으로 밝히고 있다.

구사(九四)에서는 '공자께서 말씀하시기를 상하(上下)에 항상(恒常)함이 없음이 삿된 것이 아니며, 나아가고 물러감에 항상함이 없음이 무리를 떠난 것이 아니다. 군자가 덕에 나아가고 사업을 닦음은 천시(天時)에 미치고자 함이니 그러므로 허물이 없는 것이다'(子ㅣ 曰上下无常이 非爲邪也며 進退无恒이 非離群也라 君子ㅣ 進德修業은 欲及時也니 故로 无咎니라)라 하여, 삼효의 진덕수업(進德修業)을 다시 밝히고 있다.

구오(九五)에서는 '공자께서 말씀하시기를 같은 소리는 서로 감응하고 같은 기운은 서로 구하여 물은 습한 데로 흐르며 불은 마른 데로 나가며, 구름은 용을 좇으며 바람은 호랑이를 좇는 것이다. 성인이 지음에 만물이 나타나니 하늘에 근본을 둔 사람은 위와 친하고 땅에 근본을 둔 사람은 아래와 친하니 각각 그 무리를 좇는 것이다'(子ㅣ 曰同聲相應하며 同氣相求하야 水流濕하며 火就燥하며 雲從龍하며 風從虎라 聖人이 作而萬物이 覩하나니 本乎天者는 親上하고 本乎地者는 親下하나니 則各從其類也니라)라 하여, 동기상구(同氣相求)의 기철학을 밝히고 있다.

여기서 '동기상구'(同氣相求)와 '각종기류'(各從其類)는 함께 이해해야 한다. '같은 기운은 서로 구한다'에서 기(氣)를 음기(陰氣)와 양기(陽氣)로 해석하면 안 된다. 즉, 음기는 양기를 구하고, 양기는 음기를 구하는 것이 천리(天理)인데, 같은 기운인 음기가 음기를 구하고 양기가 양기를 구하는 것은 타락이기 때문이다.

각각 그 무리를 좇아서 하늘에 근본을 둔 사람은 형이상의 진리에 친하고, 땅에 근본을 둔 사람은 형이하의 세계에 친하기 때문에 동기(同氣)의 기(氣)는 형이상의 심기(心氣)임을 알 수 있다. 즉, 진리에 마음이 있는 사람은 진리를 따르는 사람을 구하고, 세상의 욕망에 마음이 있는 사람은 욕심을 따르는 사람을 구하게 되는 것이다. 한 가지 동(同)은 멀 경(冂)과 일(一)·구(口)로, 하늘 아래에서 하나가 되는 것이다.

또 친상(親上)과 친하(親下)를 통해 친(親)은 상하의 관계임을 알 수 있다. 부자유친(父子有親)은 아버지와 자식의 상하 질서에 따르는 친함이다.

상구(上九)에서는 '공자께서 말씀하시기를 귀하지만 자리가 없으며 높지만 백성이 없으며, 어진 사람이 아랫자리에 있지만 도움이 없는 것이다. 이로써 행동하면 후회가 있는 것이다'(子ㅣ 曰貴而无位하며 高而无民하며 賢人이 在下位而无輔라 是以動而有悔也니라)라 하여, 항룡유회(亢龍有悔)의 의미를 밝히고 있다.

또한「문언」에서는 여섯 효사(爻辭)의 설명을 반복하고 있다. 구이(九二)에서는 '군자가 배움으로써 모으고 물음으로써 변별하고 너그러움으로써 거처하고 인(仁)으로써 행하니『주역』에서 말씀하시기를 나타난 용이 밭에 있으니 대인을 봄이 이로운 것이라 하니, 군자의 덕인 것이다(君子ㅣ 學以聚之하고 問以辨之하며 寬以居之하고 仁以行之하나니 易曰見龍在田利見大人이라하니 君德也라.)라 하여, 지·의·예·인(知義禮仁) 사덕을 실천하는 군자를 밝히고 있다.

인(仁) 하나만 말씀하고 있지만, 군자는 사덕(四德)을 실천하는 존재이기 때문에 추론이 가능한 것이다. 학(學)은 지(知)에, 문(問)은 변별하니 의(義)에, 관(寬)은 거처하는 것으로 예(禮)에 각각 배정된다.

다시 구오(九五)에서는 '무릇 대인은 천지와 더불어 그 덕을 합하며, 일월과 더불어 그 밝음을 합하며, 사시와 더불어 그 차례를 합하며, 귀신과 더불어 길흉을 합하여, 하늘보다 먼저 해도 하늘이 어기지 않으며, 하늘 보다 뒤에 해도 천시(天時)를 받느니, 하늘이 또한 어기지 않은데 하물며 사람이며 하물며 귀신이겠는가?'(夫大人者는 與天地合其德하며 與日月合其明하며 與四時合其序하며 與鬼神合其吉凶하야 先天而天弗違하며 後天而奉天時하나니 天且弗違온 而況於人乎며 況於鬼神乎여)라 하여, 하늘의 진리와 하나가 된 대인(大人)은 천지(天地)·일월(日月)·사시(四時)·귀신(鬼神)의 공능(功能)을 온전히 드러낸 존재이다.

덕(德)은 사랑으로 인(仁)에, 명(明)은 밝음으로 의(義)에, 서(序)는 차례나 질서로 예(禮)에, 길흉은 신명성으로 지(知)에 각각 배치가 되어, 인·의·예·지(仁義禮知)의 순서가 된다. 이효의 지·의·예·인(知義禮仁)은 인·예·의·지(仁禮義知)의 순서가 되어, 오효(五爻)와 서로 다름을 알 수 있다.

오효(五爻)에는 선천(先天)과 후천(後天)을 처음이자 마지막으로 밝히고 있는데, 이는 근대 신종교에서 말하는 개념과는 다른 것이다. 선천과 후천은 고유명사가 아니라 선(先)과 후(後)는 먼저하고, 뒤에 한다는 동사(動詞)이다.

부대인(夫大人)에서 지아비 부(夫)는 두 이(二, 天地)와 인(人)이고, 대(大)는 한 일(一, 天)과 인(人)이고, 인(人)이기 때문에 인(人)을 중심으로 지·천·인(地天人)을 표상하는 것이다.

특히 「문언」 마지막에서는 '그 오직 성인이구나! 나아가고 물러가며 보존하고 망함을 알아서 그 정도를 잃지 않는 사람은 그 오직 성인이구나!'(其唯聖人乎아 知進退存亡而不失其正者ㅣ 其唯聖人乎인져)라 하여, 성인(聖人)으로 마치고 있다.

하늘의 진리를 이 땅에 드러낸 존재가 성인(聖人)임을 분명하게 밝힌 것이다. 건괘(乾卦)가 성인지도(聖人之道)라면, 곤괘(坤卦)는 군자지도(君子之道)인 것이다.

땅 곤

　중지곤괘(重地坤卦)는 내괘 곤괘(坤卦, ☷)와 외괘 곤괘(坤卦, ☷)로, 여섯 효가 모두 음효(陰爻, ⚋)로 구성되어 있다.

　곤(坤)을 풀이하면, 흙 토(土)와 펼 신(申)으로, 토(土)는 십(十)과 일(一)이고, 신(申)은 ㄱ(口)와 십(十)이다. 곤(坤)에서 토(土)는 땅을 대표하고, 네모(口)도 그대로 천원지방(天圓地方)의 지도(地道)를 상징한다. 토(土)와 신(申)에 공통으로 들어가는 십(十)은 하늘인데, 이 하늘이 세상에 펼쳐진 것이 곤(坤)이다. 건괘(乾卦)와 대응되는 곤괘(坤卦)는 지도(地道)이고, 신도(臣道)이고, 처도(妻道)이고, 군도(君道)이다.

　곤(坤)은 음물(陰物)이고, 물러남이며 또 사람이 보기에 간단한 것이다. 곤(坤)은 고요함에는 합하고 움직임에는 열리는 것이라 만물의 완성을 짓고, 법을 본받는 것을 이르는 것이다.

　「괘사(卦辭)」에서는 '곤(坤)은 원형하고 암말의 곧음이 이로우니 군자가 갈 바가 있는 것이다. 먼저 하면 미혹하고 뒤에 하면 주인을 얻어서 이로운 것이다. 서남방은 벗을 얻고 동북(東北)은 벗을 잃는 것이니 곧음을 편안히 유지하면 길한 것이다'(坤은 元亨코 利牝馬之貞이니 君子ㅣ 有攸往이니라 先하면 迷하고 後하면 得主하야 利하니라 西南ㅣ 得朋이오 東北ㅣ 喪朋이니 安貞하면 吉하니라)라 하였다.

건괘(乾卦)의 원·형·이·정(元亨利貞)을 곤괘(坤卦)는 원·형·이·빈마지정(元亨利牝馬之貞)이라 하고, 안정(安貞)이라 하여, 정도(貞道)가 중심이며, 또 건괘가 성인(聖人)이라면 곤괘는 군자지도(君子之道)이고, 건도(乾道)보다 먼저 하면 미혹하고 뒤에 하면 주인을 얻는 것이다. 땅의 세계이기 때문에 서남(西南)과 동북(東北)의 사방(四方)을 직접 밝히고 있다.

「단사(彖辭)」에서는 '지극하구나 곤원(坤元)이여, 만물이 비로소 나오니 이에 하늘을 받들어 순응하니'(至哉라 坤元이여 萬物이 資生하나니 乃順承天이니)라 하여, 곤도(坤道)는 건도를 받들어 순응하는 것이다. 곤괘(坤卦)에서 곤원(坤元)은 건원(乾元)과 상대가 되는 것으로, 땅의 인격적 뜻을 표현한 것이다. 만물을 낳고 하늘의 뜻을 계승하는 존재가 곤원(坤元)이고 땅님이다.

또 '곤의 두터움으로 만물을 싣는 것이 한계가 없음에 덕이 합하며, 널리 머금어서 빛나고 커서 품물(品物)이 모두 형통한 것이다'(坤厚載物이 德合无疆하며 含弘光大하야 品物이 咸亨하나니라)라 하여, 곤도(坤道)의 작용을 밝히고 있다. 「단사」에서는 '덕합무강'(德合无疆)과 함께 땅에서 행함이 한계가 없는 '행지무강'(行地无疆), 땅과의 감응이 한계가 없는 '응지무강'(應地无疆)을 통해, 곤도(坤道)의 무한한 사랑의 세계를 논하고 있다.

곤괘(坤卦)에서는 '함홍'(含弘)과 함께 빛을 머금는 '함장'(含章), 만물을 머금는 '함만물'(含萬物), 머금는다는 '함지'(含之)의 네 가지 머금을 함(含)을 밝혀, 세상을 포용해서 감화시키는 후덕함을 알 수 있다.

「대상사」에서는 '땅의 세력이 곤괘(坤卦)이니, 군자가 이로써 두터운 덕으로 만물을 싣는 것이다'(地勢ㅣ 坤이니 君子ㅣ 以하야 厚德으로 載物하나니라)라 하여, 곤도는 후덕(厚德)을 제일의 덕목(德目)으로 하고 있다.

「계사상·하」에서 밝힌 곤괘(坤卦)는 중천건괘(重天乾卦)에서 함께 논한 것과 같으며, 「계사상」 제6장에서는 '무릇 곤도는 그 고요함에 합하고 그 움직임에 열리는 것이라 이로써 넓음이 생기는 것이니'(夫坤은 其靜也 翕하고 其動也 闢이라 是以廣이 生焉하나니)라 하여, 곤도의 체용을 흡(翕)과 벽(闢)으로 밝히고 있다.

「계사하」 제2장에서는 '신농씨가 돌아가시거늘 황제·요·순임금이 일어나서 변화에 통하여 백성들로 하여금 게으르지 않게 하며 신명으로 감화하여 백성들로 하여금 마땅하게 하니, 역(易)이 궁하면 변하고 변화하면 통하고 통하면 오래하는 것이다. 이로써 하늘로부터 도와서 길하여 이롭지 않음이 없는 것이니, 황제·요·순임금이 의상(衣裳)을 드리워서 천하를 다스리니 대개 건곤(乾坤)괘에서 취하고'(神農氏沒커늘 黃帝堯舜氏作하야 通其變하야 使民不倦하며 神而化之하야 使民宜之하니 易이 窮則變하고 變則通하고 通則久라 是以自天佑之하야 吉无不利니 黃帝堯舜이 垂衣裳而天下治하니 蓋取諸乾坤하고)라 하여, 역도(易道)는 궁변통구(窮變通久)하는 것임을 밝히고, 건곤지도(乾坤之道)에 근거하여 세상을 다스렸음을 알 수 있다.

곤괘의 여섯 효사(爻辭)에서는 이상견빙(履霜堅氷), 직방대(直方大), 함장가정(含章可貞), 괄낭(括囊), 황상(黃裳), 용전우야(龍戰于野)를 밝히고 있다.

이상견빙(履霜堅氷)은 서리를 밟으면 단단한 얼음에 이른다는 것으로, 음(陰)이 비로소 시작되는 것이다. 초가을에 서리가 내리면 곧 차가운 겨울이 오기 때문에 미리미리 대비하는 자세가 필요한 것이다. 또 서리를 밟으면 단단한 얼음에 이르게 된다는 것은 진리를 배우는데, 깨우침의 목표에 이르는 것이다. 즉, 차가운 겨울의 고난 속에서 마음을 견빙(堅氷)과 같이 단단하게 하는 것이다. 밟을 리(履)는 천택리괘(天澤履卦)의 괘 이름이다.

직방대(直方大)는 곧음으로 방정하고 큰 것이다. 직(直)은 직각(直角)으로 세모, 방(方)은 지방(地方)으로 네모, 대(大)는 천원(天圓)으로 동그라미를 상징하기 때문에 원·방·각(圓方角)의 천·인·지(天人地)를 담고 있다.

함장가정(含章可貞)은 빛을 머금음이 곧은 것이다. 장(章)은 설 립(立)과 일(日) 그리고 십(十)으로, 하늘의 빛을 세운 것이다. 따라서 문장의 뜻을 넘어서 하늘의 진리가 드러난다는 의미를 가지고 있다.

괄낭(括囊)은 주머니를 묶는 것으로, 내 마음의 주머니를 꽉 묶는 것이다. 스스로 삼가기 때문에 허물도 없고, 명예도 없지만 궁극에는 해가 없는 것이다. 묶을 괄(括)은 손 수(扌)와 혀 설(舌)로, 하늘의 말씀을 전하는 혀를 손으로 꽉 잡는 것이다. 또 손으로 잡는다는 것은 손가락으로 낙서(洛書)의 수리를 헤아린다는 뜻이 있다.

황상(黃裳)은 누른 치마로, 진리의 문채(文彩)가 내 마음 속에 있기 때문에 근원적으로 길한 것이다. 누를 황(黃)은 땅에 펼쳐지는 세계를 상징하고, 치마 상(裳)은 옷 의(衣) 위에 당(堂)의 윗부분이 더해진 것으로 곤도(坤道)를 상징한다. 위의 「계사하」 제2장에서 밝힌 것과 같이, 의상(衣裳)에서 의(衣)가 건도(乾道)가 되고, 상(裳)은 곤도(坤道)가 되는 것이다.

용전우야(龍戰于野)는 용이 들에서 싸우니, 그 피가 현황(玄黃)이다. 진리를 따르지 못하고, 의심하고 싸움을 하고 있으니 궁(窮)한 것이다. 용(龍)은 건괘(乾卦)의 항룡(亢龍)으로, 탐욕과 교만이 하늘을 찌르는 것이다.

다음으로 곤괘의 「문언」에서는 '문인에시 말씀히시기를 곤(坤)은 지극히 유순하지만 움직이면 강하고, 지극히 고요하지만 덕을 방정하게 하니, 뒤에 하면 주인을 얻고 항상함이 있으며, 만물을 머금어서 감화시킴이 빛나니 곤도(坤道)는 그 순응함이구나 하늘을 계승하여 천시(天時)를 행하는 것이다'(文言曰 坤은 至柔而動也 剛하고 至靜而德方하니 後하면 得主而有常하며 含萬物而化ㅣ 光하니 坤道ㅣ 其順乎인져 承天而時行하나니라)라 하여, 하늘을 계승하여 천시를 행하는 곤도(坤道)를 밝히고 있다.

초육(初六)에서는 '선(善)을 쌓는 집안은 반드시 여경(餘慶)이 있고, 불선(不善)을 쌓는 집안에는 반드시 여앙(餘殃)이 있으니, 신하가 임금을 시해하며 자식이 아버지를 죽임이 하루 아침 하루 저녁의 연고가 아니다 그 유래한 것이 점점이니, 일찍이 변별하지 않는 것에 유래한 것이니, 『주역』에서 말씀하시기를 서리를 밟으면 단단한 얼음이 이르는 것이라 하니 대개 순응을 말하는 것이다'(積善之家는 必有餘慶하고 積不善之家는 必有餘殃하나니 臣弒其君하며 子弒其父ㅣ 非一朝一夕之故라 其所由來者ㅣ 漸矣니 由辯之不早辯也니 易曰履霜堅氷至라하니 蓋言順也라)라 하여, 선과 불선에 따른 경사와 재앙의 인과응보(因果應報)를 밝히고 있다.

육이(六二)에서는 '곧음은 그 바른 것이고, 방정은 그 정의이니, 군자가 경(敬)으로써 내면을 바르게 하고 의(義)로써 밖을 방정하게 하여 경의(敬義)가 서면 덕은 외롭지 않으니, 곧음으로 방정하고 커서 익히지 않아도 이롭지 않음이 없음은 즉 그 행하는 것을 의심하지 않는 것이다'(直은 其正也오 方은 其義也니 君子ㅣ 敬以直內하고 義以方外하야 敬義立而德不孤하나니 直方大不習无不利는 則不疑其所行也라)라 하여, 군자의 행동원리인 공경과 정의를 밝히고 있다.

『논어』에서는 '덕은 외롭지 않은 것이다. 반드시 이웃이 있는 것이다'(德不孤라 必有隣이니라)라 하여, '덕불고'(德不孤)를 확장하고 있다.

육삼(六三)에서는 '음(陰)이 비록 아름다우나 머금어서 왕사(王事)를 쫓아 감히 이루지 않으니, 지도(地道)이고 처도(妻道)이고 신도(臣道)이다. 지도는 완성은 없고 마침이 있음으로 대신하는 것이다'(陰雖有美나 含之하야 以從王事하야 弗敢成이니 地道也며 妻道也며 臣道也니 地道는 无成而代有終也니라)라 하여, 곤도(坤道)는 지도(地道)·처도(妻道)·신도(臣道)임을 밝히고 있다.

육사(六四)에서는 '천지(天地)가 변화하면 초목이 번성하고 천지가 닫히면 어진 사람이 숨는 것이니, 『주역』에서 말씀하시기를 주머니를 묶으니 허물도 없고 명예도 없음은 대개 삼감을 말하는 것이다'(天地變化하면 草木이 蕃하고 天地閉하면 賢人이 隱하나니 易曰括囊无咎无譽는 蓋言謹也니라)라 하여, 위태로운 사효(四爻)에서는 삼가고 조심해야 한다.

육오(六五)에서는 '군자가 누른 중으로 이치에 통하며, 바른 위치에서 본체에 거하여 아름다움이 그 가운데 있고 사지(四支)에서 드날리며 사업에서 발하니 아름다움의 지극한 것이다'(君子ㅣ 黃中通理하며 正位居體하야 美在其中而暢於四支하며 發於事業하나니 美之至也니라)라 하여, 진리를 자각한 군자의 사업이 아름다움의 지극함이다.

아름다울 미(美)는 양 양(羊)과 큰 대(大)로, 백성들의 마음에 하늘의 뜻이 있는 것이다. 아름다움은 큰 양을 하늘에 제물로 바치는 것이 아니라, 건괘(乾卦)의 미리(美利)와 곤괘(坤卦)의 미지지(美之至)를 통해 아름다움의 근본적 의미를 알게 된다.

상육(上六)에서는 '음이 양에서 의심하면 반드시 전쟁을 하니 양이 없다고 의심하는 것이다 그러므로 용(龍)이라 일컫고 오히려 그 무리를 떠나지 않는 것이다 그러므로 피라 일컫는 것이니, 무릇 검고 누른 것은 천지가 섞인 것이니 하늘은 가물가물하고 땅은 누른 것이다'(陰疑於陽하면 必戰하나니 爲其嫌於无陽也라 故로 稱龍焉하고 猶未離其類也라 故로 稱血焉하니 夫玄黃者는 天地之雜也니 天玄而地黃하니라)라 하여, 하늘과 땅이 섞여 있는 세계에서 소인이 군자와 싸우게 되는 것이다.

『천자문』의 첫 구절인 '천지현황'(天地玄黃) '우주홍황'(宇宙弘荒)은 여기에 연원을 두고 있다. 검을 현(玄)은 검은 빛으로 가물가물한 천도(天道)를 표상하고, 누를 황(黃)은 누런빛으로 현상 세계에 펼쳐지는 곤도(坤道)를 표상한다.

우주홍황(宇宙弘荒)은 집 우(宇)·집 주(宙)·넓을 홍(弘)·거칠 황(荒)으로, 우리가 살아가는 세계를 말한다. 우(宇)는 상하(上下)와 동·서·남·북(東西南北) 사방(四方)의 공간을, 주(宙)는 고금(古今)과 왕래(往來)로 시간의 의미를 담고 있다. 홍(弘)은 활 궁(弓, 弓)과 나 사(厶)로, 공간적 세계에 널리 펼쳐짐이고, 황(荒)은 풀 초(艹, 艸)와 없을 망(亡) 그리고 내 천(川)으로, 헤아릴 수 없는 영원한 시간적 세계를 의미한다.

싹틀 둔

　수뢰둔괘(水雷屯卦)는 내괘 진괘(震卦, ☳)와 외괘 감괘(坎卦, ☵)
로, 하늘과 땅이 열리기 위해 구름과 우레가 치는 괘상(卦象)이다.
둔괘는 온 우주에 기운이 가득하고, 이 땅에 성인이 탄강하는 것
이다.

　둔(屯)을 풀이하면, 한 일(一)은 감괘(坎卦)의 가운데 양효(陽爻)를
의미하고, 풀 철(屮)은 진괘(震卦)를 상징한다. 진괘는 열 십(十)이 모
여 있는 풀 초(艹)의 뜻을 함의하고 있다. 또 철(屮)은 일(一)과 을(乙)
로 풀이되며, 일(一)의 감괘(坎卦)와 을(乙)의 움직임을 의미하는 진괘
로 풀이할 수 있다. 풀이 땅을 뚫고 나오는 형상이 둔(屯)인데, 자연
적인 변화만을 의미하지는 않는다. 인류 역사에서 여명이 밝아오는
것으로, 성인이 이 땅에 탄강하는 것이다.

　둔(屯)은 '주둔하다', '둔치다'는 뜻으로 사용하고 있지만, 『주역』에서
는 만물이 시생(始生)되고, 성인이 탄강하는 의미를 담고 있다. 「단사
(彖辭)」에서 '둔(屯)은 강과 유가 비로소 사귀니 어렵게 탄생하며'(屯은
剛柔ㅣ 始交而難生하며)라 하여, 건(乾)과 곤(坤)의 교합을 통해 만물이

시생하는 것이라 하고, 「서괘상(序卦上)」에서는 '둔은 가득 찬 것이며, 만물이 비로소 탄생하는 것이다(屯者는 盈也니 屯者는 物之始生也라)라 하여, 하늘과 땅에 가득 찬 기운이 비로소 터져 나오는 것이다.

둔괘(屯卦)는 만물의 시생을 나타내는 싹이지만, 그 속에는 생명의 온전함이 그대로 들어 있는 것이다. 온 우주는 생명의 기운이 가득하고, 그 생명의 기운이 땅에서 터져 나오는 것이다. 또 이제 막 땅에서 터져 나온 싹에는 생명의 기운이 가득하고, 열매를 맺기까지의 일생(一生)을 모두 담고 있다. 인격적 입장에서는 이 땅에 성인이 탄강되면서 진리가 세상에 가득 차게 되는 것이다.

「괘사(卦辭)」에서는 '둔(屯)은 원·형·이·정(元亨利貞)하니 갈 바가 있음을 쓰지 말 것이며, 제후를 세우는 것이 이로운 것이다(屯은 元亨利貞하니 勿用有攸往이며 利建侯하니라)라 하여, 둔괘의 함의를 3가지로 밝히고 있다.

첫째는 둔괘가 만물의 시생(始生)이지만 천도(天道) 사상(四象) 작용인 원·형·이·정(元亨利貞)을 모두 갖추고 있어서 가득 찬 것임을 알 수 있다. 둘째는 이제 막 시생된 둔에서는 세상에 나아가서 뭔가 하려고 하지 말아야 하며, 셋째는 사람은 참된 스승을 세워야 공부가 되고, 국가 사회는 지도자를 세우는 것이 이롭다는 것이다.

「잡괘」에서는 '둔은 나타나고 그 거처를 잃어버리지 않는 것이고(屯은 見而不失其居오)라 하여, 세상에 생명이 탄생되고, 성인의 진리가 드러나는 자리를 잃지 않는 것이다.

「단사」에서는 '하늘의 빛이 열리고 세상이 시작될 때는 올바른 지도자를 세우는 것이 필요하고, 그때의 세상은 안녕하지 않는 것이다'(天造草昧니 宜建侯오 而不寧이니라)라 하였다. 이 지도자는 진괘(震卦)의 성인을 의미하며, 성인은 귀(貴)하지만 천(賤)한 아래로 내려오기 때문에 사람들을 크게 얻는 것이다. 또 성인이 밝힌 진리를 자각하여 실천하는 군자는 경륜(經綸)이 있어야 한다.

둔괘의 효사에서는 둔여전여(屯如邅如), 둔기고(屯其膏)의 둔(屯)을 밝히고 있다.

둔여전여(屯如邅如)는 싹트는 것 같고 머뭇거리는 것 같은 것이다. 이른 봄에는 새싹이 나올 듯 말 듯한 상태를 볼 수 있다. 그러다 봄비가 내리면 쑤욱 올라오게 된다. 마음의 입장에서는 성인지도(聖人之道)에 대한 믿음의 싹이 트지 않고 머뭇거리고 있는 것이다.

머뭇거릴 전(邅)은 쉬엄쉬엄 갈 착(辵=彳+止)과 믿음 단(亶)으로, 믿음이 가다 서다 하는 것이다. 형이상학(形而上學)을 배우는 데는 믿음이 가장 중요하며, 머뭇거릴 시간이 없다. 몰입해도 될까 말까이다.

둔기고(屯其膏)는 그 기름에서 싹트는 것으로, 아직 어려움 속에 있는 것이다. 기름 고(膏)는 물 보다 진한 고택(膏澤)이면서 어려움을 상징한다. 즉, 하늘의 은택이 아직 빛나지 않기 때문에 내면적 힘을 쌓는 학문을 하면 길하지만, 밖으로 행도(行道)를 하려고 하면 흉(凶)한 것이다. 기름 고(膏)는 높을 고(高)와 고기 육(肉)으로, 육신의 엑기스인 기름이자 험난을 상징한다.

어릴 몽

산수몽괘(山水蒙卦)는 내괘 감괘(坎卦, ☵)와 외괘 간괘(艮卦, ☶)로, 산 아래에서 샘물이 나오는 괘상(卦象)이다. 몽괘(蒙卦)는 어린 아이가 하늘이 내리는 감로수를 마시면서 자란다는 교육의 의미를 담고 있다.

몽(蒙)은 어린 돼지가 풀을 뒤집어쓰고 있는 모습으로, 아래의 돼지 시(豕)는 그대로 감괘(坎卦)이고, 위의 덮을 멱(冖)은 간괘(艮卦)의 형상이다. 또 몽(蒙)에서 맨 위의 풀 초(艹)는 진괘(震卦)로 성인인데, 성인과 군자(君子)는 짝으로 간괘와 통하고, 가운데 한 일(一)은 감괘로 풀이할 수 있다.

「서괘상」에서는 '몽은 어린 것이니, 만물의 어린 것이다'(蒙者는 蒙也니 物之穉也라)라 하여, 몽(蒙)은 아직 진리에 눈을 뜨지 못한 어린 아이를 의미한다. 어린 아이는 교육이 필요한 몽군자(蒙君子)이다. 몽(蒙)은 어릴 몽, 덮을 몽, 자랄 몽이다.

「단사」에서는 '몽괘가 형통한 것은 형통함으로써 시중(時中)을 행하기 때문이고, 내가 동몽(童蒙)을 구하는 것이 아니라 동몽이 나

를 구함은 뜻에 응하기 때문이고'(蒙亨은 以亨으로 行時中也ㄹ새오 匪我
求童蒙童蒙求我는 志應也ㄹ새오)라 하여, 어리석음을 벗어나기 위해서
는 성인(聖人)이 동몽(童蒙)을 구하는 것이 아니라 동몽이 성인을 찾
아서 하늘의 뜻에 감응해야 하는 것이다. 아(我)는 성인적(聖人的)인
'나'이다. 또 '아이를 정도(正道)로 기르는 것이 성인의 공인 것이다'(
蒙以養正이 聖功也니라)라 하였다.

「괘사(卦辭)」에서는 '몽(蒙)은 형통하니 내가 동몽(童蒙)을 구하는
것이 아니라 동몽이 나를 구하니, 처음 점을 하면 알려주고 두 번
세 번이면 모독하는 것이라 모독하면 알려주지 않으니 이정(利貞)한
것이다'(蒙은 亨하니 匪我ㅣ 求童蒙이라 童蒙이 求我니 初筮어든 告하고 再三이
면 瀆이라 瀆則不告하니 利貞하니라)라 하여, 어리석은 군자가 성인을 찾
아서 진리를 구해야 하는데, 초심(初心)을 버리지 않아야 한다.

「잡괘」에서는 '몽은 섞이고 드러난 것이다'(蒙은 雜而著라)라 하여,
아직 어린 것은 서로 섞여 있지만 자라면서 군자가 드러나게 되는
것이다. 「대상사」에서는 '군자가 이로써 성인의 말씀을 과감하게 실
천하여 자신의 덕을 길러야 하는 것이다'(君子ㅣ 以하야 果行育德하나니
라)라 하여, 군자는 과행육덕(果行育德)해야 한다.

몽괘의 효사(爻辭)에서는 발몽(發蒙), 포몽(包蒙), 곤몽(困蒙), 동몽
(童蒙), 격몽(擊蒙)의 다섯 가지 몽(蒙)을 밝히고 있다.

발몽(發蒙)은 아이를 일깨우는 것이다. 아직 무지몽매(無知蒙昧)한
어린 아이는 성인(聖人)의 가르침으로 자신을 일깨워야 하는 것이
다. 또 삶의 질곡(桎梏)에서 벗어나기 위해서는 정법(正法)을 익히고

사용해야 한다.

포몽(包蒙)은 아이를 감싸는 것으로, 아이를 바르게 양육할 가정을 꾸리는 것이다. 가정은 부부(夫婦)가 만들어가는 천국(天國)으로, 아이를 바르게 기르는 터전이다. 엄한 아버지와 자애로운 어머니의 사랑 속에서 어린 아이는 바르게 자라게 된다.

에릭 프롬은 『사랑의 기술』에서 '어머니의 사랑은 본질적으로 무조건적이다. 어머니는 따뜻함이고 어머니는 음식이며, 어머니는 만족과 안전의 유쾌한 상태이다. 아버지의 사랑은 조건이 있는 사랑이다. 아버지의 사랑은 원칙과 기대에 의해 인도되어야 하며, 참을성 있고 관대해야 한다. 아버지다운 양심만 가진다면 난폭하고 잔인한 사람이 되고, 어머니다운 양심만 가진다면 판단력을 잃기 쉽고 자기 자신이나 다른 사람의 발달을 방해하기 쉽다'고 하였다.

곤몽(困蒙)은 아이를 곤궁하게 하는 것이다. 곤(困)은 택수곤괘(澤水困卦)의 괘 이름으로, 연못에 물이 없어서 곤궁한 것이다. 성인의 말씀을 멀리하고 세상 사람들의 말에 따라 아이를 기르니 곤궁한 것이다.

동몽(童蒙)은 어린 아이로, 몽괘(蒙卦)가 제시하는 이상적 사람인 동몽군자(童蒙君子)이다. 동몽군자는 순수한 마음으로 하늘을 따르고, 성인의 말씀을 믿는 어린 아이이다. 동몽의 순수한 마음을 유학에서는 적자지심(赤子之心)이라 하였다. 조선시대 서당에서 교재로 사용한 『동몽선습(童蒙先習)』은 몽괘에서 따온 것이다.

성인(聖人)의 말씀으로 아이들을 교육한 사례가 있다. 도반(道伴)

인 분의 사모님은 아이들이 어릴 때, 학교에 등교 전과 하교 후에는 반드시 『성경(聖經)』의 말씀 한 구절과 찬송가를 부르게 하였다는 것이다. 그 아이들은 훌륭하게 자라서, 명문대학을 졸업하고 사회에서 자신의 역할을 하고 있다.

격몽(擊蒙)은 아이를 훈육하는 것으로, 도둑이 되지 않게 하는 것이다. 칠 격(擊)은 잘못이 있는 것을 바로 잡기 위해 치거나 두드리는 것이다. 격몽(擊蒙)은 사랑의 매를 말한다. 관념적 이데올로기에 빠진 사람들은 폭력으로 매도하지만, 본질은 아이를 바로 잡아주는 사랑의 방법인 것이다.

폭력과 사랑도 구분하지 못하는 몽매(蒙昧)한 지식인이 넘치는 지금의 세상이다. 격몽은 아이를 해치는 도적들(탐욕심, 관념적 이데올로기, 사이비 종교)을 막아주고, 바른 길을 열어주는 것이다. 이이(李珥, 1536~1584)가 아이들을 가르치기 위해 편찬한 『격몽요결(擊蒙要訣)』은 여기서 따온 이름이다.

다음으로 몽(蒙)을 선진유학의 경전에서 찾아보면, 먼저 『서경』에서는 '또 어린 선비에게 교훈으로 삼게 하신 것이다'(具訓于蒙士)라 하여, 몽사(蒙士)는 동몽(童蒙)과 같은 의미이다. 아직 진리를 알지 못하는 어린 선비에게 성인의 말씀을 가르치는 것이다.

『논어』에서는 '무릇 전유는 옛날에 선왕이 동몽(東蒙)의 제주(祭主)로 삼으시고'(夫顓臾는 昔者에 先王以爲東蒙主하시고)라 하여, 동몽(東蒙)은 노(魯)나라에 있는 산 이름이지만, 하늘에 제사를 올리는 곳이기 때문에 하늘의 뜻을 깨우치는 의미를 담고 있다. 『맹자』에서는 '맹자께서 말씀하시기를 서자(西子)가 깨끗하지 못한 것을 뒤집어쓰면 사람들이 모두 코를 가리고 지나갈 것이다'(孟子曰 西子蒙不潔이면 則人皆掩鼻而過之니라)라 하여, 몽(蒙)을 덮어쓰고 있다는 의미로 사용하고 있다.

기다릴 수

　수천수괘(水天需卦)는 내괘 건괘(乾卦, ☰)와 외괘 감괘(坎卦, ☵)
로, 구름이 하늘 위에 떠있는 형상이다. 수괘(需卦)는 괘상(卦象)과
괘 이름이 일치하고 있다. 하늘에서 비가 내려오기를 기다리고 있
는데, 아직 구름이 덜 뭉쳐진 상황이다.

　수(需)를 풀이하면, 비 우(雨)는 물이니 감괘(坎卦)가 되고, 말 이
을 이(而)는 하늘 천(天)에서 가운데 일(一)이 양쪽으로 늘어지면 이
(而)가 된다. 이(而)는 그대로 건괘(乾卦)의 형상이고 '〜하고'로 번역
되는데, 하늘이 작용하는 한 마디를 의미한다. 또 우(雨)를 수건 건
(巾)과 점 주(ヽ)로 나누면, 주(ヽ)는 건괘가 되고, 건(巾)은 하늘이 펼
쳐지는 것이니 감괘로 풀어진다.

　감괘(坎卦, ☵)는 수(水)로 수(氺)나 천(川)으로 하천(河川)에 물이
흐르는 것이다. 감괘를 세우면(ꪜ) 수(氺)와 같은 형상이 된다. 우(雨)
에 들어 있는 점 주(ヽ)가 네 개인 것은 하늘의 사상(四象)작용을 상
징한다. 감괘(坎卦)는 건괘(乾卦)의 중정지기이고, 하늘의 뜻을 대표
하는 괘이다. 수(水)의 한자와 감괘(坎卦)의 괘상 속에는 네 개의 주

(ヽ)가 있다.

「단사」에서는 '수(需)는 기다림이니, 어려움이 앞에 있기 때문이다. 강건(剛健)하고 빠지지 않으니 그 뜻이 곤궁하지 않는 것이다'(需는 須也니 險이 在前也일새니 剛健而不陷하니 其義ㅣ 不困窮矣라)라 하여, 수(需)는 기다릴 수(須)이고, 어려움이 앞에 있기 때문에 기다리는 것이다.

「잡괘」에서는 '수(需)는 나아가지 못하고'(需는 不進也오)라 하여, 수(需)는 기다림으로 아직 나아갈 때가 아닌 것이다. 수괘(需卦)는 구름이 하늘 위에 있는 것으로, 하늘의 은택이 아직 내려오지 않아서 기다리는 괘이다.

「서괘(序卦)」에서는 '수(需)는 음식지도(飮食之道)이다'(需者는 飮食之道也라)라 하여, 수괘(需卦)의 기다림은 그냥 기다리는 것이 아니라 하늘에 제사를 올리는 음식을 준비하면서 기다리는 것이다. 또 수(需)는 제사에 사용하는 음식인 제수(祭需)로 사용하고 있다.

「대상사」에서는 '군자가 이로써 마시고 먹으면서 잔치를 즐기는 것이다'(君子ㅣ 以하야 飮食宴樂하나니라)라 하여, 비가 내리기를 기다리면서 하늘의 양식(糧食)을 먹으면서 진리의 잔치를 즐기는 것이다.

「괘사(卦辭)」에서는 '수(需)는 믿음이 있으면 형통함이 빛나고 곧음이 길하니 대천을 건넘이 이로운 것이다'(需는 有孚면 光亨코 貞吉하니 利涉大川이니라)라 하여, 믿음을 가지고 기다리면 형통하고, 무작정(無酌定) 기다리는 것이 아니라 진리에 뜻을 두고 욕망의 강을 건너는 것이다. 대천을 건너면 성공이 있는 것이다.

수괘의 효사(爻辭)에서는 수우교(需于郊), 수우사(需于沙), 수우니(需

于泥), 수우혈(需于血), 수우주식(需于酒食) 등 다섯 가지의 수(需)를 밝히고 있다.

수우교(需于郊)는 교외(郊外)에서 기다리는 것이다. 성 밖 교(郊)는 하늘에 제사를 지내는 곳이기 때문에 자신을 경건하게 하고 하늘의 뜻을 받들어 기다리는 것이다. 즉, 재앙의 행동을 범하지 않고, 상도(常道)를 잃지 않기 때문에 허물이 없는 것이다.

수우사(需于沙)는 모래에서 기다리는 것으로, 모래는 물이 잘 빠지는 곳이다. 모래 사(沙)는 물 수(氵)와 적을 소(少)로, 물이 빠져나가서 적게 남아 있는 것이다. 비록 진리의 말씀이 적게 남아 있지만, 내 마음에 쌓여서 마침내 길한 것이다.

이는 성학(聖學)·도학(道學) 공부의 이치로, 콩나물시루에 물을 주는 것과 같다. 콩나물시루에 물을 주면 금방 흘러서 아래로 내려가지만, 매일 반복하면 어느 새 콩나물이 자라나고 있을 것이다. 도학(道學)의 공부법은 '콩나물시루 물주기'이다. 성인의 말씀을 반복해서 익히면, 어느새 내 마음에 조금씩 쌓여서 마침내 아름다움이 완성되는 것이다.

수우니(需于泥)는 진흙에서 기다리는 것으로, 진흙 니(泥)는 수(氵)와 주검 시(尸), 비수 비(匕)로 사람이 살아가는 세상을 의미한다. 진흙탕 싸움이라 하고, 불교에서 티끌 진(塵)이 세속(世俗)을 말한 것과 같이, 진흙은 사람들의 욕망이 복잡하게 얽혀 있는 세상을 말한다. 세상의 욕심에서 어울려 살아가면 도둑이 이르게 되는 것이다. 나의 행동이 세상의 탐욕을 불러들이기 때문에 하늘을 공경하고 조심해야 한다.

수우혈(需于血)은 피에서 기다리는 것으로, 혈(血)은 감괘(坎卦)로 험난(險難)을 의미한다. 어려움 속에서도 용기와 희망을 잃지 않고 기다리는 것이다. 하늘의 소리에 순응하여 마침내 어려움을 벗어나는 것이다.

피는 육체적 생명이자, 영혼(靈魂)의 정화(淨化)이다. 피가 우리 몸에 산소와 영양소를 공급하고, 면역작용을 하고, 혈액을 응고시켜 생명을 유지시킨다면, 우리의 영적 생명은 진리의 말씀으로 정화되는 것이다. 피는 곧 진리의 말씀이 된다. 진리의 말씀은 우리의 영적 생명에 산소와 영양을 공급하고, 삿된 말씀을 막아내고, 말씀으로 하나가 되게 하는 것이다.

수우주식(需于酒食)은 술과 음식을 먹으면서 기다리는 것이다. 술 주(酒)는 수(氵)와 닭 유(酉)로, 하늘에 올리는 감통주(感通酒)이고, 식(食)은 인(人)과 어질 량(良)으로, 사람의 양심(良心)이다. 하늘의 뜻을 깨우치고, 사람의 양심을 지키면서 기다리는 것이다. 「대상사」의 음식연락(飲食宴樂)과 「서괘」의 음식지도(飲食之道)에서 기다리는 것으로 곧고 길한 것이다.

다음으로 수(需)는 『주역』에서만 사용되고, 선진유학의 경전에서는 찾을 수 없다. 수(需)는 기다릴 수(須)이기 때문에 수(須)를 찾아보면, 『서경』에서는 '하늘은 오직 5년 동안 그 자손들에게 틈을 주어 기다리시며, 크게 백성의 주인을 지었으나 생각하고 들으려 하지 않았다'(天惟五年 須暇之子孫. 誕作民主 罔可念聽)라 하여, 하늘이 기다린다는 의미를 밝히고 있다.

『맹자』에서는 '떳떳하고 변함없는 공경은 형에게 있고, 이 모름지기 잠깐 동안의 공경은 마을 사람에게 있는 것이다'(庸敬은 在兄하고 斯須之敬은 在鄕人하니라)라 하여, 수(須)를 모름지기의 뜻으로 사용하고 있다.

송사할 송

천수송괘(天水訟卦)는 내괘 감괘(坎卦, ☵)와 외괘 건괘(乾卦, ☰) 로, 하늘과 물이 어긋나서 행하는 것이다. 하늘의 진리가 이 땅에 내려왔는데, 하늘의 뜻을 온전히 따르지 못하고 있다.

송(訟)을 풀이하면, 말씀 언(言)은 천언(天言)으로 건괘(乾卦)가 되 고, 공변될 공(公)은 감괘(坎卦)와 만나게 된다. 또 공(公)은 다시 여 덟 팔(八)은 위의 건괘로, 사사로울 사(厶)는 아래의 감괘로 풀이가 된다. 팔(八)은 하늘이 작용하는 것이고, 사(厶)는 하늘의 뜻을 대 행하는 사람을 의미한다.

송(訟)은 '송사하다', '다투다', '논쟁하다'의 뜻으로, 본질적인 송사 는 마음속에서 이루어지는 것이다. 성인에 대한 의문, 진리에 대한 의심이 송사로 이어지는 것이다. 「잡괘」에서는 '송(訟)은 친함이 없 다'(訟은 不親也라)라 하여, 하늘과 친함이 없어서 송사를 하게 되는 것이다. 친할 친(親)은 상하(上下)의 질서를 근본으로 한다.

또 「서괘」에서는 '음식에는 반드시 송사가 있다'(飮食必有訟이라)라 하여, 하늘의 음식을 먹는 데는 반드시 마음속에서 송사(訟事)가

있는 것이다. 여기서 음식은 수괘(需卦)의 음식지도(飮食之道)로 마음
의 양식이다. 성학(聖學)을 공부하면 의심이 생기고, 마음속에서 이
것이 맞는가? 내가 할 일인가? 등 많은 갈등이 생기게 된다.

「괘사(卦辭)」에서는 '송(訟)은 믿음이 있더라도 막혀서 두려워하니
중은 길하고 마침은 흉하니 대인을 봄이 이롭고 대천을 건넘이 이
롭지 않는 것이다'(訟은 有孚라도 窒惕하니 中은 吉코 終은 凶하니 利見大
人이오 不利涉大川하니라)라 하여, 송사는 진리를 밝힌 대인(大人)을 따
르는 것이 이롭고, 이기려고 하는 것이 오히려 깊은 연못으로 들어
가는 것이다.

「단사」에서는 '송(訟)은 위는 강(剛)이고 아래는 험난하여 험난하
고 강건함이 송(訟)이다. …… 마침내 흉함은 송사는 이룰 수 없기
때문이고'(訟은 上剛下險하고 險而健이 訟이라. …… 終凶은 訟不可成也ㄹ새
오)라 하여, 어려움 속에서 믿음이 막히고 두려워하여 송사를 하고,
송사로는 이룰 수 없기 때문에 흉한 것이다.

「대상사(大象辭)」에서는 '하늘과 물이 어긋나서 행함이 송괘(訟卦)이
니, 군자가 이로써 일을 지은 처음을 도모하는 것이다'(天與水ㅣ 違行이
訟이니 君子ㅣ 以하야 作事謀始하나니라)라 하여, 마음속에 송사가 있으면,
이 일을 하게 된 처음의 마음으로 돌아가서 도모하는 것이다.

송괘의 효사(爻辭)에서는 송불가장(訟不可長), 불극송(不克訟), 송
원길(訟元吉), 이송수복(以訟受服)의 네 가지 송(訟)을 밝히고 있다.

송불가장(訟不可長)은 송사는 길게 늘어지게 두어서는 안 된다로,
송사를 벌이지 않는 것도 중요하지만, 송사가 있으면 밝게 분별하

여 일찍 마쳐야 하는 것이다. 송사를 길게 하면 고달프고 마침내는 진리를 볼 수 없는 것이다. 그러나 길게 하지 않으면, 비록 작은 말은 있으나 마침내는 길한 것이다.

불극송(不克訟)은 송사에 능하지 못한 것으로, 마음속에서 달아나 숨는 것이다. 자기의 관념으로 진리를 왜곡하고 있기 때문에 송사를 이기지 못하고 근심이 산더미처럼 쌓이는 것이다. 마음속에 송사가 있으면, 마음의 자세를 바꾸는 것이 필요하다. 마음을 바꾸는 것을 '변경할 투(渝)'로 밝히고 있다. 투(渝)는 수(氵)와 점점 유(俞)로, 하늘의 작용에 따라 그렇게 바뀌는 것이다.

송원길(訟元吉)은 송사가 근원적으로 길한 것으로, 성인의 말씀에 믿음을 가지고 자신의 관념적 사유에 소송을 하기 때문에 아름다운 것이다. 우리가 성학(聖學)을 공부하면서 마음속에서 송사가 없을 수는 없다. 그러나 성인의 말씀을 의심하여 송사를 하는 것과 마음에 중심을 두고(진리의 표준을 세우고) 송사를 하는 것은 분명한 차이가 있다.

이송수복(以訟受服)은 송사로서 옷을 받는 것이다. 옷은 관복(官服)으로 하늘이 주는 벼슬의 상징이다. 자신의 공적(功績)으로 옷을 받아야 하는데, 송사를 통해서 받게 되니, 곧 벗겨지게 되고 또 공경할 것이 못되는 것이다.

다음으로 송(訟)을 선진유학의 경전에서 찾아보면, 『서경』에서는 '지금 너희들은 떠들썩하게 그릇된 얕은 믿음을 말하고 있으나, 나는 송사하는 것을 알지 못합니다'(今汝聒聒, 起信險膚, 予弗知乃所訟)라 하였고, 『논어』에서는 '공자께서 말씀하시기를 그칠 것이다. 내가 아직 능히 그 허물을 보고 안으로 스스로 송사하는 사람을 보지 못하였다'(子ㅣ 曰已矣乎라 吾未見能見其過而內自訟者也케라)라 하여, 송(訟)이 사람들과 소송(訴訟)의 의미보다 내면적 송사임을 알 수 있다.

『대학』에서는 '공자께서 말씀하시기를 송사를 듣는 것은 내가 다른 사람과 같으나, 반드시 하여금 송사가 없게 할 것이구나 하시니, 실정(實情)이 없는 사람은 그 말씀을 다 얻지 못한다는 것은 백성들의 뜻을 크게 두려워함이니 이것이 근본을 아는 것이다'(子ㅣ 曰聽訟이 吾猶人也ㅣ나 必也使無訟乎인져하시니 無情者ㅣ 不得盡其辭는 大畏民志니 此謂知本이니라)라 하여, 『논어』의 말씀을 인용하면서 송(訟)은 사람의 마음인 정(情)과 지(志)의 문제임을 밝히고 있다. 근본을 아는 '지본'(知本)하는 사람은 성인의 말씀에 송사하지 않는다.

또 『맹자』에서는 '세상의 제후들이 조회를 하는 사람은 요(堯)임금의 아들이 아니라 순(舜)임금에게 가며, 옥사를 소송하는 사람도 요임금의 아들이 아니라 순임금에게 가며'(天下諸侯朝覲者 不之堯之子而之舜하며 訟獄者不之堯之子而之舜하며)라 하여, 소송(訴訟)으로 사용하고 있다.

무리 사

    지수사괘(地水師卦)는 내괘 감괘(坎卦, ☵)와 외괘 곤괘(坤卦, ☷)로, 땅 속에 물이 있는 형상이다. 땅 속에 있는 물을 얻기 위해 우물을 파고, 길러야 하는 정사(政事)가 필요한 것이다.

    사(師)를 풀이하면, 언덕 부(阜)의 윗부분인 구(口)는 곤괘(坤卦)이고, 시장 시(市)는 하늘이 펼쳐지는 것으로 감괘(坎卦)가 된다. 또 시(市)에서 위의 점 주(丶)가 빠지고, 일(一)은 일태극(一太極)으로 땅을 상징하고, 아래의 건(巾)은 멀 경(冂)과 뚫을 곤(丨)으로 하늘의 작용인 감괘로 이해할 수 있다.

    사(師)는 보통 '스승 사'로 해석하지만, 「단사(彖辭)」에서 직접 '사(師)는 중(衆)이고'(師는 衆也오)라 하여, 무리 사(師)임을 알 수 있다. 「서괘상(序卦上)」에서도 '사(師)는 무리이니'(師者는 衆也니)라고 하였다.

    「괘사」에서는 '사(師)는 곧음이니 대인이라야 길하고 허물이 없는 것이다'(師는 貞이니 大人이라야 吉코 无咎하리라)라 하고, 「단사」에서는 '곧음은 바름이니 능히 대중을 바르게 하면 왕도정치를 할 수 있는 것이다'(貞은 正也니 能以衆正하면 可以王矣리라)라 하여, 대인(大人)이 대중

(大衆)을 바르게 하는 왕도정치를 밝히고 있다.

즉, 무리 중(衆)은 피 혈(血)과 물 수(水)인데, 모두 감괘(坎卦)의 험난함을 상징하고 있다. 사괘(師卦)는 백성을 바르게 하는 정치를 논하고 있는데, 이는 험난하고 근심이 되는 것이다. 「잡괘」에서는 '사괘(師卦)는 근심이다'(師憂라)라 하여, 성인이 대중을 근심하기 때문에 다스리는 것이다.

사괘(師卦) 상육(上六) 효사(爻辭)에서는 '위대한 지도자가 천명(天命)이 있음은 공을 바르게 하는 것이고'(大君有命은 以正功也오)라 하여, 대중을 바르게 하는 정치원리인 정공론(正功論)을 밝히고 있다.

각자에게 주어진 공(功)을 바르게 하는 '정공'(正功)은 『맹자』 왕도정치(王道政治)의 핵심적 내용이다. 맹자는 '지금 은혜가 심승에게까지 미치면서 공(功)이 백성들에 이르지 않는 현실을 꾸짖고'(今에 恩足以及禽獸로되 而功不至於百姓者는 獨何與잇고), 또 사람들이 서로서로 공(功)을 통하여 일을 바꾸는 '통공역사'(通功易事)를 강조하고 있다.

「대상사(大象辭)」에서는 '군자가 이로써 백성을 포용하고 대중을 기르는 것이다'(君子ㅣ 以하야 容民畜衆하나니라)라 하여, 정치는 양심을 가지고 살아가는 시민은 포용하고, 어리석은 대중은 훈육하는 것이다.

사괘의 효사(爻辭)에서는 사출이율(師出以律), 재사중(在師中), 사혹여시(師或興尸), 사좌차(師左次), 장자솔사(長子帥師)의 다섯 가지 사(師)를 밝히고 있다.

사출이율(師出以律)은 무리가 계율로 나아가는 것이다. 대중은 살아가는데 계율이 필요하다. 법 율(律)은 법령이나 계율이면서, 또 음률 율(律)이기 때문에 율려(律呂)의 의미를 가지고 있다. 자신의 내면적 리듬인 양심(良心)을 잃어버리고 자신의 욕망으로 살아가면 하늘의 심판을 받게 된다. 우리가 계율을 지키고 실천해야 하는 것은 하늘이 부여한 양심(良心)을 잃지 않기 위한 것이다.

재사중(在師中)은 무리에 있지만 중도를 따르는 것이다. 대중 속에서 살아가지만 중도(中道)의 진리를 따르기 때문에 하늘의 은총을 계승하게 되며, 천명(天命)을 받아서 만방(萬邦)을 품게 되는 것이다.

사혹여시(師或輿尸)는 대중이 혹 수레를 주관하는 것이다. 수레 여(輿)는 곤도(坤道)를 상징하며, 백성들을 태우고 가는 군자의 도구(道具)이다. 수레는 군자가 타고 백성을 싣고 가는 것인데, 대중들이 주관하면 공(功)이 없을 뿐만 아니라 망가지게 된다.

국가의 지도자는 민본주의(民本主義)와 인정(仁政)의 정치철학으로 대중들을 바른 길로 이끌어 가야지, 대중들의 여론(輿論)만 따라가면 안 되는 것이다. 현대 민주주의 정치를 여론정치라 하고, 국민들의 의견을 중요시하고 있지만 자체에 모순이 내재되어 있다. 국민 여론을 조작해서 자신의 권력을 유지하고 있는 것이다.

특히 대중추수주의(大衆追隨主義)의 여론정치는 국가를 망하게 하는 길이기 때문에 경계해야 한다. 여론(輿論)을 '사회 대중의 공통된 의견'이라고 하는데, 한자(漢字)를 보면 수레 여(輿)와 논할 논(論)으로, 사괘(師卦)의 여(輿)이다. 즉, 여(輿)는 군자가 주관하여 백성들을 태우는 수레이기 때문에 여론(輿論)은 군자가 주관하는 국민의 소리임을 알 수 있다.

사좌차(師左次)는 대중이 왼쪽에 머무는 것이다. 아직 대중들이 본성을 잃어버린 것이 아니기 때문에 허물은 없는 것이다. 왼 좌(左)는 원(둥근)으로 원(圓)을 상징하기 때문에 왼손은 하늘의 진리를 헤아리는 손이고, 오른 우(右)는 옳은(바른)으로 정(正)을 상징하기 때문에 오른손은 세상에서 일을 하는 손이다. 즉, 천원지방(天圓地方)의 이치에 따라 하늘은 왼쪽이 되고, 땅은 오른쪽이 되는 것이다.

좌(左)에는 장인 공(工)이 있고, 우(右)에는 입 구(口)가 있는 것도, 원방(圓方)의 이치를 담고 있는 것이다. 조선시대 삼정승(三政丞)에서도 머리는 영의정(領議政)이고, 다음에 좌의정(左議政)이고, 다음이 우의정(右議政)이다. 즉, 대중들이 왼쪽에 있다는 것은 세상의 욕심을 따르지 않고 진리를 따르고 있다는 의미이다.

장자솔사(長子帥師)는 장자가 대중을 거느리는 것으로, 장자(長子)는 장남(長男)으로 인류의 스승인 성인(聖人)을 의미한다. 성인이 중도(中道)로써 대중을 통솔하는 것이다. 그런데 만약 제자(弟子)가 수레를 주관하면(弟子輿尸), 이치에 맞지 않기 때문에 아무리 바르게 하고자 해도 하늘의 심판을 받게 되는 것이다.

장자(長子)와 제자(弟子)는 학문으로도 구분할 수 있다. 장자지학(長子之學)은 성인지학(聖人之學)으로 하늘의 진리를 세상에 밝히는 학문이라면, 제자지학(弟子之學)은 제자지학(諸子之學)으로 제가백가(諸家百家)의 학문을 말하는 것이다. 세상의 번잡한 학문인 제자지학(弟子之學)은 삶의 부분적 면을 다루는 것으로, 특정한 사람들에게는 필요하지만, 그것은 하늘의 진리를 밝히는 형이상학(形而上學), 도학 (道學)이 아니기 때문에 군자가 타고 백성을 싣는 수레를 주관하면 안 되는 것이다.

유학의 정치철학은 군자(君子)가 행하는 민본주의(民本主義)와 인 정(仁政)이며, 백성의 주인인 성왕(聖王)의 정치로 진정한 민지주(民 之主)의 민주정치(民主政治)인 것이다. 이것은 현대 정치적 관념을 넘 어선 것으로, 국가의 본질적인 의미와 지향을 생각해야 한다.

한편 『주역』에서 사(師)는 예괘(豫卦) 등에서 '예(豫)는 지도자를 세 워 무리를 행하는 것이 이로운 것이다'(豫는 利建侯行師하니라), '성곽 이 해자로 돌아가니 무리를 쓰지 말고'(城復于隍이니 勿用師오), '울면 서 겸손함이니 무리를 행함을 이롭게 사용하여 읍국(邑國)을 정벌 하는 것이다'(鳴謙이니 利用行師하야 征邑國이니라)라 하여, 사(師)를 무 리와 군사로 밝히고 있다.

「계사하」에서는 '또한 우환과 변고에 밝은 것이라 스승의 도움은 없으나 부모가 강림한 것 같으니'(又明於憂患與故라 无有師保나 如臨父 母하니)라 하여, 스승으로 사용하고 있다.

다음으로 사(師)를 선진유학의 경전에서 찾아보면, 『서경』에서는 '무 리가 상제에게 아뢰기를 홀아비가 민간에 있는데 우순(虞舜)이라 합 니다'(師錫帝曰, 有鰥在下, 曰虞舜)라 하여, 무리로 사용하고, 또 '너희는 오직 게으름이 없고 나의 군대를 통솔하라'(汝惟不怠. 總朕師), '하늘이 아래 백성을 도우시어 임금을 짓고 스승을 지었다'(天佑下民 作之 君作 之師)라 하여, 군사와 스승으로 밝히고 있다.

『논어』에서는 '옛 것을 익히고 새로운 것을 알면 스승이 될 수 있
는 것이다'(子ㅣ 日溫故而知新이면 可以爲師矣니라), '세 사람이 행함에 반
드시 나의 스승이 있으니'(子ㅣ 日三人行애 必有我師焉이니), '인(仁)에 해
당하는 것은 스승에게도 양보하지 않는 것이다'(子ㅣ 日當仁하야 不讓
於師니라)라 하고, 『맹자』에서도 '사람들의 근심이 다른 사람의 스승
되기를 좋아하는데 있다'(孟子曰 人之患이 在好爲人師니라), '성인은 백
세(百世)의 스승이니'(孟子曰 聖人은 百世之師也니)라 하여, 스승으로 사
용하고 있다.

水地 比 𠤎 人

도울 비

  수지비괘(水地比卦)는 내괘 곤괘(坤卦, ☷)와 외괘 감괘(坎卦, ☵)로, 땅 위에 물이 있는 형상이다. 땅 위로 내려온 하늘의 뜻으로, 하늘이 사람을 돕고 내 마음과 나란히 되는 것이다.

  비(比)는 사람 인(人)과 비수 비(匕)로, 인(人)이 땅에서 살아가는 사람이라면, 비(匕)는 위에서 내려온 하늘 사람이다. 비(比)는 하늘 사람과 땅 사람이 나란히 가는 것이다. 기본적으로 하늘 사람은 천강(天降) 성인(聖人)이고, 땅 사람은 지출(地出) 군자(君子)이다.

  「단사」에서는 '비(比)는 길(吉)한 것이며, 비는 돕는 것이니 아래가 순종(順從)하는 것이다'(比는 吉也며 比는 輔也니 下ㅣ 順從也라)라 하여, 비(比)는 자신의 내면으로부터 하늘에 순응하여 따르기 때문에 도움을 받는 것이다. 하늘이 돕고 하늘에 순종하기 때문에 가지런히 할 수 있는 것이다. 「잡괘(雜卦)」에서는 '비는 즐거움이다'(比樂)라 하여, 하늘을 따르니 즐거운 것이다.

  두 사람이 나란히 가는 것은 하늘의 뜻에 순응(順應)할 때 가능한 것이다. 세상의 욕망으로 살아가면 서로 협력을 하다가도 어긋나거나 틀어지게 되는 것이다. 비(比)와 반대는 북(北)으로, 두 사람이 서로 등대고 돌아서 있는 것이다.

「괘사」에서는 '비(比)는 길하니 서(筮)에 근본하지만 근원적으로 길게 곧으면 허물이 없는 것이다'(比는 吉하니 原筮호대 元永貞이면 无咎리라)라 하여, 하늘의 뜻에 순응하면 길하고 허물이 없는 것이다.

다른 입장에서 비(比)는 인(人)이 거꾸로 선 비수 비(匕)가 두 개 합해진 두 사람이다. 구오효(九五爻)에서는 '역(逆)을 버리고 순(順)을 취하는 것은 앞에 있는 날짐승을 잃어버리는 것이다'(舍逆取順이 失前禽也오)라 하여, 비(比)가 순(順)의 방향임을 밝히고 있다. 현상적으로 우리가 서 있는 모습인 인(人, 从)은 하늘의 입장에서는 역(逆)이고, 물구나무를 서는 것이 순(順)인 것이다.

비괘(比卦)의 여섯 효사(爻辭)에서는 각각 유부비지(有孚比之), 비지자내(比之自內), 비지비인(比之匪人), 외비지(外比之), 현비(顯比), 비지무수(比之无首)를 밝히고 있다.

유부비지(有孚比之)는 믿음이 있어서 돕는 것이다. 성인의 말씀에 절대적 믿음을 가지고 돕는 것이니, 또한 다른 길(吉)함이 있다.

비지자내(比之自內)는 돕는데 안으로부터 하는 것이다. 자신의 본성을 잃어버리지 않고, 마음속에서부터 성인을 따르는 것이다.

비지비인(比之匪人)은 돕는데 사람이 아닌 것이다. 사람의 도(道)가 아닌 비인격적(非人格的)인 것으로 돕기 때문에 또한 상(傷)하게 된다. 아닐 비(匪)는 아닐 비(非)가 상자 방(匸)에 갇힌 것으로, 꽉 막히게 된 것이다. 천지비괘(天地否卦)에서는 '비색되어 사람이 아니니'(否

之匪人)라 하여, 천지(天地)의 기운이 막혀서 사람답지 못함을 밝히고 있다. 즉, 비인(匪人)은 탐욕(貪慾)에 막혀서 마음이나 행동이 사람답지 못한 것이다.

비인(匪人)은 비인(非人)으로 『맹자』에서는 '측은한 마음이 없으면 사람이 아니며, 수오(羞惡)하는 마음이 없으면 사람이 아니며, 사양(辭讓)하는 마음이 없으면 사람이 아니며, 시비(是非)하는 마음이 없으면 사람이 아닌 것이다'(由是觀之컨댄 無惻隱之心이면 非人也며 無羞惡之心이면 非人也며 無辭讓之心이면 非人也며 無是非之心이면 非人也니라)라 하여, 사단(四端)의 마음을 쓰지 못하면 사람이 아니라고 엄중하게 경고하고 있다.

또 이제마(1837-1900)는 『격치고(格致藁)』에서 '비자(鄙者)의 마음은 탐욕스런 이리의 마음이라 할 수 있고, 박자(薄者)의 마음은 교활한 토끼의 마음이라 할 수 있고, 탐자(貪者)의 마음은 어리석은 돼지의 마음이라 할 수 있고, 나자(懦者)의 마음은 요망한 여우의 마음이라 할 수 있다'(鄙者之心, 可謂貪狼之心也. 薄者之心, 可謂狡兎之心也. 貪者之心, 可謂封豕之心也. 懦者之心, 可謂妖狐之心也)라 하여, 태양인 소인인 비자(鄙者)는 탐랑(貪狼), 소양인 소인인 박자(薄者)는 교토(狡兎), 태음인 소인인 탐자(貪者)는 봉시(封豕), 소음인 소인인 나자(懦者)는 요호(妖狐)라 하였다. 사람이 아니라 사악한 짐승인 것이다.

외비지(外比之)는 밖에서 돕는 것이다. 밖에 있는 어진 스승을 찾아서 나란히 하는 것으로, 형이상의 진리를 좇는 것이다. 외(外)가 부정적인 의미에서는 욕망으로 가득한 대상 세상을 의미한다.

현비(顯比)는 나타나 돕는 것이다. 나타날 현(顯)은 진리가 나타나는 의미이다. 진리가 현현(顯現)해서 돕는 것으로, 정도(正道)에 맞는 것이다. 「계사상」에서는 '진리를 드러내고 신명한 덕을 행한다'(顯道하고 神德行이라)라 하고, '드러난 것은 은미하게 하고, 그윽한 것을 천명(闡明)하니'(微顯闡幽)라 하였다.

현(顯)이 사용된 대표적인 것은 선불교의 '파사현정'(破邪顯正)이 있고, 또 이순신 장군을 모시는 사당인 '현충사'(顯忠祠)가 있다. 현충사(顯忠祠)는 충무공(忠武公) 이순신(李舜臣) 장군이 실천한 애국애민(愛國愛民)의 정신을 기리는 사당(祠堂)이라는 뜻이다.

비지무수(比之无首)는 돕는데 머리가 없는 것이다. 머리 수(首)는 건도(乾道)를 상징하기 때문에 하늘의 진리가 없이 세상 사람들과 돕는 것이다. 세상의 욕망을 쫓아서 도우면, 내 앞에 주어진 천명(天命)을 잃어버리고, 결국에는 심판을 받는 것이다.

비괘의 여섯 효사(爻辭)를 통해 돕는데 유부(有孚)·자내(自內)·외(外)·현(顯)하면 길(吉)하고, 비인(匪人)·무수(无首)와 짝하면 흉(凶)함을 알 수 있다. 즉, 내 마음의 진리를 밝힌 성인의 말씀에 순응하여 살아갈 것인가, 욕망으로 살아가는 사람들과 나란히 하고 살아갈 것인가로 나누어진다.

비괘(比卦)의 비(比)가 왜곡된 비판적(批判的) 사고(思考)에 대해 생각해 보자.

먼저 칠 비(批)는 손 수(扌)와 가지런할 비(比)로, 나란히 가는 두 사람의 손을 치는 것이고, 가를 판(判)은 절반 반(半)과 칼 도(刂)로,

칼로 절반을 가르는 것이다. 비판(批判)은 남녀(男女)가 두 손을 잡고 나란히 가는 모습이 보기 싫어서 손을 쳐서 갈라놓는 것이다. 사람의 소인적(小人的) 질투(嫉妬)의 마음을 드러낸 것이 칠 비(批)이고, 또 가르지 않아도 될 것을 칼로 가르는 것이 판(判)이다.

따라서 비판적 사고는 사람의 탐욕심을 고스란히 드러내는 것이다. 우리의 삶은 비판적 사고가 아니라 바르고 곧은 생각인 정직(正直)한 사고가 필요한 것이다. 불교의 팔정도(八正道)에서 정사(正思)를 생각하면 된다.

다음으로 비(比)를 선진유학의 경전에서 찾아보면, 먼저 『서경』에서는 '사람이 비덕(比德)이 없으면 오직 임금이 극을 짓는 것이다'(人無有比德, 惟皇作極)라 하여, 비덕(比德)으로 밝히고 있다. 즉, 성인지도(聖人之道)와 가지런히 하는 사람의 마음이 없으면 임금이 다함을 통해 바르게 잡아주는 것이다.

『논어』에서는 '군자는 두루하지만 견주지 않고, 소인은 견주고 두루하지 않는 것이다'(子ㅣ 曰君子는 周而不比하고 小人은 比而不周니라)라 하여, 비(比)를 가지런하다는 뜻보다는 두루 주(周)와 대비하여 견주다로 사용하고 있다.

또 '군자가 천하에 적이 없으면 정해진 것이 없어서 정의와 더불어 가지런히 하는 것이다'(子ㅣ 曰君子之於天下也애 無適也하며 無莫也하야 義之與比니라)라 하여, 정의(正義)와 나란히 하는 존재가 군자임을 밝히고 있다.

또 『맹자』에서는 '내가 무엇을 닦아서 선왕의 깨우침에 가지런히 할 수 있겠는가?'(吾何修而可以比於先王觀也오)라 하고, '음식의 무거운 것과 예의의 가벼운 것을 취해서 견주면 어찌 음식이 중요할 뿐이며, 색의 무거운 것과 예의의 가벼운 것을 취해서 견주면 어찌 색이 무거울 뿐이겠는가?'(取食之重者와 與禮之輕者而比之면 奚翅食重이며 取色之重者와 與禮之輕者而比之면 奚翅色重이리오)라 하여, 비(比)를 선왕(先王)의 깨우침과 가지런히 한다는 것과 견주는 의미로 사용하고 있다.

風天 小畜 小畜 玄田

작을 소 쌓을 축

풍천소축괘(風天小畜卦)는 내괘 건괘(乾卦, ☰)와 외괘 손괘(巽卦, ☴)로, 바람이 하늘 위에서 부는 형상이다. 하늘의 빽빽한 구름이 아직 비는 내리지 않지만, 바람이 불고 있기 때문에 이 땅에 사는 사람들은 자신의 덕을 쌓는 일에 서둘러야 한다.

소축(小畜)을 풀이하면, 소(小)는 점 주(丶)와 갈고리 궐(亅)로 건괘(乾卦), 축(畜)은 가물할 현(玄)과 밭 전(田)으로 손괘(巽卦)에 대응할 수 있다. 또 축(畜)에서 현(玄)은 가물가물한 신도(神道)·목도(木道)·풍도(風道)를 상징하는 손괘, 전(田)은 내 마음에 내려온 십(十)으로 건괘를 상징한다. 현(玄)은 돼지 머리 두(亠)와 작을 요(幺)로 하늘의 진리가 작게작게 드러나는 것을 의미한다.

따라서 소축(小畜)에서 작을 소(小)는 큰 대(大)와 대응되어 내면적 세계 내지 학문(學文)하는 것을 의미하고, 축(畜)은 가물가물한 신도를 마음의 밭에 쌓아가는 것이다.

「괘사」에서는 '소축(小畜)은 형통하니 빽빽한 구름이 아직 비를 내리지 않는 것은 우리 서쪽 성곽으로부터이기 때문이다'(小畜은 亨하니 密雲不雨는 自我西郊일새니라)라 하여, 내면적 덕을 쌓음이 형통하고, 서방(西方)으로부터 진리가 펼쳐지게 되는 것이다.

「단사(彖辭)」에서는 '빽빽한 구름이 아직 비를 내리지 않는 것은 왕(往)을 숭상하는 것이고'(密雲不雨는 尙往也오)라 하여, 하늘에 구름이 아직 세상에 비를 내리지 않고 쌓이고 있는 것이다. 여기서 왕(往)은 왕래(往來)의 왕으로, 하늘의 뜻이 가는 것이다.

소축괘(小畜卦)는 신도(神道)가 세상에 드러나지 않고 하늘 위에 있는 것이다. 아직 진리가 행해지지 않기 때문에 내면적 덕을 쌓고, 공부하는 의미를 담고 있다. 「대상사」에서는 '군자가 이로써 문덕(文德)을 기리는 것이다'(君子ㅣ 以하야 懿文德하나니라)라 하여, 학문을 통해 자신의 덕을 가꾸어 가는 것이 아름다운 일이다.

소축괘의 효사(爻辭)에 소축(小畜)은 직접 나오지 않고, 복자도(復自道)와 견복(牽復)의 돌아올 복(復)과 유부(有孚)의 믿을 부(孚)를 밝히고 있다.

복자도(復自道)는 자기 스스로 본성으로 돌아오는 도(道)이니, 무슨 허물이 있겠는가 길(吉)한 것이다. 자신의 삶의 뜻이 올바르기 때문에 밖으로 욕망을 쫓아가지 않고 본성으로 돌아오는 것이다.

견복(牽復)은 당겨서 돌아오는 것으로, 자신의 마음을 잃어버리지 않는 것이다. 끌 견(牽)은 가물 현(玄)과 소 우(牛)로, 하늘의 진리가 소가 끄는 수레에 타고 있는 것이다. 즉, 하늘의 뜻을 마음속에 담고 있기 때문에 돌아오는 것이다. 복(復)은 64괘에서 지뢰복괘(地雷復卦)의 괘 이름으로 자신의 본성으로 돌아오는 것이다.

유부(有孚)는 믿음이 있는 것으로, 풍택중부괘(風澤中孚卦)의 괘 이름인 믿을 부(孚)이다. 믿을 신(信)은 사람이 성인의 말씀을 믿는 것이라면, 부(孚)는 손톱 조(爪)와 자식 자(子)로, 새가 알을 품고 있으면 21일 만에 부화된다는 믿음이다. 즉, 언젠가는 부화한다는 진리에 대한 절대적 믿음을 의미한다.

절대적 믿음인 유부(有孚)는 수천수괘(水天需卦), 천수송괘(天水訟卦), 풍지관괘(風地觀卦), 중수감괘(重水坎卦), 산택손괘(山澤損卦)의 다섯 괘 괘사(卦辭)에서 말씀하고 있다. 천학(天學)·성학(聖學)의 공부에는 절대적인 믿음이 중요한 것이다.

소축괘(小畜卦)를 통해 우리가 자신의 내면적 덕을 쌓기 위해서는 자신의 본성으로 돌아와야 하고, 또 진리에 대한 절대적 믿음이 있어야 함을 알 수 있다.

다음으로 축(畜)을 선진유학의 경전에서 찾아보면, 먼저 『서경』에서는 '개와 말은 그 땅의 성품에 맞지 않으면 기르지 않는다'(犬馬非其土性, 不畜) 등 여러 곳에서 기를 휵(慉)으로 사용하고 있다.

또 『논어』에서도 '임금이 살아 있는 것을 보내시면 반드시 기르는 것이다'(君이 賜生이어시든 必畜之러시다)라 하고, 『맹자』에서도 '먹여주지만 아끼지 않으면 돼지와 사귀는 것이고, 아끼지만 공경하지 않으면 짐승을 기르는 것이다'(食而不愛면 豕交之也요 愛而不敬이면 獸畜之也니라)라 하여, 기르다는 뜻으로 축(畜)을 사용하고 있다.

履

천택

밟을 리

천택리괘(天澤履卦)는 내괘 태괘(兌卦, ☱)와 외괘 건괘(乾卦, ☰)로, 하늘과 연못이 위와 아래에 있는 형상이다. 하늘과 백성이 만나기 위해서는 조심하고 예를 다해서 밟아야 한다.

리(履)를 풀이하면, 주검 시(尸)는 죽음의 세계로 하늘을 상징하는 건괘(乾卦)이고, 돌아올 복(復)은 회복하고 반복하는 것으로 기쁨을 상징하는 태괘(兌卦)와 만나게 된다. 복(復)은 22번째 괘인 지뢰복괘(地雷復卦)의 괘 이름이다. 죽음에서 돌아오는 것은 삶이기 때문에 죽음과 삶을 밟는 것이다. 우리는 여기서 사는 것만 생각하지만, 해탈하지 못하면 죽음과 삶은 돌고 도는 상즉(相卽)의 관계이다.

리(履)는 '신다', '밟다'는 뜻으로, 「괘사(卦辭)」에서는 '호랑이의 꼬리를 밟는데 사람을 물지 않는다(履虎尾라도 不咥人이라)고 하였다. 얼마나 조심해서 밟았으면, 호랑이의 꼬리를 밟았는데 물지 않겠는가? 조심조심 행동을 하고, 예를 갖춰서 살아가기 때문에 호랑이에게 물리는 일을 당하지 않는 것이다.

「서괘」에서는 '물을 쌓은 연후에 예(禮)가 있는 것이다. 그러므로 이괘(履卦)로 받고'(物畜然後애 有禮라 故로 受之以履하고)라 하여, 예(禮)가 있기 때문에 실행하는 것이다. 대장괘(大壯卦)에서도 '예가 아니면 밟지 않는 것이다'(非禮弗履)라 하여, 예(禮)를 실천하는 것이 밟을 리(履)임을 알 수 있다. 리(履)는 예(禮)로써 직접 풀이되는데, 삶의 기쁨과 죽음을 위해 예를 행한다는 것이다.

「괘사」에서는 '호랑이 꼬리를 밟더라도 사람을 물지 않는 것이라 형통한 것이다'(履虎尾라도 不咥人이라 亨하니라)라 하여, 세상을 살아가지만 조심하고 조심하기 때문에 형통한 것이다.

「단사」에서는 '이(履)는 부드러움이 강함을 밟는 것이고, 기쁨으로써 하늘에 응하는 것이다'(履는 柔履剛也니 說而應乎乾이라)라 하여, 기쁨은 태괘(兌卦)이고, 죽음은 하늘나라로 건괘(乾卦)이다. 「잡괘」에서는 '이(履)는 처하지 않음이다'(履는 不處也라)라 하여, 한 곳에 처하지 않고 예를 행하며 살아가는 것이다.

「대상사」에서는 '위는 하늘이고 아래는 연못이 이괘(履卦)이니, 군자가 이로써 위와 아래를 분별하여 백성의 뜻을 정하는 것이다'(上天下澤이 履니 君子ㅣ 以하야 辨上下하야 定民志하나니라)라 하여, 군자의 실천은 형이상과 형이하의 이치를 분별하여 백성의 뜻을 바르게 정해주는 것이다.

「계사하」 제7장의 구덕괘(九德卦)에서는 '이괘(履卦)는 덕의 기초이고, … 화합하여 이르게 함이고, … 화합으로 행하는 것이다'(履는 德之基也오 … 履는 和而至하고 … 履以和行코)라 하여, 이괘의 공능(功能)

을 구체적으로 밝히고 있다.

이괘의 여섯 효사에서는 각각 소리(素履), 이도(履道), 파능리(跛能履), 이호미(履虎尾), 쾌리(夬履), 시리(視履)를 밝히고 있다.

소리(素履)는 깨끗함으로 밟는 것으로, 흴 소(素)는 희다는 뜻으로 본성의 깨끗함이고, 순수한 마음이다. 다른 사람을 의식해서 일부러 조심하는 것이 아니라 홀로 원하는 것을 하는 것이다. 다른 사람을 배려하고 주위를 살펴보아야 하지만, 순수한 마음으로 살아가는 것도 필요한 것이다.

이도(履道)는 도를 밟는 것으로, 예를 실천하며 살아가는 것이다. 정도(正道)를 실천하며 살아가기 때문에 스스로를 어지럽지 않게 하는 것이다. 또 진리에 근거하여 마음을 단단하게 하면 길한 결괴를 얻게 된다.

파능리(跛能履)는 절음발이가 능히 밟는 것이다. 걸음걸이가 불안하고 힘들기 때문에 아직 함께 걸어가기는 힘든 것이다. 내 마음에서 한쪽으로는 성인지학(聖人之學)을 공부하려고 하지만, 한쪽으로는 마음이 다른 곳에 가 있는 것이다. 절음발이로는 걸어가기가 힘들 듯이 온전히 성학(聖學)을 공부하지는 못하는 것이다.

이호미(履虎尾)는 호랑이의 꼬리를 밟는 것으로, 호랑이의 꼬리를 밟지만 조심하고 조심하여 자신의 뜻을 행하게 되는 것이다. 호랑이는 금수의 왕으로 세상의 욕망을 상징하면서 동시에 호랑이의 가죽은 문채(文彩)가 나는 군자지도(君子之道)를 상징하는 이중적 의미가 있다. 그래서 호랑이의 꼬리를 밟았지만, 세상의 탐욕에 걸리지 않고 뜻을 행하기 위해 조심조심하면 마침내 길한 것이다.

쾌리(夬履)는 결단하고 밟는 것으로, 쾌(夬)는 택천쾌괘(澤天夬卦)로 결단할 결(決)과 서로 통한다. 자신이 살아온 삶을 반성하고 새로운 삶을 살겠다고 결단하는 것이다. 쾌괘(夬卦) 「단사(彖辭)」에서는 '결이화'(決而和)라 하여, 화합하기 위해서는 결단을 해야 하는 것이다. 이(履)의 예를 통해 살아가겠다고 결단하는 것으로, 바르게 하더라도 위태롭지만 정당한 자리로 돌아가는 과정이다.

시리(視履)는 보면서 밟는 것으로, 하늘의 뜻으로 예(禮)를 실천하는 것이다. 하늘의 상서로운 예를 생각하고 벗어나지 않으면 근원적으로 길한 것이다. 예를 살펴서 근원적으로 길하기 때문에 큰 경사가 있는 것이다. 볼 시(視)는 보일 시(示)와 볼 견(見)으로, 하늘의 진리를 보는 것이다. 시(示)는 이(二)와 작을 소(小)로, 음양(陰陽)의 이치가 작게 드러남이고, 견(見)은 목(目)과 인(儿)으로, 사람이 진리를 보는 것이다.

한편 중지곤괘(重地坤卦)에서는 '서리를 밟으면 견고한 얼음이 이르는 것이다'(履霜하면 堅氷이 至하나니라)라 하고, 이괘(離卦)에서는 '밟음을 조심하니 공경하면 허물이 없고 허물을 피하는 것이다'(履錯然이니 敬之면 无咎리라. 象曰履錯之敬은 以辟咎也라)라 하여, 이괘(履卦)의 예(禮)를 실천하는 것으로 밝히고 있다.

「계사상」 제12장에서는 '믿음을 밟고 순응을 생각하고 또 어짊을 높이는 것이다. 이로써 하늘로부터 도와서 길하여 이롭지 않음이 없는 것이다'(履信思乎順하고 又以尙賢也라 是以自天祐之吉无不利也니라)라 하여, 하늘이 돕는 길의 첫 번째는 믿음을 밟는 것이라 하였다.

　다음으로 이(履)를 선진유학의 경전에서 찾아보면, 『논어』에서는 『시경』을 인용하여 깊은 연못에 임하는 것 같이 하며 얇은 얼음을 밟는 것 같이 한다(詩云戰戰兢兢하야 如臨深淵하며 如履薄氷이라)라 하고, 『맹자』에서는 '무릇 정의는 길이고 예의는 문이니 오직 군자가 이 길에 말미암고 이 문을 출입하니, …… 군자가 밟는 것이고 소인은 보는 것이다'(夫義는 路也요 禮는 門也니 惟君子能由是路하며 出入是門也니 …… 君子所履요 小人所視라)라 하여, 리(履)를 군자가 실천하는 것으로 논하고 있다.

통할 태

　지천태괘(地天泰卦)는 내괘 건괘(乾卦, ☰)와 외괘 곤괘(坤卦, ☷)로, 하늘과 땅이 사귀는 것이다. 땅을 상징하는 곤괘(坤卦)는 위에 있고, 하늘을 상징하는 건괘(乾卦)는 아래 땅에 있으니, 음양(陰陽)이 서로 교합(交合)한 형상이다.

　클 태(泰)를 풀이하면, 석 삼(三)은 천·인·지(天人地) 삼재지도(三才之道)로 땅의 주체인 인간을 상징하는 것으로 곤괘(坤卦)이고, 아래의 물 수(水)는 하늘의 중정지기(中正之氣)인 감괘(坎卦)와 만나게 된다. 또 삼(三)과 인(人)으로 나누어서, 삼(三)은 곤괘이고, 인(人)은 하늘의 뜻을 대행하다는 의미에서 건괘(乾卦)로 풀이할 수도 있다. 또 사람이 천·인·지(天人地) 삼재지도(三才之道)를 깨우쳐 행하는 것이다.

　태(泰)는 '크다', '편안하다', '넉넉하다'의 뜻이지만, 「단사(彖辭)」에서는 '태(泰)는 하늘과 땅이 서로 사귀는 것이고, 하늘과 땅이 서로 사귀니 만물이 통하는 것이며'(則是天地ㅣ 交而萬物이 通也며)라 하고, 「서괘상」에서는 '태는 통함이니'(泰者는 通也니)라 하여, 통할 통(通)의 의미이다.

「괘사」에서는 '태(泰)는 작은 것이 가고 큰 것이 오니 길하여 형통 (亨通)한 것이다'(泰는 小ㅣ 往코 大ㅣ 來하니 吉하야 亨하니라)라 하여, 소인 지도(小人之道)가 물러가고 대인지도(大人之道)가 오는 것이다.

또 「단사」에서는 '상하(上下)가 사귀어 그 뜻이 같은 것으로, 내면 은 양(陽)이고 밖은 음(陰)이며, 내면은 강건하고 밖은 유순하며, 내 면은 군자이고 밖은 소인이니, 군자의 도(道)는 자라고, 소인의 도 는 사라지는 것이다'(上下ㅣ 交而其志ㅣ 同也라 內陽而外陰하며 內健而外 順하며 內君子而外小人하니 君子道ㅣ 長하고 小人道ㅣ 消也라)라 하여, 상하 (上下)·내외(內外)·음양(陰陽)·건순(健順)·군자와 소인 등 대대적(對待 的) 관계에 있는 것이 서로 통하는 것이다. 군자는 '외유내강'(外柔內 剛)의 인격적 삶을 살아가는 것이다.

「서괘상」에서는 '밟고 통한 연후에 편안한 것이다 그러므로 태괘(泰 卦)로 받고'(履而泰然後에 安이라 故로 受之以泰하고)라 하여, 통하면 편안 함을 알 수 있다. 「잡괘」에서는 '비(否)와 태(泰)는 그 무리가 반대이 다'(否泰는 反其類也라)라 하여, 태괘(泰卦)와 비괘(否卦)는 서로 반대가 되는 것이다.

태괘(泰卦)의 효사(爻辭)에서는 직접 태(泰)가 나오지 않고, 발모여 (拔茅茹), 무평불피 무왕불복(无平不陂 无往不復), 성복우황(城復于隍) 등을 밝히고 있다.

발모여(拔茅茹)는 띠 풀의 뿌리를 뽑는 것이다. 띠 모(茅)와 뿌리 여(茹)는 진괘(震卦)를 상징하는 것으로, 성인(聖人)을 의미한다. 즉, 띠 풀의 뿌리를 뽑는 것은 성인지도(聖人之道)를 익히는 것으로, 자신의 뜻이 진리를 실천하는 것에 있기 때문에 길한 것이다.

무평불피 무왕불복(无平不陂 无往不復)은 평평한 것은 기울지 않음이 없고, 간 것은 돌아오지 않음이 없는 것이다. 우리의 삶은 항상 평평함과 기울어짐, 가고 돌아옴의 과정이기 때문에 어렵고 힘들지만 믿음을 가지고 살아가면 복이 있는 것이다.

현상에서 변화하지 않는 것은 아무것도 없다는 평범한 말씀을 체득한다면, 우리의 삶은 또 다른 차원으로 살아지는 것이다. 평피(平陂)·왕복(往復)은 하늘의 작용인 순역(順逆)·왕래(往來)의 다른 표현이다.

평평할 평(平)은 두 이(二)와 곤(丨) 그리고 팔(八)로, 천지(天地)의 질서에 맞게 작용하는 것이다. 평등(平等)은 단순히 똑같다는 것이 아니라, 등급에 따라 가지런한 것이다. 존재하는 모든 것들은 각각이 지은 업(業)이 다르고, 각자에게 주어진 명(命)이 다르기 때문에, 그 다름의 질서가 곧 평등의 출발이다.

성복우황(城復于隍)은 성곽의 흙이 해자(垓字, 성 밖으로 둘러 판 연못)로 돌아가는 것이다. 성곽의 흙은 자신의 심신(心身)을 의미하고, 해자는 세상의 욕망을 상징한다. 나의 몸과 마음을 올바로 지켜야 하는데, 그냥 놓아두면 어지럽게 되는 것이다. 자신에게 주어진 천명(天命)을 알지 못하고, 세상의 욕망에 따라 다른 길에서 어지럽게 헤매고 있는 것이다.

다른 입장에서 해자 황(隍)은 언덕 부(阜)와 임금 황(皇)으로, 황천(皇天)의 언덕으로 해석할 수 있다. 결국 우리의 삶은 하늘로 돌아가는 것이다. 성 성(城)은 실존적 삶의 터전인 땅에 집을 짓고 살아가는 것이라면, 돌아올 복(復)은 죽음을 통해 하늘로 돌아가는 것이다. 우리말에 죽었다는 것을 돌아갔다고 하는 것이 이것이다.

다음으로 태(泰)를 선진유학의 경전에서 찾아보면, 『서경』에서는 편명(篇名)인 '태서상'(泰誓上), '태서중'(泰誓中), '태서하'(泰誓下)가 있고, 『논어』에서는 '군자는 통하지만 교만하지 않고 소인은 교만하고 통하지 않는 것이다'(子l 曰君子는 泰而不驕하고 小人은 驕而不泰니라)라 하고, '없는데 있다고 하고, 비었는데 가득찼다고 하면 간략한데 크다고 하면 항도(恒道)에서 어려운 것이다'(亡而爲有하며 虛而爲盈하며 約而爲泰면 難乎有恒矣니라)라 하여, 태(泰)의 긍정적 의미와 부정적 의미를 함께 밝히고 있다.

『대학』에서는 '군자의 큰 도가 있으니, 반드시 충신(忠信)으로써 자득하고 교태(驕泰)로서 잃는 것이다'(君子l 有大道하니 必忠信以得之하고 驕泰以失之니라)라 하고, 『맹자』에서는 '만일 진리일진댄 순임금께서는 요임금의 천하를 받으셨지만 교태(驕泰)하다고 하지 않으셨으니'(如其道인댄 則舜受堯之天下하시되 不以爲泰하시니)라 하여, 태(泰)는 지나치게 크거나 교만한 마음으로 사용하고 있다.

天地 否

막힐 비

　천지비괘(天地否卦)는 내괘 곤괘(坤卦, ☷)와 외괘 건괘(乾卦, ☰)
로, 하늘은 하늘에 있고, 땅은 땅에 있는 형상이다. 비괘(否卦)는 하
늘과 땅이 사귀지 않는 것으로, 음양(陰陽)이 서로 교합하지 못하
고, 남자는 남자끼리 놀고 여자는 여자끼리 노는 것이다.

　비(否)를 풀이하면, 아닐 불(不)은 하늘의 의미로 건괘(乾卦)이고, 입
구(口)는 사방으로 펼쳐지는 땅의 의미로 곤괘(坤卦)가 된다. 불(不)은
아래에서 위를 향해 가고자 하지만, 위가 막혀 있는 것으로 불통(不
通)의 의미를 담고 있다. 구(口)는 사람을 의미하는데, 사람이 땅에
만 머물러 있는 것이다. 사람은 하늘의 진리를 배워서 따라야 하
는데, 땅의 이익만 추구하는 것이다. 세속적 욕망에만 머물러 있
다. 또 불(不)에서 위의 일(一)은 일태극(一太極)으로 하늘이라면,
곤(丨)은 땅으로 내려오는 작용을 상징한다. 괘상(卦象, ☰)을 불(不)의
형상으로 읽을 수도 있다.

　비(否)는 '비색되다', '막히다'의 의미로, 「단사」에서는 '하늘과 땅이
사귀지 않고, 만물이 통하지 않으며, 위와 아래가 사귀지 않아 천

하(天下)에 나라가 없는 것이다'(天地ㅣ 不交而萬物이 不通也며 上下ㅣ 不交而天下ㅣ 无邦也라)라 하여, 현상적 세계의 천지(天地)와 만물(萬物), 인격적 세계의 상하(上下)와 천하(天下)가 모두 사귀지 않고 막혀 있는 것이다.

「괘사(卦辭)」에서는 '막힘은 사람이 아닌 것이니 군자의 곧음이 불리하니 큰 것이 가고 작은 것이 오는 것이다'(否之匪人이니 不利君子貞하니 大往小來니라)라 하여, 비지비인(否之匪人)을 밝히고 있다. 하늘의 진리가 막힌 것은 사람이 살아가야 할 길이 아닌 것이다. 하늘과 통하는 삶을 살아야 허물을 짓지 않고 아름다운 삶이 되는 것이다.

「단사」에서는 '내면은 음이고 밖은 양이며, 내면은 부드럽고 밖은 강하며, 내면은 소인이고 밖은 군자이니, 소인의 도(道)가 자라고 군자의 도는 사라지는 것이다'(內陰而外陽하며 內柔而外剛하며 內小人而外君子하니 小人道ㅣ 長하고 君子道ㅣ 消也라)라 하여, 내외(內外)·음양(陰陽)·강유(剛柔)·소인과 군자가 모두 태괘(泰卦)의 통하는 것과는 반대인 상태이다. 소인은 군자의 외유내강(外柔內剛)과 반대로 겉은 강한 척하지만 속으로는 이랬다 저랬다 줏대가 없는 '외강내유'(外剛內柔)의 삶을 살아가는 것이다.

비색된 세상에서 '군자는 검소한 덕으로 어려움을 피하고, 영예(榮譽)로써 녹(祿)을 구하는 것은 하지 말아야 하는 것이다'(天地不交ㅣ 否니 君子ㅣ 以하야 儉德辟難하야 不可榮以祿이니라) 즉, 진리가 막힌 세상에서는 검소한 덕으로 어려움을 피하고, 명예나 돈을 추구하면 패가망신(敗家亡身)하게 된다.

비괘의 효사(爻辭)에서는 대인비(大人否), 휴비(休否), 경비(傾否)의 세 가지 비(否)를 밝히고 있다.

대인비(大人否)는 대인이 막힌 것으로, 천지(天地)가 막혀 있는 상태이지만 하늘의 질서를 어지럽히지 않는 것이다. 하늘과 땅이 통하지 않는 세상이 소인(小人)들에게는 길(吉)하지만, 대인(大人)에게는 진리가 막혀 있기 때문에 오히려 막혀야 형통한 것이다.

휴비(休否)는 아름다운 막힘으로, 거의거의 망할 때이다. 검소한 덕으로 마음을 단단히 묶어 두어야 한다. 하늘의 진리가 막힌 세상에서 명예나 재물을 구하지 않기 때문에 길(吉)한 것이다.

「계사하」 제5장에서는 '위태로운 사람은 그 자리에 안주(安住)한 사람이고, 망하는 사람은 그 자리를 보존하고자 하는 사람이고, 어지러운 사람은 그 다스림이 있는 사람이니, 이러한 까닭으로 군자는 편안하지만 위태로움을 잊지 않으며, 있으면서 없음을 잊지 않으며, 다스리면서 어지러움을 잊지 않는 것이다. 이로써 몸이 편안하고 국가를 보호할 수 있으니, 『주역』에서 말씀하시기를 거의거의 망할 것이라 하여 뽕나무 뿌리에 매어둔다고 하였다'(子曰危者는 安其位者也오 亡者는 保其存者也오 亂者는 有其治者니 是故로 君子ㅣ 安而不忘危하며 存而不忘亡하며 治而不忘亂이라 是以身安而國家를 可保也니 易曰 其亡其亡이라야 繫于苞桑이라하니라)라 하여, 휴비(休否)가 등장하는 구오(九五) 효사(爻辭)를 밝히고 있다.

경비(傾否)는 막힘이 기울어지는 것으로, 먼저는 막혔지만 뒤에는 기쁨이 있는 것이다. 막힘이 마침내 기울어져 통하게 되는 것으로,

하늘의 진리는 막히면 오래가지 않아서 반드시 통하게 되는 것이다.

'선비후희'(先否後喜)는 우리가 살아가야 할 길이다. 먼저는 막혀 있어서 답답하지만, 뒤에는 마침내 기쁨을 얻어야 한다. 괴로움의 바다에서 찰나(순간)의 기쁨에 빠지지 않고, 여경(餘慶)의 구원을 얻는 길을 가야 한다.

다음으로 비(否)를 선진유학의 경전에서 찾아보면, 『서경』에서는 '사악이 말하기를 덕이 막혔으니 상제의 자리를 더럽히는 것이다'(岳曰否德 忝帝位)·'덕은 오직 다스림이니 덕이 막혀서 어지러운 것이다'(德惟治, 否德亂)라 하여, 덕이 막힌 비덕(否德)으로 밝히고 있다.

또 『논어』에서는 '공자께서 맹세해서 말하기를 내가 부정한 것일진댄 하늘이 싫어할 것이다 하늘이 싫어할 것이다'(夫子ㅣ 矢之曰予所否者인댄 天厭之天厭之시리라)라 하고, 『대학』에서는 '그 근본이 어지럽고 끝이 다스릴 사람이 없으며'(其本이 亂而末治者ㅣ 否矣며)라 하고, 『맹자』에서도 '맹자께서 말씀하시기를 아니다 나는 40에 부동심(不動心)하였다'(孟子曰否라 我는 四十에 不動心호라)라 하여, 막혔다는 의미보다 '아니다'라는 부정으로 사용하고 있다.

한가지 동　사람 인

　　천화동인괘(天火同人卦)는 내괘 이괘(離卦, ☲)와 외괘 건괘(乾卦, ☰)로, 하늘과 불이 하나가 되는 형상이다. 동인(同人)은 한 사람이 되는 것으로, 하늘과 사람이 하나가 되는 것이다.

　　동인(同人)을 풀이하면, 한 가지 동(同)은 하늘의 의미로 건괘(乾卦)이고, 사람 인(人)은 불 화(火)의 가운데 들어있는 인(人)과 같은 의미로 이괘(離卦)이다. 또 동(同)에서 멀 경(冂)이 하늘을 상징하기 때문에 건괘이고, 일(一)이나 구(口)는 땅의 의미를 가지고 있기 때문에 땅의 중정지기(中正之氣)인 이괘와 만나게 된다. 경(冂)은 땅에 드러난 하늘의 작용이고, 인(人)은 땅에서 살아가는 주인(主人)이다.

　　「괘사」에서는 '들에서 한 사람이 되면 형통할 것이니 대천을 건넘이 이로우며 군자의 곧음이 이로운 것이다'(同人于野면 亨하리니 利涉大川이며 利君子의 貞하니라)라 하여, 동인(同人)이 되어서 대천을 건넘이 이로운 것이며, 직접 군자(君子)의 정도(貞道)를 밝히고 있다.

　　「단사」에서도 '오직 군자이어야 능히 세상의 뜻에 통하는 것이다'(唯君子아 爲能通天下之志하나니라)라 하여, 오직 군자가 성인지도(聖人

之道)를 공부하여 하늘의 뜻에 통하게 되는 것이다.

「잡괘」에서는 '동인(同人)은 친함이다'(同人은 親也라)라 하여, 하늘
과 친한 사람이 동인이다. 친할 친(親)은 상하(上下)의 관계를 의미
한다. 이 땅의 사람이 하늘의 뜻과 하나가 되어 살아가는 것이다.

「괘사」에서는 '들에서 동인하니 형통하고 대천을 건넘이 이롭고
군자의 곧음이 이로운 것이다'(同人于野니 亨하고 利涉大川이오 利君子
貞하나라)라 하여, 동인우야(同人于野)를 밝힌 것이다. 들 야(野)는 백
성들이 살아가는 곳이며, 사직(社稷)에 제사를 올리는 곳이다.

「단사」에서는 '들에서 동인(同人)하니 형통하고 대천을 건넘이 이
로운 것은 건도(乾道)가 행해지기 때문이고, 문명(文明)으로써 강건
하고 중정하고 응함이 군자의 바름이니'(同人于野亨利涉大川은 乾行也《
새오 文明以健하고 中正而應이 君子正也니)라 하여, 동인(同人)은 건도(乾
道)가 사람들의 마음에 행해지는 것이다.

「괘사(卦辭)」에서 군자의 정(貞)은 「단사」에서 군자의 정(正)으로 바
뀌었다. 즉, 하늘에서의 작용은 곧음(貞)이고, 땅에서의 작용은 바
름(正)임을 알 수 있다. 군자가 하늘의 뜻을 깨우치고, 백성들과 함
께 하는 정치를 펼치는 것이다.

「대상사」에서는 '하늘과 불이 동인괘(同人卦)이니, 군자가 이로써 각
각 부류에 따라 모아서 물(物)을 변별하는 것이다'(天與火ㅣ 同人이니 君
子ㅣ 以하야 類族으로 辨物하나니라)라 하여, 한 사람이 되는 것은 예(禮)
에 따라 무리를 나누고, 정의(正義)에 따라 변별하는 것이다.

동인괘 효사에서는 동인우문(同人于門), 동인우종(同人于宗), 동인지

선(同人之先), 동인우교(同人于郊)의 네 가지 동인(同人)을 밝히고 있다.

동인우문(同人于門)은 문에서 한 사람이 되는 것이다. 문(門)은 진리의 문이다. 「계사상」 제7장에서는 '본성을 이루어 보존하고 보존하는 것이 도의(道義)의 문이다'(成性存存이 道義之門이라)라 하고, 「계사하」 제6장에서는 '건곤(乾坤)은 역도의 문이구나'(乾坤은 其易之門邪ᅟᅵᆫ뎌)라 하였다. 진리의 문에서 하나가 되는 것으로, 허물이 없는 것이다. 마음의 문을 열어서 진리와 하나가 되는 것이다.

또 문은 집을 출입하는 대문으로, 세상과 가정을 연결시키면서 나누는 역할을 한다. 아침에 대문을 열고 사회에 나가면 세속(世俗)이고, 저녁에 대문을 열고 집에 들어오면 천국(天國)인 것이다. 아침에 대문을 열고 사회에 나갈 때, 사랑을 실천하겠다고 나가면 도의(道義)의 문이 되고, 나의 이익을 위해서 나가면 지옥(地獄)의 문이 된다.

동인우종(同人于宗)은 꼭대기 마루에서 한 사람이 되는 것이다. 마루 종(宗)은 집 면(宀)과 보일 시(示)로, 일의 근원이나 근본, 우두머리 등의 의미이다. 처음부터 마음의 문을 열고 하나가 되어야 하는데, 끝까지 가서 하나가 된 것으로 인색한 것이다.

동인지선(同人之先)은 한 사람이 되어서 먼저는 엉엉 울고 뒤에는 웃는 것이다. 하늘의 진리와 하나가 됨에 먼저는 어렵고 힘들지만, 뒤에는 좋은 결실을 얻게 되는 것이다. 간절한 구도의 마음으로 어려움을 극복하면, 하늘의 큰 스승과 만나게 된다. 반대로 하늘의 뜻을 모르고 탐욕으로 살아가면, 먼저는 웃지만 뒤에는 엉엉 울게 되는 것이다.

「계사상」 제8장에서는 '동인(同人)이 먼저는 엉엉 울고 뒤에는 웃는 것이라 하니, 공자께서 말씀하시기를 군자의 도는 혹은 나아가고 혹은 처하고 혹은 침묵하고 혹은 말을 하지만 두 사람이 한 마음이니 그 날카로움이 쇠를 끊는 것이로다 한 마음의 말씀이 그 냄새가 난초와 같은 것이다'(同人이 先號咷而後笑라하니 子曰君子之道ㅣ 或出或處或黙或語ㅣ나 二人이 同心하니 其利ㅣ 斷金이로다 同心之言이 其臭ㅣ 如蘭이로다)라 하여, 구오(九五) 효사를 군자의 일로 밝히고 있다.

여기서 단금(斷金)은 진짜로 쇠를 끊는 것이 아니라, 건도(乾道)를 익히는 것이다. 하늘의 진리를 깨우친 사람의 향기는 난(蘭)과 같이 은은한 것이다.

동인우교(同人于郊)는 성 밖에서 한 사람이 된 것이다. 성밖 교(郊)는 하늘에 제사를 올리는 곳으로, 하늘의 뜻을 따르는 것이다. 하늘의 뜻을 깨우치기 위해 노력하지만 아직 자득(自得)하지는 못한 것으로 후회는 없는 것이다.

다음으로 동인(同人)을 선진유학의 경전에서 찾아보면, 동인(同人)에 대한 직접적인 것은 없고, 다만 동(同)이나 동도(同道)·동심(同心)·동덕(同德) 등으로 밝히고 있다.

먼저 『서경』에서는 '다스림과 같은 길을 가면 흥하지 않음이 없고, 어지러움과 함께 일을 하면 망하지 않음이 없으니, 종시(終始)로 그 함께 삼가면 오직 밝고 밝은 임금이 될 것입니다'(與治同道, 罔不興. 與亂同事, 罔不亡. 終始愼厥與, 惟明明后)·'힘이 같은 것은 덕을 헤아리고, 덕이 같은 것은 정의(正義)를 헤아리는 것이니'(同力度德, 同德度義)·'나에게 다스리는 신하 열 사람이 있어서 한 마음과 한 덕이고, 비록 두루 친함이 있으나 어진 사람만 같지 못한 것이다'(予有亂臣十人, 同心同德, 雖有周親, 不如仁人)라 하여, 동도(同道)·동사(同事)·동심(同心)·동덕(同德)을 밝히고 있다.

『중용』에서는 '지금 세상이 수레의 바퀴가 같으며, 글의 문장이 같으며, 행동의 윤리가 같은 것이다'(今天下ㅣ 車同軌하며 書同文하며 行同倫이니라)라 하여, 동궤(同軌)·동문(同文)·동윤(同倫)을 논하고 있다.

『맹자』에서는 '이것은 다른 것이 아니라 백성과 함께 즐기는 것이다'(此는 無他라 與民同樂也이이다)라 하여, 여민동락(與民同樂)을, '우임금과 직 그리고 안회는 같은 도인 것이다'(孟子曰 禹稷顏回同道하니라)라 하여, 동도(同道)를, '성인도 나와 함께 같은 무리인 것이다'(聖人도 與我同類者시니라)라 하여, 동류(同類)를 밝히고 있다.

大有

火
天

큰 대   있을 유

有 一
大 月

　　화천대유괘(火天大有卦)는 내괘 건괘(乾卦, ☰)와 외괘 이괘(離卦, ☲)로, 불이 하늘 위에 있는 것이다. 이 땅에 하늘의 진리가 있다.

　　대유(大有)를 풀이하면, 큰 대(大)는 하늘의 의미로 건괘(乾卦)이고, 있을 유(有)는 땅에 있는 것으로 이괘(離卦)와 만난다. 또 유(有)에서 위의 한 일(一)은 일태극(一太極)으로 땅을 상징하기 때문에 땅의 중정지기인 이괘를 의미하고, 아래의 달 월(月)은 감괘(坎卦)인데 감괘는 건괘의 중정지기로 건괘를 대행하는 것이다.

　　대유괘(大有卦)의 위에는 땅의 중정지기인 이괘(離卦)가 있고, 아래에는 하늘인 건괘(乾卦)가 있어서, 서로 응하는 것이다. 하늘에 불이 있는 것은 진리가 밝게 드러남을 의미한다.

　　또 대유(大有)의 크게 있음은 '하늘의 덕이 있다'는 것으로, 「괘사」에서는 '대유(大有)는 근본적으로 형통한 것이다'(大有는 元亨하니라)라하여, 하늘의 진리에 따르는 것은 근본적으로 형통한 것이다.

　　「단사」에서는 '자신의 내면을 강건(剛健)하게 하고 지혜를 밝혀서 하늘에 감응하여 천시를 행하는 것이다'(曰大有니 其德이 剛健而文明하고 應乎天而時行이라)라 하여, 하늘의 진리를 깨우쳐 시(時)에 맞게 실천하는 것이다.

「대상사」에서는 '군자가 대유괘(大有卦)의 원리를 통해 악을 막고 선을 드날려서 하늘에 순응하고 천명(天命)을 아름답게 하는 것이다'(君子ㅣ 以하야 遏惡揚善하야 順天休命하나니라)라 하여, 군자의 천명은 하늘의 진리를 자각하고, 백성들에게 실천하는 것임을 알 수 있다.

「잡괘(雜卦)」에서는 '대유(大有)는 무리이다'(大有는 衆也오)라 하여, 소(小)가 내면적 수행 내지 공부라면, 대(大)는 밖으로 실천하는 행도(行道)의 의미이기 때문에 대유(大有)는 진리가 대중에게 밝혀지는 것이다. 대유괘(大有卦)의 중(衆)은 지수사괘(地水師卦)에서 대중을 바르게 다스리는 정치원리로 드러나는 것이다.

대유괘의 효사(爻辭)에서는 대유(大有)에 대한 직접적인 개념은 없지만, 상구효(上九爻)에서는 '하늘로부터 돕는 것이라 길하여 이롭지 않음이 없는 것이다'(上九는 自天祐之라 吉无不利로다)라 하여, 자천우지(自天祐之)를 밝히고 있다. 자천우지는 『주역』에서 여러 번 나오는 아름다운 말씀으로, 「계사상·하」에서는 다음과 같이 인용하고 있다.

먼저 「계사상」 제2장에서는 '군자가 거처하면 그 괘상을 보고 그 말씀을 가지고 놀며, 움직이면 그 변화를 보고 그 점(占)을 가지고 노는 것이니, 이로써 하늘로부터 도와서 길하여 이롭지 않음이 없는 것이다'(君子ㅣ 居則觀其象而玩其辭하고 動則觀其變而玩其占하나니 是以

自天祐之하야 吉无不利니라)라 하여, 군자의 네 가지 행위가 자천우지
(自天祐之)함을 밝히고 있다. 즉,『주역』의 괘상(卦象)을 보고『주역』의
말씀을 공부하며, 변화(變化)의 이치를 보고 하도낙서(河圖洛書)의
수리(數理)를 헤아리는 것이다.

「계사상」제12장에서는『주역』에서 말하기를 하늘로부터 도와서
길하여 이롭지 않음이 없다고 하였으니, 공자께서 말씀하시기를 돕
는다는 것은 돕는 것이니 하늘이 돕는 것은 순응한 것이고 사람이
돕는 것은 믿는 것이니, 믿음을 밟고 따를 것을 생각하고 또 어진
사람을 숭상하는 것이다. 이로써 하늘로부터 돕는 것이라 길하여
이롭지 않음이 없는 것이다(易曰自天祐之라 吉无不利라하니 子曰祐者는
助也니 天之所助者ㅣ 順也오 人之所助者ㅣ 信也니 履信思乎順하고 又以尚賢
也라 是以自天祐之吉无不利也니라)라 하여, 하늘로부터 도움을 받기 위
해서는 세 가지를 실천해야 한다.

첫째는 성학(聖學)에 대한 믿음이 있어야 하고, 둘째는 믿음을 밟
고 하늘의 뜻에 따라야 하고, 셋째는 진리를 밝히고 실천하는 현
인(賢人)을 높여야 한다.

「계사하」제2장에서는 '신농씨가 돌아가시거늘 황제와 요·순임금
이 나와서 그 변화에 통하여 백성들로 하여금 게으르지 않게 하며,
신명으로 감화하여 백성들로 하여금 마땅하게 하니, 역(易)은 궁하
면 변하고 변하면 통하고 통하면 오래하는 것이다. 이로써 하늘로
부터 도와서 길하여 이롭지 않음이 없는 것이니, 황제와 요·순임금
이 의상(衣裳)을 드리워서 세상을 다스리니 대개 건곤(乾坤)에서 취

하고'(神農氏沒커늘 黃帝堯舜氏作하야 通其變하야 使民不倦하며 神而化之하
야 使民宜之하니 易이 窮則變하고 變則通하고 通則久라 是以自天佑之하야 吉无
不利니 黃帝堯舜이 垂衣裳而天下治하니 蓋取諸乾坤하고)라 하여, 황제와
요·순(堯舜)임금이 실천한 왕도의 이치가 자천우지(自天祐之)임을 밝
히고 있다.

겸손할 겸

　　지산겸괘(地山謙卦)는 내괘 간괘(艮卦, ☶)와 외괘 곤괘(坤卦, ☷)
로, 땅 가운데 산이 있는 형상이다. 이 땅에 군자(君子)가 겸덕(謙德)
으로 살아가는 것이다.

　　겸(謙)을 풀이하면, 말씀 언(言)은 원래 천언(天言)이사 성인지인(聖
人之言)이기 때문에 땅에서 실존한 성인의 말씀으로 보면 곤괘(坤卦)
와 만나고, 겸할 겸(兼)에는 두 사람을 잡고 있는 것으로 군자를 의
미하여 간괘(艮卦)로 이해할 수 있다. 겸(謙)은 성인의 말씀과 군자
의 실천을 함께 의미하고 있다. 또 겸(兼)은 여덟 팔(八) 아래에서 두
사람을 잡고 있는 것으로, 팔(八)은 땅에 펼쳐지는 하늘의 작용으
로 곤괘와 만나고, 사람을 잡고 있는 것은 간괘이다.

　　「괘사(卦辭)」에서는 '겸은 형통하니 군자가 마침이 있는 것이다'
(謙은 亨하니 君子ㅣ 有終이니라)라 하여, 군자유종(君子有終)을 밝히고 있
다. 군자유종은 군자가 자신에게 주어진 천명(天命)을 다하고 돌아간
다는 것이다. 반대로 소인(小人)은 사(死)이다.

　　「단사」에서는 '하늘은 가득 찬 것을 이지러지게 하고 겸손함에 더

해주고, 땅은 가득 찬 것을 변화시키고 겸손에 흐르게 하고, 귀신은 가득 찬 것을 해치고 겸손에 복을 주고, 사람은 가득 찬 것을 미워하고 겸손을 좋아하는 것이다(天道는 虧盈而益謙하고 地道는 變盈而流謙하고 鬼神은 害盈而福謙하고 人道는 惡盈而好謙하나니)라 하여, 겸덕(謙德)은 천도(天道)·지도(地道)·귀신(鬼神)·인도(人道)를 일관하는 것이다.

즉, 겸손에 더해주는 익겸(益謙), 겸손으로 흐르는 유겸(流謙), 겸손에 복을 주는 복겸(福謙), 겸손을 좋아하는 호겸(好謙)이 있다. 여기서 귀신(鬼神)은 대상적 존재가 아니라 성인지도(聖人之道)이다. 겸(謙)의 언(言)이 성인지언(聖人之言)이기 때문이다.

또 「계사하」 제7장에서는 '겸괘는 덕의 자루이고, 겸괘는 높아서 빛나고, 겸괘로써 예를 제정하고'(謙은 德之柄也오, 謙은 尊而光하고, 謙以制禮코)라 하여, 덕을 실천하는 겸덕(謙德)의 공능(功能)을 밝히고 있다.

겸괘의 효사(爻辭)에서는 겸겸군자(謙謙君子), 명겸(鳴謙), 노겸군자(勞謙君子), 휘겸(撝謙)의 네 가지 겸(謙)을 밝히고 있다.

겸손하고 겸손한 군자인 **겸겸군자(謙謙君子)**는 자신을 낮춰서 스스로를 기르는 군자이다. 겸겸군자는 자신의 수신(修身)을 넘어서 대중을 구제하는데 나아가야 길(吉)한 것이다.

울면서 겸손한 **명겸(鳴謙)**은 두 가지 의미가 있다. 하나는 마음에 심득(心得)하여 기뻐서 우는 것이고, 다른 하나는 아직 뜻을 얻지 못해서 우는 것이다. 심득(心得)해서 울 때는 곧게 하는 것이 길하고, 아직 뜻을 얻지 못해서 울음이 날 때는 성인의 가르침에 따라서 세상의 욕심을 버려야 한다.

　수고롭지만 겸손한 **노겸군자(勞謙君子)**는 군자의 일을 다 하는 것이다. 구삼효(九三爻)의 노겸군자는 중천건괘(重天乾卦)의 삼효(三爻)의 '군자가 하루를 마치도록 강건하고 강건하여 저녁에 근심하는 것 같으면 위태로우나 허물은 없는 것이다'(九三은 君子ㅣ 終日乾乾하야 夕惕若하면 厲하나 无咎리라)를 계승한 군자로, 『주역』의 가장 이상적인 인간상이다. 노겸군자는 만백성(萬百姓)이 복종하는 지도자로, 마침이 있고 길한 것이다.

　「계사상」 제8장에서는 '수고롭지만 겸손하니 군자가 마침이 있으니 길한 것이다 하니, 수고롭지만 자랑하지 않으며, 공이 있지만 덕이라 하지 않음이 두터움의 지극한 것이니, 그 공을 다른 사람의 아래로 말하는 것이다. 덕은 성대함을 말하고 예는 공손함을 말하는 것이니 겸손이라는 것은 지극히 공손하여 그 자리를 보존하는 것이다'(勞謙이니 君子ㅣ 有終이니 吉이라하니 子曰勞而不伐하며 有功而不德이 厚之至也니 語以其功下人者也라 德言盛이오 禮言恭이니 謙也者는 致恭하야 以存其位者也라)라 하여, 노겸군자의 모습을 구체적으로 그리고 있다.

　손을 휘둘러 겸손한 **휘겸(撝謙)**은 손으로 진리를 헤아려 겸손한 것이다. 휘두를 휘(撝)는 손 수(扌)와 할 위(爲)로, 손이 하는 것이다. 손으로 진리를 헤아리는 것은 주먹과 손바닥 그리고 손가락의 굴신(屈伸)작용이다. 손을 펴고(方) 들면 십(十)이니 낙서(洛書)가 시작되어 엄지를 굽히면 1과 9, 검지를 굽히면 2와 8, 중지를 굽히면 3과 7, 약지를 굽히면 4와 6, 새끼손가락을 굽히면 5가 되면서 주먹(圓)

이 되고, 다시 5를 본체로 하도(河圖)가 시작되어 주먹에서 새끼손가락을 펴면 1과 6, 약지를 펴면 2와 7, 중지를 펴면 3과 8, 검지를 펴면 4와 9, 엄지를 펴면 5와 10이 되면서 손바닥이 되는 것이다.

이상에서 겸겸(謙謙)은 타고난 군자이고, 명겸(鳴謙)은 학문하는 사람이고, 노겸(勞謙)은 겸덕을 실천하는 군자이고, 휘겸(撝謙)은 겸덕을 수련하는 사람이라 하겠다.

다음으로 겸(謙)을 선진유학의 경전에서 찾아보면,『서경』에서는 '가득 찬 것은 덞을 부르고, 겸손은 더함을 받는 것이니, 이것이 천도(天道)인 것이다'(滿招損, 謙受益, 時乃天道)라 하여, **'만초손 겸수익'(滿招損 謙受益)**은 손익(損益)괘의 이치를 밝힌 것이다. '만초손 겸수익 시내천도'는 마음속에 깊이 새겨야 하는 말씀이다.

『대학』에서는 '이른바 그 뜻을 진실하게 하는 사람은 스스로 속임이 없으니, 나쁜 냄새를 싫어하고 좋은 색을 좋아함이 이것을 일러 스스로 겸손함이니 그러므로 군자는 반드시 그 홀로 있을 때 삼가는 것이다'(所謂誠其意者는 毋自欺也니 如惡惡臭하며 如好好色이 此之謂自謙이니 故로 君子는 必愼其獨也니라)라 하여, 겸(謙)은 호선(好善)과 오악(惡惡)의 마음을 바르게 사용하는 것이다.

미리 예

    뇌지예괘(雷地豫卦)는 내괘 곤괘(坤卦, ☷)와 외괘 진괘(震卦, ☳)로, 우레가 땅으로부터 나오는 형상이다. 예괘(豫卦)는 예비하는 것으로, 사람의 종교성을 실현하는 것이다.

    예(豫)를 풀이하면, 나 여(予)는 나 아(我)의 같은 뜻으로 이 땅에 실존하는 성인에 대응하면 진괘(震卦)가 되고, 코끼리 상(象)은 하늘이 덮고 있는 땅의 세계로 곤괘(坤卦)와 만난다. 물론 상(象)은 '재천성상(在天成象)'으로 하늘에 있어서 상(象)이 완성되기 때문에 하늘의 뜻을 상징하는 것이다. 하늘과 땅이 합덕(合德)된 것으로 하늘의 입장에서 보느냐 땅의 입장에서 보느냐의 차이이다.

    또 상(象)을 보면, 위의 쌀 포(勹)는 진괘(震卦)를 의미하고, 아래의 돼지 시(豕)를 덮고 있는 멱(冖)은 땅의 세계로 곤괘(坤卦)를 의미한다고 할 수 있다. 특히 예(豫)에서 여(予)는 부드러울 유(柔)와 서로 통하여 싹이 나오는 형상으로 진괘의 반생(反生)의 의미를 가지고 있다.

    예(豫)를 '락(樂)'으로 해석하여 '즐기다'라고 풀이하고 있지만, '예비하다'·'미리하다'의 의미를 가지고 있다.

「계사하」 제2장에서는 '문을 이중으로 하고 격탁을 쳐서 난폭한 손님을 기다리는 것은 대개 예괘에서 취하고'(重門擊柝하야 以待暴客하니 蓋取諸豫하고)라 하여, 마음의 문을 단단히 하고 격탁을 치면서 경계하여 하늘의 심판을 대비하고 있다. 예괘(豫卦)는 하늘의 심판을 예비하는 종교성(宗敎性)을 담고 있는 괘이다.

「대상사」에서는 '우레가 땅에서 나와 떨침이 예괘(豫卦)이니, 선왕(先王)이 이로써 음악을 지어서 덕을 숭상하여 그윽이 상제에게 올려서 조상과 함께 하는 것이다'(雷出地奮이 豫니 先王이 以하야 作樂崇德하야 殷薦之上帝하야 以配祖考하니라)라 하여, 자신의 덕을 높여서 하늘에 올리는 종교적 행위를 밝히고 있다.

예괘(豫卦)를 통해 제사(祭祀)의 근본을 생각하게 된다. 제사는 본성의 내면적 리듬인 율려(律呂)를 근거로 자신의 덕(德)을 숭상하는 것이고, 또 하늘의 상제(上帝)에게 올리는 제천(祭天)을 하는 것이고, 다시 확장하여 돌아간 할아버지와 아버지의 뜻과 교감을 하는 것이다.

「괘사」에서는 '예(豫)는 제후를 세워서 무리를 행하는 것이 이로운 것이다'(豫는 利建侯行師하니라)라 하여, 국가의 지도를 세워서 대중을 이끌어가는 것이 이로운 것이다. 『주역』에서 사(師)는 중(衆)이다.

「단사」에서는 '하늘과 땅이 순으로 움직이는 것이라 그러므로 해와 달이 지나가지 않고 사시(四時)가 어긋나지 않고, 성인이 순으로 움직이는 것이라 즉 형벌(刑罰)이 맑고 백성들이 감복하는 것이니

예괘의 시의(時義)가 위대한 것이다'(天地ㅣ 以順動이라 故로 日月이 不過
而四時ㅣ 不忒하고 聖人이 以順動이라 則刑罰이 淸而民이 服하나니 豫之時義ㅣ
大矣哉라)라 하여, 천지(天地)·일월(日月)·사시(四時)·성인(聖人)의 순
동(順動)에 따라서 예비하는 것이다. 순(順)은 곤괘(坤卦), 동(動)은 진
괘(震卦)의 성정(性情)으로, 예괘의 괘상(卦象)을 설명한 것이다.

「잡괘」에서는 '예는 게으름이다'(豫는 怠也라)라 하여, 어떤 일을 예
비하고 준비하기 위해서는 느긋하게 하는 것이다. 「잡괘」는 현상적
입장에서 괘를 규정하는 것으로, 현상적으로 무엇을 예비하기 위
해서는 마음에 여유가 있어야 하는 것이다.

예괘의 효사에서는 명예(鳴豫), 우예(旰豫), 유예(由豫), 명예(冥豫)
의 네 가지 예(豫)를 통해 사람의 종교적 행위를 밝히고 있다.

명예(鳴豫)는 울면서 예비하는 것으로, 스스로를 선각자(先覺者)로
자칭하면서 사람들에게 '심판이 가까웠다', '종말이 가까이 왔다'라
고 울부짖는 것이다. 울 명(鳴)은 입 구(口)와 새 조(鳥)로, 타락한 새
의 울음소리이다.

또 사람들의 불안과 공포를 이용해서 자신의 욕망을 채우는 사이
비(似而非) 교주의 소리이다. 명예(鳴豫)를 하는 것은 영혼이 타락하여
하늘의 진리를 모르는 것이다. 영혼을 정화시키는 것이 아니라 마취
를 시키는 것으로, 뜻이 몹시 궁하기 때문에 흉(凶)한 것이다.

『성경』에서는 '또 네가 기도할 때에 위선자(僞善者)들 같이 되지 말
라. 그들은 사람들에게 보이려고 회당과 길모퉁이에 서서 기도하기
를 좋아하느니라'라 하고, '너는 기도할 때에 네 골방에 들어가 방

문을 닫고 은밀히 계신 네 아버지께 기도하라. 그러면 은밀히 보시는 네 아버지께서 너에게 드러나게 갚아 주시리라'하였다.

우예(旰豫)는 쳐다보면서 예비하는 것으로, 눈에 보이는 대상적 존재를 하나님이라고 믿는 것이다. 우상숭배(偶像崇拜)의 전형으로 돌이나 나무로 만들어진 형상에 의지하거나, 특정한 사람을 절대적으로 믿는 것이다. 이것은 진실한 믿음이 아니기 때문에 후회(後悔)가 따르게 된다.

쳐다볼 우(旰)는 눈 목(目)과 어조사 우(于)로, 눈에 보이는 것에 따라 가는 것이다. 목(目)은 대상의 경계를 가장 먼저 접촉하고 가장 끌리는 것이기 때문에 경계해야 하는 것이다.

불교에서도 안·이·비·설·신·의(眼耳鼻舌身意) 육식(六識)에서 가장 먼저 안식(眼識)이 나오고, 또『금강경』에서는 오안(五眼)이라 하여, 육안(肉眼), 천안(天眼), 혜안(慧眼), 법안(法眼), 불안(佛眼)을 밝히고 있다.

유예(由豫)는 말미암아 예비하는 것으로, 자신의 본성에 근거하여 예비하는 것이다. 말미암을 유(由)는 내 마음의 하나님에 말미암는 것으로, 자신의 양심에 바탕하여 성인의 말씀을 믿고 예비하는 것이다. 이것은 하늘의 뜻을 크게 행하는 것으로, 바람직한 종교성(宗敎性)이다.

또 유(由)는 자유(自由)로, 종교적 자유는 곧 진리에 근거하여 자유로운 것이다.『성경』에서는 '진리를 알게 되리니 그 진리가 너희를 자유롭게 하리라' 하였다. 사람은 만물과 달리 스스로 진리에 말미암아서 살아가는 존재이다.

명예(冥豫)는 어둠에서 예비하는 것으로, 고요히 눈을 감고 명상(冥想)을 하면서 예비하는 것이다. 자신의 내면을 돌아보고 살펴서 믿는 것이니 허물이 없는 것이다. 어두울 명(冥)은 덮을 멱(冖)과 날 일(日) 그리고 여섯 육(六)으로, 빛이 가려진 어두운 곳에서 천인(天人)이 합덕(合德)하는 뜻이다.

종교에서는 참선(參禪), 좌선(坐禪), 입정(入靜), 묵상(默想), 명상(冥想) 등을 통해 내면의 자기를 만나거나 근원적 존재를 헤아리는 것이다. 이것이 기도(祈禱)이다. 빌 기(祈)와 빌 도(禱)에는 모두 하늘의 작용인 보일 시(示)가 들어 있다. 하늘과 만나는 길이 여기에 있음이다.

이상에서 명예(鳴豫)와 우예(盱豫)는 대상적 신(神)에 빠진 사이비(似而非) 종교를 믿는 삶이고, 유예(由豫)와 명예(冥豫)는 자신의 본성에 말미암아 살아가는 진실한 종교적 삶임을 알 수 있다.

특히 「계사하」 제5장에서는 예괘 육이(六二) 효사를 인용하여, '공자께서 말씀하시기를 기미를 아는 것은 신이구나! 군자가 위와 사귐에 아첨하지 않고 아래와 사귐에 모독하지 않으니 기미를 아는 것이구나! 기미는 움직임이 작은 것이니 길함이 먼저 나타난 것이다. 군자가 기미를 보고 지어서 하루를 마치도록 기다리지 않는 것이다. 『주역』에서 말씀하시기를 돌에서 견고한 것이라 하루를 마치지 않으니 곧고 길한 것이라 하니 돌과 같이 견고하거늘 어찌 하루를 마치도록 쓰겠는가? 결단함을 알 수 있는 것이로다. 군자가 은 미함도 알고 드러남도 알고 부드러움도 알고 강함도 아는 것이니 만인의 우러름을 받는 것이다'(子曰知幾ㅣ 其神乎ㅣ뎌 君子ㅣ 上交不諂하며 下交不瀆하나니 其知幾乎ㅣ뎌 幾者는 動之微니 吉之先見者也니 君子ㅣ 見幾而 作하야 不俟終日이니 易曰介于石이라 不終日이니 貞코 吉타하니 介如石焉커니 寧用終日이리오 斷可識矣로다 君子ㅣ 知微知彰知柔知剛하나니 萬夫之望이라) 라 하여, 돌과 같이 견고한 군자의 믿음을 밝히고 있다.

다음으로 예(豫)를 선진유학의 경전에서 찾아보면, 『서경』에서는 '왕이 이에 덕에 힘쓰시니 조상과 열조(烈祖)가 때로 예태(豫怠)가 없었습니다'(王懋乃德, 視乃烈祖, 無時豫怠)라 하여, 예태(豫怠)는 즐겁고 게으름이며 부정적인 의미로 밝히고 있다. 또 '말하기를 구징(咎徵) 이니, 말하기를 예(豫)이니 항상 따뜻한 것 같고'(曰咎徵. .... 曰豫 恒燠 若)라 하여, 허물의 징조의 하나로 예(豫)를 논하고 있다.

『중용』에서는 '모든 일은 미리 하면 성립되고 미리 하지 않으면 폐하나니'(凡事ㅣ 豫則立하고 不豫則廢하나니)라 하여, 미리 예비하다는 뜻으로 밝히고 있다.

『맹자』에서도 '하나라 속담에 말하기를 군왕(君王)이 놀지 않으면 내가 어찌 쉬겠으며, 군왕이 예비하지 않으면 내가 어찌 돕겠는가, 한 번 놀고 한 번 예비함이 제후의 법도가 된다고 하였다'(夏諺曰 君 王不遊면 吾何以休며 君王不豫면 吾何以助리오 一遊一豫가 爲諸侯度라하니이 다)라 하여, 미리 예비하는 뜻으로 사용하고 있다.

隨 阜 左
澤
雷
走 月

따를 수

    택뢰수괘(澤雷隨卦)는 내괘 진괘(震卦, ☳)와 외괘 태괘(兌卦, ☱)로, 연못의 가운데 우레가 있는 형상이다. 백성들이 성인을 따르는 것이다.

    수(隨)를 풀이하면, 언덕 부(阜)는 구(口)가 중심이 되어 태괘(兌卦)를 의미하고, 쉬엄쉬엄갈 착(辵)은 아래의 발 소(疋)를 중심으로 보면 진괘(震卦)가 된다. 구(口)는 태괘이고, 족(足)이 진괘이다. 또 착(辵)을 나누면 위의 삼(彡)은 척(彳)과 행(行)으로 작용이라면, 아래의 소(疋)는 지(止)와 통하여 그치는 것이다. 착(辵)은 가고 멈추는 진리의 작용을 의미한다.

    수(隨)의 오른쪽에 있는 왼 좌(左)와 달 월(月)은 천원(天圓)을 헤아리는 왼손과 감괘(坎卦)를 의미하는 달이다. 모두 하늘의 작용을 상징한다.

    수괘(隨卦)는 연못 가운데 우레가 있는 것으로 태괘(兌卦)의 백성이 진괘(震卦)의 성인을 따르는 것이고, 기쁨으로써 성인을 따르는 것이다. 성인을 따르기 위해서는 먼저 자신의 마음을 바꾸어서 나아가야 하고, 다음은 소인적(小人的) 욕심을 내려놓고 성인을 따라야 하며, 예를 실천하는 사람이 되어야 한다.

「괘사」에서는 '수(隨)는 원·형·이·정(元亨利貞)이니 허물이 없는 것이다'(隨는 元亨利貞이니 无咎리라)라 하여, 성인의 가르침인 원·형·이·정(元亨利貞)을 따르니 허물이 없는 것이다.

「단사」에서는 '크게 형통하여 곧아서 허물이 없고 세상이 천시를 따르니, 천시를 따르는 뜻이 위대한 것이다'(大亨貞하야 无咎而天下ㅣ 隨時하나니 隨時之義ㅣ 大矣哉라)라 하여, 사람들이 대형이정(大亨以正)하는 천시(天時)를 따르는 것이다. 또 선불교에서는 '수처작주'(隨處作主)라 하여, 거처하는 곳마다 주인이 되라고 하였다.

「대상사(大象辭)」에서는 '연못 가운데 우레가 있음이 수괘(隨卦)이니, 군자가 써서 그믐을 향하여 잔치에 들어가는 것이다'(澤中有雷ㅣ 隨니 君子ㅣ 以하야 嚮晦入宴息하나니라)라 하여, 미혹된 캄캄한 어둠속에서도 성인의 말씀을 따라서 연락(宴樂)의 잔치에 들어가게 되는 것이다. 또 「잡괘」에서는 '수(隨)는 변고가 없고'(隨는 无故也오)라 하여, 성인지도(聖人之道)를 따르면 변고(變故)가 없다는 것이다.

「계사하」 제2장에서는 '소에 멍에를 씌우고 말을 타서 무거운 것을 끌어 멀리 이르게 하여 세상을 이롭게 하니 대개 수괘(隨卦)에서 취하고'(服牛乘馬하야 引重致遠하야 以利天下하니 蓋取諸隨하고)라 하여, 탕(湯)임금의 일을 밝히면서 수괘(隨卦)를 인용하고 있다.

수괘가 성인을 따르고, 진리를 따르는 것으로, 소와 말은 지천태괘(地天泰卦)를 의미하고, 무거울 중(重)은 육효중괘(六爻重卦)로 해석할 수 있다. 즉, 진리에 따라서 지천태괘의 통함에 기반한 육효중괘의 원리로 세상을 이롭게 한 것이다.

수괘의 효사에서는 수유구(隨有求), 수유획(隨有獲)과 계소자 실장부(係小子 失丈夫)를 밝히고 있다.

수유구(隨有求)는 따름에 구함이 있는 것으로, 장부(丈夫)에 매여서 소자(小子)를 버리는 것이다. 마음의 뜻을 진리에 두고 아래의 욕망은 버리기 때문에 스스로 얻음이 있고, 또 정도(貞道)에 거처함이 이로운 것이다. 성인의 말씀을 따르기 때문에 진리를 구하게 되는 것이다. 구(求)는 구도(求道)의 의미로 진리를 구하는 마음을 실천하는 것이다.

수유획(隨有獲)은 따름에 획득이 있는 것으로, 욕심에서 얻어지는 것이다. 형이상의 진리에 뜻을 두고 얻어야 하는데, 대상 세계에서 획득하고자 하여 흉한 것이다. 믿음과 진리와 명덕(明德)을 따르면 무슨 허물이 있겠는가?

획(獲)은 개 견(犭)과 새 추(隹) 등 짐승의 욕망으로 얻음이고, 득(得)은 자득(自得)으로 내면의 자각을 통해 얻음이며, 취(取)나 모일 취(聚)는 귀 이(耳)와 또 우(又)로 하늘의 소리를 듣고 취하는 것이다.

계소자 실장부(係小子 失丈夫)는 소자(小子)에게 매이면 장부(丈夫)를 잃어버리는 것이다. 소인지도(小人之道)와 군자지도(君子之道)는 절대로 함께 할 수는 없는 것이다. 장부(丈夫)는 대장부(大丈夫)로 군자를 의미한다. 형이상의 도학(道學)과 형이하(形而下)의 세상 욕망은 함께 할 수 없는 것이다.

다음으로 수(隨)를 선진유학의 경전에서 찾아보면, 『서경』에서는 '내가 네 바퀴의 수레를 타고 산을 따라서 나무를 베었다'(予乘四載, 隨山刊木)라 하여, 수(隨)를 사용하고 있다.

수레는 곤괘(坤卦, 坤道), 산은 간괘(艮卦, 艮君子), 나무는 손괘(損卦, 神道)를 각각 상징하기 때문에 군자가 수레를 타고 군자지도(君子之道)를 따라 신도(神道)를 펼친 것이다.

일 고

    산풍고괘(山風蠱卦)는 내괘 손괘(巽卦, ☴)와 외괘 간괘(艮卦, ☶)로, 산 아래에 바람이 부는 형상이다. 군자의 마음속에서 하늘의 신도(神道)가 일어나는 것이다.

    고(蠱)를 풀이하면, 벌레 충(虫)은 바람 풍(風)의 속에 들어있기 때문에 손괘(巽卦)를 의미하고, 그릇 명(皿)은 눈 목(目)과 넉 사(四)를 눕혀 놓은 것으로 간괘(艮卦)와 연계된다. 또 충(虫)은 구(口)와 사(厶)로 분석되어 내 마음속에 작용하는 하늘의 작용이다. 벌레는 꿈틀꿈틀거리며 굽혔다 폈다 하는데, 이는 하도(河圖)와 낙서(洛書)의 굴신(屈伸) 작용을 상징한다.

    「계사하」 제5장에서는 '가는 것은 굽힘이고, 오는 것은 펴는 것이니 굽히고 폄이 서로 감응하여 이로움이 생기는 것이다. 자벌레가 굽히는 것은 폄을 구하는 것이고, 용과 뱀이 움츠리는 것은 몸을 보존하는 것이고'(往者는 屈也오 來者는 信也니 屈信이 相感而利生焉하니라 尺蠖之屈은 以求信也오 龍蛇之蟄은 以存身也오)라 하여, 하도낙서(河圖洛書)의 왕래(往來)작용을 굴신(屈伸)으로 밝히고, 이어서 자벌레의 굴신(屈伸)작용으로 논하고 있다.

또 하늘의 빛인 무지개 홍(虹)에도 벌레 충(虫)이 들어간다. 무지개의 모양이 벌레와 비슷하다고 할 수도 있지만, 하늘의 신도(神道)를 상징하는 손괘(巽卦)가 풍(風)으로 상징되기 때문에 무지개에 충(虫)이 들어 있는 것이다. 즉, 충(虫)은 하늘의 작용을 상징하는 한자이다.

고(蠱)는 '좀벌레 먹은 나무 밑동 고'나 '좀벌레 고'로 한자를 해석하지만, 「서괘상(序卦上)」에서는 '고(蠱)는 일이니'(蠱者는 事也니)라 하여, 일 사(事)로 해석하고 있다. 사(事)는 「계사상」 제5장에서 '변화원리에 통하는 것이 일이고'(通變之謂ㅣ 事오)라 하여, 하늘의 이치를 헤아리는 것이다.

「괘사」에서는 '고(蠱)는 원형(元亨)하니 대천을 건넘이 이로운 것이니, 선갑삼일(先甲三日)이며 후갑삼일(後甲三日)이다'(蠱는 元亨하니 利涉大川이니 先甲三日이며 後甲三日이니라)라 하여, 하늘의 일은 건너가야 하며, 천간(天干) 갑(甲)을 기준으로 신·임·계(辛壬癸)와 을·병·정(乙丙丁)을 밝히고 있다.

「단사(彖辭)」에서는 '선갑삼일 후갑삼일은 마친 즉 시작이 있는 하늘의 운행인 것이다'(先甲三日後甲三日은 終則有始ㅣ 天行也라)라 하여, 종시(終始)의 작용이 하늘의 운행임을 밝히고 있다. 즉, 고(蠱)는 하늘의 뜻을 받들고 살아가는 나의 일이다. 「잡괘」에서는 '고는 곧 신칙이다'(蠱則飭也라)라 하여, 하늘의 일은 삼가고 조심해야 하는 것이다.

고(蠱)를 '부패한 상황에서 온전하게 바로 잡는 일'이라거나, '세월

이 가면 현실적 조건은 변화하여 일을 바로 잡는다'라고, 해석하는 것은 한자에 걸린 것이다. 고괘(蠱卦)의 형이상적 뜻을 바르게 이해하지 못하고, 자신의 생각을 억지로 부가한 것이다.

「단사」에서는 '고(蠱)는 원형(元亨)하고 천하(天下)가 다스림이고'(蠱ㅣ 元亨而天下ㅣ 治也오)라 하였고, 「대상사」에서는 '산 아래 바람이 있음이 고괘(蠱卦)이니, 군자가 이로써 백성을 떨쳐 일어나 덕을 기르게 하는 것이다'(山下有風이 蠱니 君子ㅣ 以하야 振民育德하나니라)라 하여, 군자의 마음에 신도(神道)가 불고 있기 때문에 백성들이 일어나 덕을 기르게 하는 것이 고괘(蠱卦)이기 때문이다.

고괘의 효사(爻辭)에서는 간부지고(幹父之蠱), 간모지고(幹母之蠱), 유부지고(裕父之蠱)의 세 가지 고(蠱)를 밝히고 있다.

간부지고(幹父之蠱)는 아버지의 일을 주관하는 것으로, 돌아간 아버지의 뜻을 계승하는 것이다. 아버지는 천부(天父)로 하늘의 일을 주관하는 것이다. 고괘(蠱卦) 효사에서는 간부지고를 세 번이나 논하고 있다. 하늘의 일을 주관하는 것이 가장 중요한 일이다.

초효(初爻)에서는 하늘의 일을 주관하려면 자식이 있어야 하고, 또 위태로움이 있지만 마침내 길한 것이다.

삼효(三爻)에서 간부지고(幹父之蠱)는 작은 후회는 있지만 마침내 큰 허물은 없는 것이다.

오효(五爻)에서 간부지고(幹父之蠱)는 덕을 계승하기 때문에 명예를 쓰게 되는 것이다.

간모지고(幹母之蠱)는 어머니의 일을 주관하는 것으로, 이 땅에서 하늘의 일을 하는 것이다. 군자가 중도(中道)를 얻어서 정도(貞道)를 실천하는 것이다. 부모(父母)는 천지부모(天地父母)로, 입장이 다른 것이다. 하늘의 입장과 땅의 입장에서 각각 하늘의 일을 주관하는 것이다.

줄기 간(幹)은 건괘(乾卦)에서 '곧고 굳음이 족히 일을 주관하니'(貞固ㅣ足以幹事니)라 하여, 간사(幹事)로 밝히고 있다. 고(蠱)가 사(事)이므로, 간사(幹事)는 간고(幹蠱)와 같은 의미이다. 간고(幹蠱)의 사이에 아버지 부(父)와 어미 모(母)가 있는 것이다.

유부지고(裕父之蠱)는 아버지의 일을 느슨하게 하는 것이다. 하늘의 일은 곧고 빠르게 해야 한다. 유(裕)는 '넉넉하다', '너그럽다', '관대하다' 등의 긍정적인 의미도 있지만, 여기는 인색하여 자득하지 못하고 느슨하게 하는 것이다. 하늘의 일은 무엇보다 우선되어야 한다.

고괘(蠱卦) 이외에서 고(蠱)는 찾을 수 없고, 사(事)를 찾아보면, 건괘(乾卦)에서는 '정(貞)은 일의 줄기이니, 곧고 굳음이 족히 일을 주관하니'(貞者는 事之幹也니.... 貞固ㅣ足以幹事니)라 하고, 손괘(巽卦)에서는 '군자가 이로써 천명을 펼쳐서 일을 행하는 것이다'(君子ㅣ以하야 申命行事하나니라)라 하였다.

또 「계사하」 제12장에서는 '변화를 말함에 길한 일은 상서로운 것이라 상사(象事)는 덕기를 알며 점사(占事)는 옴을 아는 것이니'(是故로 變化云爲에 吉事ㅣ有祥이라 象事하야 知器하며 占事하야 知來하나니라)라 하여, 길사(吉事)·상사(象事)·점사(占事) 등 하늘의 뜻이 드러나는 일을 밝히고 있다.

다음으로 사(事)를 선진유학의 경전에서 찾아보면, 『서경』에서는 '왕이 큰 덕을 힘써 밝혀서 백성들에게 중도를 세우니, 의로써 일을 제정하고 예로써 마음을 제정하니'(王懋昭大德, 建中于民, 以義制事, 以禮制心)라 하여, 사(事)는 의(義)와 짝하고 심(心)은 예(禮)와 짝하는 것이다. 사람의 본성인 의(義)와 짝하는 사(事)는 대상적 일의 의미를 넘어서 있다.

또 『대학』에서는 '물에는 근본과 말단이 있고, 일에는 마침과 시작이 있으니, 먼저 하고 뒤에 하는 것을 알면 진리에 가까운 것이다'(物有本末하고 事有終始하니 知所先後면 則近道矣리라)라 하여, 종시(終始)의 이치를 논하고 있다. '사유종시'(事有終始)는 고괘(蠱卦) 「단사」에서 밝힌 '마친 즉 시작이 있는 종 즉 유시(終則有始)로 하늘의 운행원리'와 서로 통하는 것이다.

『맹자』에서는 '공자를 집대성(集大成)이라 하니 집대성이라는 것은 쇠소리이고 옥이 떨치는 것이다. 금성(金聲)이라는 것은 시작하는 조리(條理)이고 옥이 떨치는 것은 마치는 조리이니, 시작하는 조리는 지(智)의 일이고, 마치는 조리는 성인(聖人)의 일인 것이다'(孔子之謂集大成이니 集大成也者는 金聲而玉振之也라 金聲也者는 始條理也요 玉振之也者는 終條理也니 始條理者는 智之事也요 終條理者는 聖之事也니라)라 하여, 성인의 일을 밝히고 있다. 진리를 집대성(集大成)한 성인의 일이 바로 고(蠱)의 뜻과 서로 통하는 것이다. 성인이 하늘의 뜻을 집대성하기 때문에 성인의 일이 하늘의 일인 것이다.

강림할 임

지택임괘(地澤臨卦)는 내괘 태괘(兌卦, ☱)와 외괘 곤괘(坤卦, ☷)로, 연못 위에 땅이 있는 형상이다. 하늘의 뜻이 백성들의 마음에 강림(降臨)한 것이다.

임(臨)을 풀이하면, 신하 신(臣)은 신도(臣道)로 군도(君道)와 대응되는 지도(地道)·처도(妻道)인 곤괘(坤卦)이고, 물건 품(品)은 입 구(口) 3개로 태괘(兌卦)를 의미한다. 또 오른쪽의 누운 사람 인(人)과 품(品)에서 인(人)은 성인이고, 품(品)은 세상에 펼쳐진 만물이다. 하늘의 뜻이 세상의 품물(品物)에 임하고, 성인의 가르침이 내 마음에 임하는 것이다.

임(臨)은 '임하다', '강림(降臨)하다'의 의미로, 「서괘상」에서는 '일이 있은 이후에 가히 큰 것이라 그러므로 임괘(臨卦)로 받고, 임괘는 대(大)이니'(有事而後에 可大라 故로 受之以臨하고 臨者는 大也니)라 하여, 하늘의 일이 크기 때문에 임괘(臨卦)가 크다고 하였다.

「괘사」에서는 '임(臨)은 원·형·이·정(元亨利貞)하니 8월에 이르러서는 흉이 있을 것이다'(臨은 元亨利貞하니 至于八月하야는 有凶하리라)라 하여, 원·형·이·정(元亨利貞)의 천도(天道) 사상(四象)을 밝히고 있다.

「단사」에서는 '임(臨)은 강(剛)이 침투하여 자라며, 기쁘고 순응하고 강이 중을 얻고 응하여 정도(正道)로써 크게 형통하니 하늘의 진리인 까닭이다'(臨은 剛浸而長하며 說而順하고 剛中而應하야 大亨以正하니 天之道也ㄹ새라)라 하여, 원·형·이·정(元亨利貞)을 '대형이정'(大亨以正)으로 논하고 있다.

「잡괘」에서는 '임(臨)과 관(觀)의 뜻은 혹은 주고 혹은 구하는 것이다'(臨觀之義는 或與或求라)라 하여, 한 궁인 임괘(臨卦)와 관괘(觀卦)를 함께 밝히고 있다. 즉, 강림하는 것은 하늘이 주는 것이고, 깨우치는 것은 내가 구하는 것이다. 또 하늘이 강림하는 것은 내가 구했기 때문이고, 내가 깨우치는 것은 하늘이 내려주었기 때문이다.

임괘의 효사(爻辭)에서는 함임(咸臨), 감임(甘臨), 지임(至臨), 지임(知臨), 돈임(敦臨)의 다섯 가지 임(臨)을 밝히고 있다.

함임(咸臨)은 감응해서 임하는 것으로, 마음에 감응이 일어나니 하늘의 뜻이 임하는 것이다. 자기 내면에서 일어난 뜻을 바르게 행하는 것이고, 또 길하여 이롭지 않음이 없으나, 아직은 천명(天命)에 온전히 순응하는 것은 아니다. 함(咸)은 택산함괘(澤山咸卦)의 괘 이름으로, '함은 감응이니'(咸은 感也니)라 하여, 느낄 감(感)으로 해석되는 것이다.

감임(甘臨)은 달콤하게 임하는 것으로, 이로운 것이 없으나 하늘의 뜻을 달게 받아들이는 것이다. 이미 자기의 허물을 근심하기 때문에 오래가지 않는 것이다. 수택절괘(水澤節卦)에서는 달콤하게 하늘의 마디를 실천하는 감절(甘節)을 밝히고 있다.

지임(至臨)은 지극하게 임하는 것으로, 지극(至極)한 마음으로 하늘의 뜻에 임하는 것이니, 허물이 없는 것이다.

중지곤괘(重地坤卦)에서는 '지극하구나! 곤원(坤元)이여'(至哉라 坤元이여)·'곤(坤)은 지극히 부드럽고 움직임에 강하고 지극히 고요하고 덕(德)이 방정하니'(坤은 至柔而動也ㅣ 剛하고 至靜而德方하니)라 하여, 곤도(坤道)의 지극한 작용으로 밝히고 있다. 이를 지(至)는 곤괘(坤卦)의 작용이다.

지임(知臨)은 지혜롭게 임하는 것으로, 위대한 지도자가 실천하는 것이다. 위대한 지도자는 천명을 받들어 중도(中道)를 행하는 것이다.

중천건괘(重天乾卦)에서는 '지극함을 알아서 지극한 것이라 기미와 함께 할 수 있으며 마침을 알아서 마치는 것이라 의(義)를 보존할 수 있으니'(知至至之라 可與幾也며 知終終之라 可與存義也니), '그 오직 성인이시구나! 진퇴(進退)와 존망(存亡)을 알아서 그 정도를 잃지 않는 사람은 오직 성인이시구나!'(其唯聖人乎아 知進退存亡而不失其正者ㅣ 其唯聖人乎인저)라 하여, 건도(乾道)의 지혜임을 밝히고 있다.

돈임(敦臨)은 돈독(敦篤)하게 임하는 것으로, 마음속에 뜻을 두고 있는 것이다. 돈(敦)을 지뢰복괘(地雷復卦)에서는 '돈복(敦復)'으로, 중산간괘에서는 '돈간(敦艮)'으로, 「계사상」 제4장에서는 '돈호인'(敦乎仁)으로 밝히고 있다.

임괘의 함임(咸臨), 감임(甘臨), 지임(至臨), 지임(知臨), 돈임(敦臨)은

모두 길하고 허물이 없는 것이다. 각각의 시(時)와 위(位)에 따라서 다르게 강림(降臨)한 천명을 바르게 받아들이는 것이다.

또 「계사하」 제8장에서는 '또한 우환과 연고에 밝은 까닭이라 스승의 도움은 없으나 부모가 강림한 것 같으니'(又明於憂患與故라 无有師保나 如臨父母하니)라 하여, 천지부모(天地父母)가 강림하여 가르침을 베푸는 것이다.

다음으로 임(臨)을 선진유학의 경전에서 찾아보면, 『서경』에서는 '고요가 말씀하시기를 임금의 덕은 허물이 없으시고 간략함으로써 아래에 임하시고 관대함으로써 무리를 어거하시다'(皐陶曰帝德罔愆. 臨下以簡, 御衆以寬)라 하여, 위에서 아래로 임한다고 하였다.

『논어』에서는 '공자께서 말씀하시기를 임함에 장성하면 공경하고, 효도하고 자애로우면 충성하고, 선을 들어서 불능(不能)을 가르침은 부지런함인 것이다'(子ㅣ 曰臨之以莊則敬하고 孝慈則忠하고 擧善而敎不能則勸이니라)라 하여, 임(臨)은 경천(敬天)으로 하늘을 공경히 하는 것이다.

『중용』에서는 '오직 천하의 지극한 성스러움이어야 총명(聰明)과 예지(睿智)를 능히 하여 넉넉히 강림하는 것이니'(唯天下至聖이아 爲能聰明睿知ㅣ 足以有臨也니)라 하여, 지성(至誠)의 지임(至臨)과 예지(睿智)의 지임(知臨)을 밝히고 있다. 성인이 하늘의 진리에 따라 강림(降臨)하여 세상에 건곤지도(乾坤之道)를 밝히는 것이다.

風
地

깨우칠 관

풍지관괘(風地觀卦)는 내괘 곤괘(坤卦, ☷)와 외괘 손괘(巽卦, ☴)로, 바람이 땅 위에서 부는 형상이다.

관(觀)을 풀이하면, 황새 관(雚)은 하늘을 나는 새로 신도(神道)를 상징하는 손괘(巽卦)이고, 볼 견(見)은 눈 목(目)과 걷는 사람 인(儿)으로 땅에서 걸어다니기 때문에 곤괘(坤卦)를 의미한다. 관(觀)은 새가 뚫어지게 보는 것으로, 곧 신도를 깨우친다는 의미이다.

또 관(雚)에서 위의 풀 초(艹)는 진괘(震卦)인데, 진괘와 짝이 되는 것은 손괘(巽卦)이고, 구(口)는 그대로 땅의 세계이니 곤괘(坤卦)이다. 관(雚)의 새 추(隹)는 하늘을 나는 새이니 손괘(巽卦)이고, 견(見)은 목(目)과 인(儿)으로, 땅에서 걷는 사람이기 때문에 곤괘(坤卦)가 된다. 한 글자를 분석하면서 다양한 입장에서 팔괘의 상징적 의미를 해석할 수 있다.

관괘의 괘상(卦象)은 신도(神道)가 지상(地上)에서 행해지는 것이다. 이 땅에 신도(神道)의 바람이 부는 것으로, 백성들의 마음속에 하늘의 바람이 부는 '초상지풍(草上之風)'인 것이다.

「단사」에서는 '하늘의 신도(神道)를 깨우쳐 사시(四時)가 어긋나지 않으니, 성인이 신도(神道)로써 설교(設敎)하여 세상이 감복(感服)하는 것이다'(觀天之神道而四時ㅣ 不忒하니 聖人이 以神道設敎而天下ㅣ 服矣니라)라 하여, 성인이 신도(神道)의 가르침을 베풀기 때문에 사람들이 감복하는 것이다.

「괘사」에서는 '관(觀)은 세수를 하고 올리지 않으면 믿음이 있어서 엄숙히 공경하는 것 같다'(觀은 盥而不薦이면 有孚하야 顒若하리라)라 하여, 신도(神道)의 바람이 불기 때문에 자신을 정제(整齊)하고 아직 천도(薦度)의 제사를 올리지 않고 절대적 믿음으로 성인의 말씀을 깨우쳐 가는 것이다. 대야 관(盥)은 그릇 명(皿)과 수(水)로, 대야에서 세수를 하면서 자신의 몸을 씻는 것이다. 공경할 옹(顒)은 우(禺)와 혈(頁)로, 하늘의 뜻을 헤아리는 것이고, 옹약(顒若)은 엄숙히 공경하는 모습이다.

관괘의 효사(爻辭)에서는 동관(童觀), 규관(闚觀), 관아생(觀我生), 관국지광(觀國之光) 관기생(觀其生)의 다섯 가지 관(觀)을 밝히고 있다.

동관(童觀)은 어린 아이가 보는 것이다. 이 아이는 순수한 마음이 아니라, 어리석고 사리에 어두운 소인(小人)이다. 성학(聖學)을 배우고 익혀서 성숙된 사람으로 살아가야 하는데, 산수몽괘(山水蒙卦)에서 밝힌 동몽(童蒙)에 머물러 있기 때문에 군자는 인색한 것이다.

규관(闚觀)은 문틈으로 엿보는 것으로, 마음의 문을 활짝 열고 보아야 하는데 아직도 조그마한 틈으로 엿보고 있는 것이다. 이것은 진리에 온전히 다가가는 것이 아니기 때문에 또한 추한 것이다.

엿볼 규(闚)는 문 문(門)과 법 규(規)로, 문틈으로 법규를 엿보는 것이다.

뇌화풍괘(雷火豐卦)에서 '그 집을 엿보되 고요하고 사람이 없는 것이라 삼 세(歲)라도 볼 수 없으니 흉(凶)한 것이다.'(闚其戶하되 闚其无人이라 三歲라도 不覿이로소니 凶하니라)라 하여, 진리를 배울 때는 엿보지 말고 직시(直視)해야 함을 알 수 있다.

관국지광(觀國之光)은 나라의 빛남을 보는 것으로, 하늘에서 오는 손님을 높여 소중히 여기는 것이다. 국(國)은 천국(天國)으로, 하늘의 진리가 행해지는 나라이다. 관국지광(觀國之光)을 줄이면, 관광(觀光)이 된다. 관광은 빛을 보는 것으로, 진리를 깨우치는 의미이다. 우리가 관광을 가고, 여행(旅行)을 가는 본질적 의미는 진리의 깨우침에 있다. 우리의 삶 자체가 구도(求道)의 여행이자 관광이다.

류시화의 『지구별 여행자』에서 보았듯이 우리는 지구(地球)에 잠시 여행을 다니러 온 것이다. 천상병은 '귀천'(歸天)에서 우리의 삶을 소풍(逍風)에 비유하고 있다. 소풍은 거닐 소(逍)와 바람 풍(風)으로, 대자연에서 바람을 맞으며 거니는 것이다. 풍(風)은 손괘(巽卦)로 신도(神道)이기 때문에 바람은 하늘의 진리가 드러남이다. 신도(神道)를 자각하기 위해 거니는 것이 소풍이다.

아들이 초등학교 5학년 때 학급발표회를 하고는, "발표회를 준비할 때는 여러 날을 연습하면서 준비했는데, 짧게(5분 내외) 발표하고 나니 아쉬움이 많이 남는다."고 발표회의 허전함을 이야기 한다. 어쩌면 우리의 지구별 여행은 짧은 발표인지도 모른다는 생각이 들었다. 어디에선가 수 없이 많은 시간 동안 공들여 연습하고 준비했기 때문에 지금 여기에 거닐고 있는 것이다. 자기에게 주어진 천명(天命)을 알아서, 사명(使命)을 다하는 관광(觀光)을 해야 한다.

관아생(觀我生)은 나의 생을 보는 것으로, 자신의 실존적 삶을 깨우치는 것이다. 또 아(我)는 실존적 나일 뿐만 아니라, 성인적(聖人的) 나이기 때문에 성인의 생을 깨우치는 것이다. 생(生)은 생명, 삶, 생애, 인생 등으로 해석된다. 자신의 실존적 삶을 찾아서 진리를 잃어버리지 않기 때문에 나아가고 물러감을 아는 것이다. 또 자신의 삶을 깨우친 군자는 백성들의 삶을 이끌어주는 것이다.

관기생(觀其生)은 그 생을 보는 것으로, 생명의 본질을 보는 것이다. 각자에게 주어진 현실적 삶이 공평하지 못한 속에서 삶의 본질을 돌아보는 것이다. 인생의 고(苦) 속에서 부처를 만나는 것이다. 세상을 살아가는 사람들의 뜻이 공평하지 못한 것을 알기 때문에 하나로 공평한 진리의 세계를 깨우치게 되는 것이다.

관(觀)은 인생의 본질적 물음인 '나는 누구인가?'에 대해 묻고 깨우치는 것이다. 아직 어린 아이의 생각인 초등적(初等的) 사유에 머물러 있거나, 정당하지 못한 방법으로 살아가는 것은 경계해야 한다.

다음으로 관(觀)을 선진유학의 경전에서 찾아보면, 『서경』에서는 '내 옛 사람의 상(象)을 보고자 하며'(予欲觀古人之象), '오호라! 7세의 사당에서 덕을 볼 수 있으며, 만 지아비의 어른이 정치를 볼 수 있는 것이다'(嗚呼 七世之廟, 可以觀德. 萬夫之長, 可以觀政)라 하여, 관상(觀象), 관덕(觀德), 관정(觀政)으로 밝히고 있다.

『논어』에서는 '부모님이 계시면 그 뜻을 보고 부모님이 돌아가시면 그 행동을 보는 것이나'(子ㅣ 曰父在에 觀其志오 父沒에 觀其行이나)라 하여, 천지부모(天地父母)의 뜻과 행동을 깨우치는 것이고, 또 '시(詩)는 흥기할 수 있으며, 볼 수 있으며, 무리할 수 있으며, 원모할 수 있으며'(詩는 可以興이며 可以觀이며 可以羣이며 可以怨이며)라 하여, 시(詩)를 통해 깨우치는 것이다.

『맹자』에서는 '그 말씀을 듣고 그 눈동자를 보면 사람이 어찌 숨기겠는가'(聽其言也요 觀其眸子면 人焉廋哉리오), '바다를 본 사람에게 물을 말하기 어렵고 성인의 문에서 노는 사람에게 말을 하기 어려운 것이다. 물을 보는데 기술이 있으니 반드시 그 물결치는 것을 보는 것이다'(觀於海者엔 難爲水요 遊於聖人之門者엔 難爲言이니라 觀水有術하니 必觀其瀾이니라)라 하여, 살펴보는 것과 관해(觀海)·관수(觀水)의 깨우친다는 의미로 사용하고 있다.

火
雷

噬嗑

噬嗑 巫竹

씹을 서　　씹을 합

화뢰서합괘(火雷噬嗑卦)는 내괘 진괘(震卦, ☳)와 외괘 이괘(離卦, ☲)로, 우레와 번개가 치는 형상이다. 서합(噬嗑)은 씹을 서(噬) 씹을 합(嗑)으로, 하늘의 진리를 밝힌 성인의 말씀을 씹어서 먹는 것이다.

서합(噬嗑)을 풀이하면, 서합(噬嗑)에서 무(巫)는 이괘(☲), 명(皿)은 진괘(☳)와 서로 닮아 있다. 씹을 서(噬)는 이괘(離卦)이고, 말 많을 합(嗑)은 진괘(震卦)와 대응된다. 또 서(噬)는 입 구(口)와 대나무 죽(竹) 그리고 무당 무(巫)인데, 죽(竹)은 인(亻)과 궐(亅)로, 진리에 편안한 누운 사람 인(亻)인 성인(聖人)을 상징하여 진괘이고, 아래의 무(巫)는 이괘(☲)가 된다.

서합괘(噬嗑卦)는 산뢰이괘(山雷頤卦, ䷚)에서 가운데 사효(四爻)가 양효(陽爻)인 것으로, 턱 가운데 물건이 있는 형상이다. 「단사」에서는 '턱 가운데 물(物)이 있기 때문에 서합(噬嗑)이라 하니'(頤中有物일새 曰噬嗑이니)라 하여, 입에 음식을 넣고 턱으로 씹어 먹는 것이라 하였다. 그 음식은 바로 앞의 수천수괘(水天需卦)에서 논한 음식지도(飮食之道)로 마음의 양식이다. 「잡괘」에서는 직접 '서합은 먹는 것이고'(噬嗑은 食也오)라 하였다.

「서괘상」에서는 '합(嗑)은 합(合)이니'(嗑者는 合也니)라 하여, 사람이 하늘과 합덕(合德)하는 의미를 담고 있다. 군자는 성인의 말씀을 열심히 씹어 먹어야 하늘의 뜻을 깨우치고, 하늘과 합덕이 되는 것이다.

「괘사」에서는 '서합(噬嗑)은 형통하니 감옥을 씀이 이로운 것이다'(噬嗑은 亨하니 利用獄하니라)라 하여, 성인의 말씀을 익히기 위해서는 자신의 마음을 가두고, 잘못된 것을 바로 잡는 것이 필요한 것이다. 감옥 옥(獄)은 개(犭) 2마리가 성인의 말씀(言)을 지키고 있는 것이다.

또 「단사」에서는 '우뢰와 번개가 합하여 빛나고 유(柔)가 중을 얻어서 위로 행하니 비록 자리가 마땅하지는 않으나 감옥을 씀이 이로운 것이다'(雷電이 合而章하고 柔得中而上行하니 雖不當位나 利用獄也니라)라 하여, 성인의 말씀을 씹어 먹는데 자리가 마땅하지 않으면 가두어 통제하는 것이 필요한 것이다.

「대상사」에서도 '우레와 번개가 서합괘(噬嗑卦)이니, 선왕이 이로써 형벌을 밝히고 법을 신칙하는 것이다'(雷電이 噬嗑이니 先王이 以하야 明罰勅法하니라)라 하여, 하늘과 합하기 위해서 법을 경계하고 형벌을 밝게 해야 한다.

「계사하」 제2장에서는 '해가 중천에 시장을 열어서 천하의 백성들이 이르게 하며 천하의 재화를 모아서 교역(交易)하고 물러가서 각각 그 바를 얻게 하니 내개 서합괘에서 취하고(日中爲市하야 致天下之

民하며 聚天下之貨하야 交易而退하야 各得其所케하니 蓋取諸噬嗑하고)라 하여, 서합괘(噬嗑卦)를 인용하고 있다.

서합괘가 성인지도(聖人之道)를 씹어서 마음의 양식을 기르는 것이라 할 때, 시장은 단순히 물건을 교환하는 곳이 아니라 성인지도가 펼쳐지는 진리의 시장인 것이다. 즉, 해가 중천인 것은 진리가 세상에 밝게 드러난다는 의미이고, 재화 화(貨)도 재물의 의미를 넘어서 사상(四象)과 팔괘(八卦)의 뜻이고, 교역(交易)은 물건을 바꾸는 것을 넘어서서 역도(易道)와 사귀는 것으로 해석할 수 있다.

서합괘의 효사(爻辭)에서는 서부(噬膚), 서석육(噬腊肉), 서건자(噬乾胏), 서건육(噬乾肉)의 네 가지 서(噬)를 밝히고 있다.

서부(噬膚)는 살갗을 씹는 것으로, 사람의 욕망을 추구하는 것이다. 이효(二爻)에서는 **서부멸비(噬膚滅鼻)**라 하여, 살갗을 씹어서 코를 없앤다고 하였다. 살갗 부(膚)는 금수(禽獸)의 왕인 호랑이 호(虎)와 밥통 위(胃)로, 세속적 욕망을 의미한다. 또 피부(皮膚)는 외모(外貌)를 감싸고 있는 것으로, 현상에 보이는 세계이다.

현대인들뿐만 아니라 사람들은 자신의 피부미용이나 성형에 엄청난 노력과 시간, 그리고 돈을 사용하고 있다. 우리 삶의 본질이 내면적 아름다움이나 영적(靈的)인 성숙에 있음을 잊어버리고 살아가는 것이다. 살갗을 씹는 것도 영적인 성숙의 과정에 있지만, 우리는 세상의 욕망을 좇다가 피부가 완전히 망가지는 코를 베는 형벌을 받는 것이다.

서석육(噬腊肉)은 마른 고기를 씹는 것으로, 마른 고기 석(腊)에

옛 석(昔)이 들어있기 때문에 마른 고기는 옛 성인지도(聖人之道)를 의미한다. 마른 고기를 씹는 것은 성인지도를 열심히 익히고 공부하는 것이다. 성학(聖學)을 공부하다가 어려움에 부딪힐 수도 있지만, 허물은 없는 것이다.

서건자(噬乾胏)는 뼈에 붙은 마른 고기를 씹는 것이다. 뼈에 붙은 마른 고기를 씹는 것은 천학(天學)을 배우면서 겪는 어렵고 힘든 과정을 말한다. 아직 익숙하지 않고 충분하지 않지만, 하늘의 진리를 얻을 수 있는 것이다. 건(乾)은 중천건괘(重天乾卦)로 하늘의 뜻, 진리를 상징한다. 자(胏)는 뼈에 붙은 마른 고기로, 성인의 말씀을 겨우겨우 얻을 수 있는 어려운 상황이다.

서건육(噬乾肉)은 마른 살코기를 씹는 것으로, 하늘의 진리를 얻는 것이다. 그 동안의 노력을 통해 성인의 말씀을 온전히 익히기 때문에 비록 위태로움은 있으나 허물은 없는 것이다. 육(肉)은 살코기로, 성인의 말씀을 넉넉하게 씹어 먹는 것이다.

또한 「계사하」 제5장에서는 서합괘 초구(初九) 효사를 인용하여, '공자께서 말씀하시기를 소인은 어질지 못한 것을 부끄러워하지 않으며 정의롭지 못한 것을 두려워하지 않는 것이라. 이로움을 보지 않으면 근면하지 않으며 위엄이 없으면 징계하지 않으니, 작게 징계하고 크게 경계하는 것이 소인의 복이다. 『주역』에서 말하기를 형틀을 신겨서 뒤꿈치를 멸하는 것이니 허물이 없는 것이라 하니 이것을 이른 것이다(子曰小人은 不恥不仁하며 不畏不義라 不見利면 不勸하며 不威면 不懲하나니 小懲而大誡ㅣ 此ㅣ 小人之福也라 易曰履校하야 滅趾니 无咎라하니 此

之謂也라)라 하여, 작은 징계로 큰 경계를 삼는다고 하였다. 즉, 성인의 진리를 처음으로 익힐 때는 여러 가지로 부족한 것이 있는데, 이 때의 징계는 성숙시키기 위한 것이다.

이어서 「계사하」 제5장에서는 육오(六五) 효사를 인용하여, '선을 쌓지 않으면 족히 이름을 이룰 수 없고, 악을 쌓지 않으면 족히 몸을 멸하지 않으니, 소인이 작은 선으로 더함이 없다 하고 하지 않으며, 작은 악으로 상함이 없다 하고 제거하지 않는 것이라 그러므로 악이 쌓여서 가릴 수 없으며 죄가 커서 풀 수가 없으니, 『주역』에서 말씀하시기를 형틀을 씌워서 귀를 멸하니 흉한 것이라 한다'(善不積이면 不足以成名이오 惡不積이면 不足以滅身이니 小人이 以小善으로 爲无益而弗爲也하며 以小惡으로 爲无傷而弗去也라 故로 惡積而不可掩이며 罪大而不可解니 易曰何校하야 滅耳니 凶이라하니라)라 하여, 끝내 성인지도를 익히고 실천하지 않으면 하늘의 소리를 듣는 귀를 멸하는 심판을 받게 된다는 것이다.

소인의 잘못을 경계하는 구교멸지(屨校滅趾)와 영원한 생명을 죽이는 하교멸이(何校滅耳)는 상황이 전혀 다른 것이다. 서합괘(噬嗑卦)를 통해 삶의 계율을 지키는 것의 엄숙함을 알 수 있다.

꾸밀 비

산화비괘(山火賁卦)는 내괘 이괘(離卦, ☲)와 외괘 간괘(艮卦, ☶)로, 산 아래에 불이 있는 형상이다. 천문(天文)을 통해 자신의 내면을 아름답게 가꾸고, 인문(人文)을 통해 세상을 감화시키는 것이다.

비(賁)를 풀이하면, 열 십(十)과 풀 초(艸)는 그 모양이 간괘(艮卦)의 괘상(卦象)을 닮아 있고, 조개 패(貝)는 목(目)과 팔괘(八卦)의 작용으로 땅에서 드러나는 하늘의 작용이기 때문에 이괘(離卦)와 대응된다. 눈 목(目)은 이괘가 되기 때문이다.

비(賁)는 '꾸미다', '크다'는 뜻으로, 「서괘상」에서는 직접 '비(賁)는 꾸미는 것이니'(賁者는 飾也니)라 하였다. 「단사(象辭)」에서는 '천문을 보아서 천시의 변화를 살피며 인문(人文)을 보아서 세상을 감화시켜 완성하는 것이다'(觀乎天文하야 以察時變하며 觀乎人文하야 以化成天下하나니라)라 하여, 하늘의 작용이 드러나는 것과 사람이 살아가는 문화의 의미를 밝히고 있다. 즉, 사람이 살아가는 문화는 하늘의 문채(文彩)에 근거해야 한다. 하늘의 뜻을 깨우쳐 사람의 문화를 아름답게 하는 이치를 밝힌 것이다.

그런데 「대상사」에서는 '산 아래에 불이 있음이 비괘(賁卦)이니, 군자가 이로써 뭇 정치를 밝히되 감히 감옥을 꺾음이 없는 것이다'(山下有火ㅣ 賁니 君子ㅣ 以하야 明庶政호대 无敢折獄하나니라)라 하여, 천문(天文)과 인문(人文)을 통해 정치를 밝히지만 감옥을 없애지는 않는 것이다.

「괘사」에서는 '비(賁)는 형통하니 갈 바가 있음이 작게 이로운 것이다'(賁는 亨하니 小利有攸往하니라)라 하여, 마음을 다듬고 꾸며서 점진적으로 나아갈 바를 추구하는 것이다.

비괘의 효사(爻辭)에서는 비기지(賁其趾), 비기수(賁其須), 비여(賁如), 비우구원(賁于丘園), 백비(白賁)의 다섯 가지 비(賁)를 밝히고 있다.

비기지(賁其趾)는 그 발뒤꿈치를 꾸미는 것이다. 발 지(趾)가 족(足)과 서로 짝이 되니, 진괘(震卦)를 의미하여, 성인지도(聖人之道)를 꾸미는 것이다. 초효(初爻)는 아직 세상에 실천하는 때가 아니기 때문에 수레를 버리고 걸어서 가는 것이다. 자신의 마음을 꾸미는데 성인지도(聖人之道)로부터 시작하는 것이다.

비기수(賁其須)는 그 기다림을 꾸미는 것이다. 기다릴 수(須)는 수천수괘(水天需卦)의 의미이기 때문에 수괘(需卦)의 음식지도(飮食之道)를 통해 마음의 양식을 먹으면서 기다리는 것이다. 이는 하늘의 뜻을 받들어 마음을 흥기하는 것이다.

비여(賁如)는 꾸미는 것 같이 하는 것이다. 구삼(九三)에서는 '꾸미는 것 같이 하고 젖는 것 같이 한다'(賁如濡如)라 하여, 길게 곧으면 길한 것이다. 젖을 유(濡)는 물 수(氵)와 기다릴 수(需)로 수괘의 음식지도(飮食之道)를 먹는 것이다.

또 육사(六四)에서는 '꾸미는 것 같이 하고 흰 것 같이 한다'(賁如皤如)라 하여, 도적이 아니라 혼인할 짝을 꾸미는 것이 허물이 없다고 하였다. 흴 파(皤)는 흰 백(白)과 번성할 번(番)으로, 순수한 그대로의 흰색이 빛나는 것이다. 즉, 꾸미기도 하고 또는 흰 바탕을 그대로 두는 것이다.

비우구원(賁于丘園)은 언덕 동산을 꾸미는 것이다. 구원(丘園)에서 구(丘)는 공자님의 이름이기 때문에 공자의 동산이고 성인의 동산이 되는 것이다. 성인의 동산에서 군자가 작은 정성들을 계속하면 길하고, 마침내 기쁨이 있는 것이다.

백비(白賁)는 희게 꾸미는 것으로, 여백을 두는 아름다움이다. 자기의 본성을 꾸미지 않고 그대로 가지고 있는 것이다. 「잡괘」에서는 '비(賁)는 색이 없는 것이다'(賁는 无色也라)고 하였다. 우리가 성인지학(聖人之學)을 공부하는 것은 자신의 본성을 깨우치기 위함인데, 이것은 하늘이 준 본성을 그대로 보존하는 것이기도 하다. 또 백비(白賁)에서 흰 백(白)은 신도(神道)를 의미하는 손괘(巽卦)이기 때문에 하늘의 신도로 꾸미는 것이다.

다음으로 비(賁)를 선진유학의 경전에서 찾아보면, 『서경』에서는 '천명(天命)이 어그러지지 않아서 꾸밈이 풀과 나무와 같고, 만백성들이 진실로 번성하는 것이다'(天命弗僭, 賁若草木, 兆民允殖), '나는 오직 가서 구제하는 것을 찾았소. 아름다움을 펼치며, 옛 사람들이 받은 명을 펴서 이 큰 공을 잊지 말아야 한다'(予惟往 求朕攸濟, 敷賁, 敷前人受命, 茲不忘大功)라 하여, 비(賁)를 밝히고 있다. 여기서 비(賁)는 꾸미다, 아름답다는 뜻으로 사용되고 있다.

剝 录 互
山 地 刂 水

깎을 박

　산지박괘(山地剝卦)는 내괘 곤괘(坤卦, ☷)와 외괘 간괘(艮卦, ☶)로, 산이 땅에 붙어 있는 형상이다. 내 마음의 소인지심(小人之心)을 깎아내는 것이다.

　박(剝)을 풀이하면, 나무 깎을 록(录)은 위의 돼지머리 계(彑)가 그칠 지(止)와 형상이 비슷하여 간괘(艮卦)를 상징하고, 칼 도(刂)는 2획으로 음양이 합덕하는 의미로 생각하면 곤괘(坤卦)와 만나게 된다. 또 록(录)에서 계(彑)는 성인지도(聖人之道)를 잡고 있는 군자로 간괘이고, 아래의 수(氺)는 하늘의 중정지기로 땅에서 흐르는 물이기 때문에 곤괘와 만나게 된다.

　박(剝)은 '벗기다', '깎아 내다'는 뜻으로, 「단사」에서는 '박괘는 깎는 것이니 유가 강으로 변하는 것이니'(剝은 剝也니 柔ㅣ 變剛也니)라 하고, 「서괘상」에서는 '박괘는 깎는 것이니'(剝者는 剝也니)라 하여, 내 마음의 소인지도를 깎아내는 것이다.

　또 「잡괘」에서는 '박괘는 문드러지는 것이고'(剝은 爛也오)라 하여, 마지막 남은 상효(上爻)의 양효(陽爻)가 사라지고 문드러지면, 소인지도(小人之道)가 세상에 횡행(橫行)하는 것이다.

「괘사」에서는 '박(剝)은 갈 바가 있음이 이롭지 않은 것이다'(剝은 不利有攸往하니라)라 하여, 진리가 드러나지 못한 세상에서 행하는 것은 이롭지 못한 것이다.

특히 「단사」에서는 '따르고 그치는 것은 상을 보는 것이니, 군자가 소식영허(消息盈虛)하는 하늘의 운행을 숭상하는 것이다'(順而止之는 觀象也니 君子ㅣ 尚消息盈虛ㅣ 天行也라)라 하여, 박괘의 괘상(卦象, ䷖)과 박(剝)의 형상이 비슷하기 때문에 관상(觀象)이라 하였다. 군자는 박괘(剝卦)의 상을 깨우쳐 이제 마지막으로 남아있는 상효(上爻)의 뜻을 소중하게 간직하고, 또 다시 초효(初爻)로 내려와 하늘의 진리를 채워가야 하는 것이다.

박괘의 효사(爻辭)에서는 박상이족(剝牀以足), 박상이변(剝牀以辨), 박상이부(剝牀以膚)의 세 가지 박(剝)을 밝히고 있다.

박상이족(剝牀以足)은 평상을 깎고 발을 쓰는 것으로 해석되지만, 상징적 의미를 살펴보면, 평상 상(牀)은 나무 목(木)이 들어 있어 목도(木道)로 손괘(巽卦)이고, 족(足)은 진괘(震卦)가 되기 때문에 성인지도(聖人之道)를 의미한다. 즉, 하늘의 신도(神道)를 깎아내고 성인지도(聖人之道)를 배우는 것은 정도(貞道)를 버리는 것으로 흉하다.

진리를 배운다고 하면서 자신의 마음속에 들어 있는 신명(神明)을 버리고, 이곳저곳을 기웃거리며 학문을 찾아다니는 것이다. 자신의 내면을 돌아보지 않는 성학(聖學)은 헛된 꿈으로, 결국은 자신의 마음과 몸을 흉하게 하는 것이다.

박상이변(剝牀以辨)은 평상을 깎고 분별을 쓰는 것으로, 신도(神道)를 깎아내고 세상의 일을 나누는 것이다. 진리를 버리고 이것과 저것을 나누는 것이다.

분별할 변(辨)은 매울 신(辛 = 立 + 十) 2개와 도(刂)로, 도끼로 진리에 입지(立志)된 것을 가르는 것이다. 우리가 동양학(東洋學)을 한다고 하면서, 그 근본이 되는 성인(聖人)의 가르침을 놓치고, 관념적 이데올로기에 빠지는 것에 비유할 수 있다. 삶의 근본인 하늘의 신도(神道)를 깎아 버리고, 이분법적(二分法的) 사유에 걸려서 살아가는 것이다.

철학에서는 관념론(觀念論)과 유물론(唯物論)을 나누는 것이고, 또 남자(男子)와 여자(女子)가 한 몸을 이루는 음양(陰陽)의 이치를 망각하고 여성주의를 내세우는 페미니즘(Feminism), 정치적 이데올로기에 따라 좌파(左派)와 우파(右派)를 나누는 것, 공산주의(共産主義) 유물론에 따라 자본가인 부르주아(bourgeois) 계급과 노동자인 프롤레타리아(Proletarier) 계급을 나누는 것, 나이에 따라 늙은이와 젊은이를 나누는 것이다. 우리 사회의 병폐가 여기에 있다. 이는 또한 흉한 일이다.

박상이부(剝牀以膚)는 평상(牀)을 깎고 살갗을 쓰는 것으로, 신도(神道)를 깎아내고 자신의 욕망을 따라가는 것이다. 부(膚)는 범 호(虍)와 밥통 위(胃)로, 금수(禽獸)의 으뜸인 호랑이와 식욕(食慾)의 상징인 위장(胃腸)은 욕망의 세계를 말한다. 즉, 하늘의 신도(神道)를 깎아내고 자신의 욕망으로 살아가면, 재앙이 가까이 있고 흉한 것이다.

특히 상구효(上九爻)에서는 '상구는 큰 열매는 먹지 않으니 군자는 수레를 얻고 소인은 움집을 벗기는 것이다'(上九는 碩果不食이니 君子는 得輿하고 小人은 剝廬리라)라 하여, 석과불식(碩果不食)을 밝히고 있다. 큰 열매는 다음 세대를 위한 씨로 먹지 않는 것이다. 박괘(剝卦, ䷖)의 괘상에서 상구(上九)가 양효(陽爻)로 열매인데, 이것이 떨어져 다음 괘인 지뢰복괘(地雷復卦, ䷗)의 초구(初九)가 되는 것이다.

또한 태괘(兌卦)에서는 '구오(九五)는 박(剝)에서 믿음이니 위태로운 것이다. 상에서 말씀하시기를 박(剝)에서 믿음은 자리가 정당하기 때문이다'(九五는 孚于剝이면 有厲리라. 象曰孚于剝은 位正當也ㄹ새라)라 하여, 진리에 대한 믿음으로 자신의 아상(我相)을 깎아내는 것이기 때문에 위태로움이 있지만 정당(正當)한 것이다.

다음으로 박(剝)을 선진유학의 경전에서 찾아보면, 『서경』에 한 번 나오고 있다. '수(受, 紂王)의 죄는 걸(桀)보다 심하고, 어진 사람을 다치고 상하게 하고, 간하고 돕는 사람을 해치고 학대하였으며'(惟受 罪浮于桀. 剝喪元良, 賊虐諫輔)라 하여, 원량(元良)을 깎아내리는 것이다. 원량(元良)은 근원적으로 어진 사람이다.

復 彳复 ㅡ曰

地
雷

돌아올 복

지뢰복괘(地雷復卦)는 내괘 진괘(震卦, ☳)와 외괘 곤괘(坤卦, ☷)
로, 우레가 땅 속에 있는 형상(形象)이다. 하늘이 품부한 자신의 본성
(양심)을 회복하는 것이다.

복(復)을 풀이하면, 조금 걸을 척(彳)은 다닐 행(行)으로 음양이 합
덕된 것이기 때문에 곤괘(坤卦)와 만나고, 갈 복(复)은 진리에 편안
한 사람 인(ㅡ)과 뒤쳐져 올 치(夂)로 진괘(震卦)와 만나게 된다. 또
복(复)은 다시 누운 사람 인(ㅡ)과 말할 왈(曰)로, 성인지언(聖人之言)
을 말하는 것은 진괘이고, 위의 인(ㅡ)은 곤괘로 설명할 수 있다.

복(復)은 '돌아오다', '회복하다'로 성인지도(聖人之道)로 돌아오고, 자
신의 본성을 회복하는 것이다. 당대(唐代) 이고(李皐, 733~792)의 '복성
설'(復性說)은 복괘(復卦)에서 연유한 것이다.

「괘사(卦辭)」에서는 '복(復)은 형통하니 출입에 빠르지 않으며 벗이
와야 허물이 없는 것이다. 그 도를 반복하여 7일에 다시 돌아오니
갈 바가 있음이 이로운 것이다(復은 亨하니 出入에 无疾하며 朋來라아 无
咎리라 反復其道하야 七日에 來復하니 利有攸往이니라)라 하여, 마음을 출

입함에 빠르지 않아야 하고, 하늘의 십붕(十朋)이 와야 허물이 없는 것이다.

「단사」에서는 '그 도를 반복하여 7일에 다시 돌아오는 것은 하늘의 운행이기 때문이다'(反復其道七日來復은 天行也_새오)라 하여, 7일에 다시 돌아오는 것은 천도(天道)의 작용임을 밝히고 있다. 즉, 우리가 현재 일주일(一週日)을 7일로 사용하는 것은 복괘(復卦)의 '칠일래복'(七日來復)의 이치에 따르는 하늘의 운행인 것이다.

『주역』의 육효중괘(六爻重卦)는 여섯 효이지만, 상효(上爻)에서 다시 초효(初爻)로 돌아오는 것까지 헤아리면 7일이 되는 것이다. 「잡괘」에서는 직접 '복괘는 돌아옴이다'(復은 反也라)라 하여, 상효(上爻)에서 다시 초효(初爻)로 돌아오는 것이다.

또 「단사」에서는 '돌아옴에 하늘과 땅의 마음을 볼 수 있는 것이구나!'(復에 其見天地之心乎,뎌)라 하여, 천지지심(天地之心)은 사람들이 모두 자신의 본성으로 돌아와 양심을 회복하고 살아가는 데 있는 것이다.

「계사하」 제7장에서는 '복은 덕의 근본이고, 복은 작고 물(物)에서 변별하고, 복하여 스스로 알고'(復은 德之本也오 …… 復은 小而辨於物하고 … 復以自知코)라 하여, 복괘의 공능에 대해 밝히고 있다. 소(小)는 내면의 세계이고, 학문을 하는 것이다.

복괘의 여섯 효사(爻辭)에서는 각각 불원복(不遠復), 휴복(休復), 빈복(頻復), 독복(獨復), 돈복(敦復), 미복(迷復)을 밝히고 있다.

불원복(不遠復)은 멀리 가지 않아 돌아오는 것이다. 「계사하」 제6장에서는 '공자께서 말씀하시기를 안씨의 자식이 거의거의 가까운 것이구나! 불선(不善)이 있으면 일찍이 알지 못함이 없으며, 알면 일찍이 다시 행하지 않으니, 『주역』에서 말씀하시기를 멀리 가지 않아서 돌아오는 것이라 후회에 나아감이 없으니 근원적으로 길한 것이다'(子曰顔氏之子ㅣ 其殆庶幾乎ㄴ뎌 有不善이면 未嘗不知하며 知之면 未嘗復行也하나니 易曰不遠復이라 无祗悔니 元吉이라하니라)라 하여, 수제자(首弟子) 안자(顔子)를 언급하면서 불원복(不遠復)을 밝히고 있다.

우리는 살아가면서 몸의 욕망을 좇아 선하지 못한 행동을 하게 된다. 불선(不善)을 알아차리고 멈추고, 다시 자신의 양심으로 돌아와야 한다. 이것은 자신을 닦는 수신(修身)의 길이기 때문에 후회하는 데까지 이르지는 않게 된다.

휴복(休復)은 아름답게 돌아오는 것으로, 휴(休)는 쉴 휴이자 좋을 휴로 아름답게 돌아오는 것이다. 자신의 본성으로 돌아와 하늘에 따르고 천명(天命)을 아름답게 하는 '순천휴명'(順天休命)을 하는 것이다. 휴복(休復)은 인(仁, 사랑)으로 아래를 쓰기 때문에 길(吉)한 것이다.

빈복(頻復)은 자주 돌아오는 것으로, 불선(不善)으로 갔다가 다시 돌아오기를 반복하는 것이다. 우리의 삶은 선(善)과 불선(不善)을 왔다 갔다 하면서 살아가고 있다. 자신의 욕심에 따라 가다가도 이것이 삶의 본질이 아님을 알고 양심으로 돌아오는 것이다. 빈복은 욕심에 빠져서 위태롭게 살아가지만, 그래도 마음에 양심이 살아 있기 때문에 허물은 없는 것이다. 중풍손괘(重風巽卦)에서는 '빈손'(頻巽)이라 하고, 뜻이 궁하여 인색하다고 하였다.

독복(獨復)은 홀로 돌아오는 것으로, 중도(中道)를 행하면서 살아가는 것이다. 세상 사람들이 양심이 어디 있느냐고 할 때, 혼자이지만 진리를 따르고자 하는 것이다. 홀로 독(獨)은 혼자 있을 때 삼가는 '신기독'(愼其獨)이다. 다른 사람과 비교하지 말고 스스로 진리에 근거를 두고 살아갈 때 죄를 덜 짓게 되는 것이다.

돈복(敦復)은 돈독하게 돌아오는 것으로, 자신의 본성(本性)을 두텁게 하는 것이다. 자신의 양심을 돈독하게 해서 살아가면 후회가 없는 것이다. 하늘의 뜻을 생각하면서 스스로 자신을 돌아보면, 참된 사람의 삶을 살아가게 되는 것이다.

미복(迷復)은 미혹되어 돌아오는 것으로, 세상의 탐욕에 미혹되어 따라가는 것이다. 하늘이 준 양심을 버리고 세상의 이로움을 쫓아가는 것은 군자지도(君子之道)와 반대가 되어 흉한 것이다.

미혹할 미(迷)는 착(辶)과 쌀 미(米 = 八十八)로, 하늘의 작용에 미혹한 것이다. 3가지 입장에서 이해할 수 있다. 첫째는 대상적 물질의 탐욕에 대한 미혹으로, 욕망의 절제(節制)와 과욕(寡慾)을 통해 이겨가야 한다. 둘째는 공산주의(共産主義)나 전체주의(全體主義) 등 관념적 이데올로기에 대한 미혹으로, 사람과 사리(事理)를 올바로 이해하는 마음공부를 통해 극복해야 한다. 셋째는 영혼의 타락에 대한 미혹으로, 하늘의 진리를 밝힌 성인(聖人)의 말씀을 믿고, 자신의 도덕적 본성으로 돌아와야 한다.

복괘(復卦)의 육효(六爻)에서 밝힌 여섯 가지 복(復)은 삶의 자세를 알려주는 것이다. 어떻게 자신의 본성을 회복할 것인가와 성인지도(聖人之道)가 있고, 나의 양심이 살아 있는데, 이것을 회복하고 살아갈 것인가를 생각해야 한다. 또 자신의 탐욕으로 살아갈 것인가, 관념적 이데올로기로 살아갈 것인가, 영혼을 타락시키는 사이비(似而非) 종교를 믿을 것인가를 묻는 것이다.

다음으로 복(復)을 선진유학의 경전에서 찾아보면, 먼저『서경(書經)』에서는 '다섯 가지 예(禮)를 닦고 다섯 가지 홀(器)은 끝난 뒤에 돌려주셨다'(修五禮, 如五器, 卒乃復), '이윤(伊尹)이 이미 그 임금에게 정사를 되돌려주니'(伊尹旣復政厥辟)라 하여, 되돌려주었다는 뜻으로 사용하고 있다.

『논어』에서는 '안연이 인(仁)을 묻는데, 공자께서 말씀하시기를 자기를 능히 하여 예(禮)로 돌아가는 것이 인(仁)이 되는 것이니, 하루를 자기를 능히 하고 예에 돌아가면 천하가 인으로 돌아갈 것이니'(顏淵이 問仁한대 子ㅣ 曰克己復禮爲仁이니 一日克己復禮면 天下ㅣ 歸仁焉하나니)라 하여, 극기복례(克己復禮)를 밝히고 있다.

『정역(正易)』에서는 '달이 위로 돌아가 일어나면 천심월(天心月)이고, 달이 황극의 가운데 일어나면 황심월(皇心月)이니'(月起復上하면 天心月이요 月起皇中하면 皇心月이니)라 하여, 상(上)은 상제(上帝)로 하나님이기 때문에 하늘마음의 달이고, 황(皇)은 사람의 본성 자리이기 때문에 황심월(皇心月)은 내 마음의 달인 것이다.

또 '하늘로 돌아가서 달이 일어나면 천심(天心)에 합당하고, 본성의 가운데 달이 일어나면 황심(皇心)에 합당한 것이다'(復上에 起月하면 當天心이요 皇中에 起月하면 當皇心이라)라 하여, 내 마음의 달을 일으켜야 하는 것이다.

無妄　无妄 亡女

없을 무　허망할 망

천뢰무망괘(天雷无妄卦)는 내괘 진괘(震卦, ☳)와 외괘 건괘(乾卦, ☰)로, 하늘 아래에서 우레가 치는 것이다. 하늘 아래에서 성인지도(聖人之道)가 행해지기 때문에 만물이 모두 허망함이 없는 것이다.

무망(无妄)을 풀이하면, 없을 무(无)는 그대로 하늘 천(天)과 통하기 때문에 건괘(乾卦)이고, 허망할 망(妄)은 없을 망(亡)과 계집 여(女)로 하늘의 작용을 의미하여 진괘(震卦)와 대응할 수 있다. 또 망(妄)에서 망(亡)은 없는 것으로 없을 무(无)와 서로 통하니 건괘이고, 여(女)는 땅에서 작용하는 하늘의 의미로 진괘와 만나게 된다. 성인은 하늘의 진리를 세상에 밝히고 드러내는 하늘적 존재이지만, 하늘과 대응해서는 땅에 실존한 존재이기 때문에 진괘가 된다.

「괘사」에서는 '무망(无妄)은 원·형·이·정(元亨利貞)하니 그 바름이 아니면 재앙이 있을 것 일새 갈 바가 있음이 이롭지 않은 것이다'(无妄은 元亨利貞하니 其匪正이면 有眚하릴새 不利有攸往하니라)라 하여, 정도(正道)가 아니면 재앙이 있으며, 천명(天命)을 돕지 않는 것을 행할 수 없는 것이다.

무망(无妄)은 '허망함이 없음'으로, 「단사」에서는 '정도(正道)로써 크게 형통하니 하늘의 명(命)인 것이다'(大亨以正하니 天之命也니라)라 하여, 하늘 아래에서 성인이 진리를 행하는 것은 천명(天命)이라 하였다. 대형이정(大亨以正) 천명(天命)은 원·형·이·정의 천도(天道) 사상(四象)을 집약한 것이다.

「잡괘」에서는 '무망(无妄)은 재앙이다'(无妄은 災也라)라 하여, 허망함이 없는 것이 오히려 재앙이라 하였다. 우리의 삶에서 어려움과 시련은 자신의 심지(心志)를 키워주기 위한 하늘의 뜻이기 때문에 무망(无妄)은 재앙이 되는 것이다. 시련이 없이 살아가는 것이 좋은 것 같지만, 그렇게 해서는 진리를 찾고자 하는 마음이 생기지 않는다.

불교의 육도윤회(六道輪廻)에서 인간계(人間界)를 통하여 해탈(解脫)의 길로 갈 수 있는 것과 동일한 의미이다. 사람은 고통도 있고 안락도 있어서 고통에서 벗어나려는 마음 때문에 해탈을 바라게 되는 것이다. 아무런 고통이 없는 천상계(天上界)에서는 해탈을 성취할 수 없고, 그곳에 머무는 것에 만족하는 것이다. 고통이 역연(逆緣)이 되어 삶의 본질을 찾고자 하고, 이것이 기연(機緣)이 되어 무상(無常)을 느끼고, 현실의 안락을 떠나 영생의 행복을 추구하는 것이다.

무망(无妄)괘는 사람이 허망함이 없이 살아가는 길과 하늘이 내리는 재앙을 이겨가는 것을 의미한다. 허망함은 사람이 실존적 삶의 본질을 깨우치기 위한 과정으로, 성인이 밝힌 하늘의 뜻을 궁

구하고 순응하며 살아가는 길을 열어주는 것이다. 이 허망함이 없으면 현실에 안주(安住)하기 때문에 재앙이 되는 것이다.

특히 무망괘에서는 재앙 재(災)와 재앙 생(眚)의 두 가지를 밝히고 있다. 재(災)는 천(巛, 川)과 화(火)로, 하늘이 내리는 물과 불의 심판이다. 생(眚)은 날 생(生)과 눈 목(目)으로 실존하는 인간이 지은 재앙이다. 하늘이 내린 재앙인 재(災)는 사람의 성실과 반성(참회)으로 이겨갈 수 있지만, 스스로 지은 재앙인 생(眚)은 궁하고 이로운 것이 없는 것이다.

무망괘의 효사(爻辭)에서는 무망지왕(无妄之往), 무망지재(无妄之災), 무망지질(无妄之疾), 무망지행(无妄之行)의 네 가지 무망(无妄)에 대해 밝히고 있다.

무망지왕(无妄之往)은 허망함이 없음의 감으로, 자신의 내면적 덕을 쌓아서 하늘의 뜻을 얻을 수 있는 것이다. 갈 왕(往)은 척(彳)과 주(主)로, 주인이 행하는 것이니, 하늘의 왕래(往來)작용이 드러남이다. 왕(往)은 낙서(洛書)의 작용이고, 래(來)는 하도(河圖)의 작용이다.

무망지재(无妄之災)는 허망함이 없음의 재앙으로, 하늘이 내리는 재앙이다. 하늘이 내리는 재앙은 자신의 마음을 단단히 묶고 행(行)하면 자득(自得)할 수 있지만, 그곳에 머물면 진짜 재앙이 되는 것이다. 즉, 힘차게 실천하는 행인(行人)은 진리를 얻지만, 세속적 욕망에 살아가는 읍인(邑人)은 그대로 재앙이 된다.

무망지질(无妄之疾)은 허망함이 없음의 질병으로, 무망에는 어려움이 있는 것이다. 안락함에서 병이든 것이다. 그러나 하늘에 대한 믿음이 있기 때문에 성인지도(聖人之道)를 배우고 나아가면 기쁨이 있는 것이다.

무망지행(无妄之行)은 허망함이 없음의 행위로, 재앙이 생기고 이로운 것이 없는 것이다. 행(行)은 행도(行道)하는 것으로, 아직 내면적 덕이 쌓이지 않았는데, 밖으로 행하기 때문에 곤궁(困窮)한 것이다. 「단사」에서는 '천명(天命)이 돕지 않는데 행할 수 있겠는가?'(天命不祐를 行矣哉아)라 하여, 천명(天命)을 자각하지 못하면 세상에 진리를 행할 수 없는 것이다.

大畜 큰 대 쌓을 축

山天   畜田
      大玄

산천대축괘(山天大畜卦)는 내괘 건괘(乾卦, ☰)와 외괘 간괘(艮卦, ☶)로, 하늘이 산 가운데 있는 형상이다. 하늘의 진리가 군자(君子)의 마음속에 있는 것으로, 군자가 학문을 통해 쌓은 덕을 세상에 펼치는 것이다.

대축(大畜)을 풀이하면, 큰 대(大)는 하늘의 위대함으로 건괘(乾卦)이고, 쌓을 축(畜)은 검을 현(玄)과 밭 전(田)으로 군자의 마음 밭이기 때문에 간괘(艮卦)라 할 수 있다. 또 축(畜)에서 현(玄)은 '하늘은 가물가물하고 땅은 누르다'는 천현지황(天玄地黃)으로 건괘이고, 전(田)은 내 마음에 십(十)이 있는 존재로 간괘의 군자와 만나게 된다. 반대로 축(畜)에서 현(玄)은 간괘의 괘상(卦象, ☶)을 닮아 있고, 전(田)은 십(十)이 있기 때문에 건괘로 풀이할 수도 있다.

대축(大畜)은 '크게 쌓는다'이지만, 군자의 마음속에 하늘이 있는 것이다. 앞의 풍천소축괘(風天小畜卦)와 서로 대비되어, 대축은 밖으로 진리를 실천하는 것이다.

「괘사(卦辭)」에서는 '대축은 곧음이 이로우니 집에서만 먹지 않으면 길하니 대천을 건넘이 이로운 것이다'(大畜은 利貞하니 不家食하면 吉하니 利涉大川하니라)라 하여, 자기의 공부에 머물지 않고, 세상의 사람들과 함께 하는 것이다.

「단사」에서는 '집에서만 먹지 않음이 길한 것은 현인을 기르는 것이고'(不家食吉은 養賢也오)라 하여, 현인(賢人)을 길러내는 것이 하늘의 일이라 하였다.

집에서만 먹지 않는다는 '불가식'(不家食)을 몇 가지로 생각해 볼 수 있다. 첫째는 위에서 서술한 것과 같이 밖으로 나아가서 행도(行道)를 하는 것이다. 둘째는 학문을 하는데 있어서 자신의 스승, 자기가 배운 학문에만 머물지 않는 것이다. 시(食)은 음식지도(飮食之道)로 진리를 익히는 것이다. 하나의 진리를 밝힌 성인의 말씀을 따르는 것이다. 셋째는 가정(家庭)과 국가(國家) 사회가 하나의 인격적 세계임을 아는 것이다. 『대학』의 수신(修身)·제가(齊家)·치국(治國)·평천하(平天下)는 하나의 마음이 펼쳐지는 세계이다.

또 「단사」에서는 '대축(大畜)은 강건하고 독실하고 밝게 빛나서 날마다 그 덕을 새롭게 하니'(大畜은 剛健코 篤實코 輝光하야 日新其德이니)라 하여, 건곤(乾坤)의 뜻으로 자신의 덕을 새롭게 하는 것이다. 강건(剛健)은 중천건괘(重天乾卦)이고, 독실(篤實)은 중지곤괘(重地坤卦)의 작용이다.

「잡괘」에서는 '대축은 천시(天時)이고'(大畜은 時也오)라 하여, 천시(天時)에 따라서 날마다 자신의 덕을 새롭게 하는 것이다.

「대상사(大象辭)」에서는 '하늘이 산 가운데 있음이 대축괘(大畜卦)

이니, 군자가 이로써 앞의 말씀과 지나간 행적을 많이 알아서 그 덕을 쌓는 것이다'(天在山中이 大畜이니 君子ㅣ 以하야 多識前言往行하야 以畜其德하나니라)라 하여, 성인의 말씀과 행적(行績)을 많이 익혀서 자신의 덕을 쌓아가야 하는 것이다. 전언(前言)은 앞 성인의 말씀이고, 왕행(往行)은 성인이 실천한 행적이다.

대축괘의 효사(爻辭)에서는 직접 대축(大畜)을 찾을 수 없고, 여탈복(輿說輹), 동우지곡(童牛之牿), 분시지아(豶豕之牙) 등 상징적인 개념을 밝히고 있다.

여탈복(輿說輹)은 수레의 바퀴살이 벗겨진 것으로, 아직 백성을 실을 수가 없는 것이다. 수레는 백성을 싣고 가는 군자지도(君子之道)를 상징한다. 불교에서도 대승(大乘), 소승(小乘)은 수레를 타는 것에 비유되는 것이다.

수레의 바퀴살이 벗겨졌지만, 마음속에서 중심을 잡고 있기 때문에 허물이 없는 것이다. 즉, 성인지도(聖人之道)를 배우고 실천하겠다는 뜻을 가지고 있는 것이다. 벗을 탈(說)은 탈(脫)과 같은 의미이고, 기쁠 열(說), 말씀 설(說) 등으로 사용되고 있다.

동우지곡(童牛之牿)은 어린 송아지를 우리에 가두는 것이다. 동(童)은 산수몽괘(山水蒙卦)의 동몽(童蒙) 군자를 말한다. 세상에 천방지축(天方地軸)으로 날뛰는 동우(童牛)를 우리에 가두어 성인의 말씀으로 기르는 것이다.

몽괘(蒙卦)와 대축괘(大畜卦)의 외괘(外卦)가 모두 간괘(艮卦)이기 때문에 동우(童牛)와 동몽(童蒙)은 아직 어린 간군자(艮君子)를 상징한다. 우리 곡(牿)은 우(牛)와 고할 고(告)로, 하늘이 말씀을 가르쳐주는 곳이다.

분시지아(豶豕之牙)는 불깐 돼지의 어금니로, 어린 돼지를 기르는 것이다. 불깐 돼지 분(豶)은 시(豕)와 클 분(賁, 山火賁卦)으로, 사나운 숫돼지는 불알을 까야 잘 자라는 것이다. 시(豕)는 감괘(坎卦)이고, 입에 있는 어금니 아(牙)는 태괘(兌卦)로, 수택절괘(水澤節卦)로 풀이된다. 즉, 절도(節度)에 맞게 실천하기 때문에 길하고, 경사(慶事)가 있는 것이다.

기를 이

　산뢰이괘(山雷頤卦)는 내괘 진괘(震卦, ☳)와 외괘 간괘(艮卦, ☶)로, 산 아래에서 우레가 치는 형상이다. 군자가 마음속에서 성인지도를 익히고 있다.

　이(頤)를 풀이하면, 신하 신(臣)은 군도(君道)와 대응되는 신도(臣道)로 군자를 의미하기 때문에 간괘(艮卦)가 되고, 머리 혈(頁)은 인체의 가장 중요한 부분으로 하늘의 의미를 가지고 있기 때문에 건괘(乾卦)의 장남인 진괘(震卦)가 된다.

　또 혈(頁)은 일(一)과 자(自) 그리고 팔(八)로, 일(一)은 일태극(一太極)으로 땅의 주체인 간괘이고, 자(自)는 하늘이 스스로 그러한 것으로 성인을 상징하여 진괘가 된다.

　이(頤)는 턱으로, 괘상(卦象)이 위의 간괘(艮卦)는 위턱을, 아래의 진괘(震卦)는 아래턱을 닮아 있다. 위턱은 가만히 있지만 아래턱이 움직여서 음식을 먹고 살아가는 것이다. 「설괘」에서 '간괘(艮卦)는 그침(止)이 되고'(艮은 止也오), '진괘(震卦)는 움직임(動)이 되고'(震은 動也오)라 한 것과 여합부절하는 것이다.

「괘사」에서는 '이(頤)는 곧으면 길하니 이(頤)를 살펴보며 스스로 입에 실함을 구하는 것이다'(頤는 貞하면 吉하니 觀頤하며 自求口實이니라)라 하고, 「단사」에서는 '스스로 입에 실함을 구함은 그 스스로 기르는 것을 보는 것이다. 천지가 만물을 기르며, 성인이 현인을 길러서 만백성에게 미치게 하니 이괘의 천시가 위대한 것이다'(自求口實은 觀其自養也라. 天地ㅣ 養萬物하며 聖人이 養賢하야 以及萬民하나니 頤之時ㅣ 大矣哉라)라 하여, 하늘이 만물을 낳아서 기르듯이 성인은 하늘에서 탄강하여 어진 사람을 기르는 것이 이괘(頤卦)의 이치이다.

구실(口實)에서 입 구(口)는 음식을 먹고 말을 하는 것으로, 형이하와 형이상이 하나가 되는 곳이다. 또 입은 태괘(兌卦)로 백성을 상징하는데, 백성은 먹는 것을 하늘로 삼는 존재이다. 동시에 민심(民心)은 천심(天心)으로 백성의 양심은 하늘의 마음을 담고 있는 것이다. 네모난 구(口)는 지방(地方)의 땅을 상징한다.

「단사」에서는 '턱을 보는 것은 그 기르는 것을 보는 것이고'(觀頤는 觀其所養也오)라 하고, 「서괘」에서는 '이(頤)는 기르는 것이니'(頤者는 養也니)라 하고, 「잡괘」에서는 '이(頤)는 바름을 기르는 것이고'(頤는 養正也오)라 하여, 이(頤)가 '기를 양(養)'의 의미임을 알 수 있다. 즉, 턱 이(頤)이지만 실재적으로 입으로 음식을 먹어서 몸을 기르고, 또 마음의 양식(良識)을 먹어서 자신의 마음을 기르는 것이다.

「대상사(大象辭)」에서는 '산 아래에 우레가 있음이 이괘(頤卦)이니, 군자가 이로써 말씀과 말을 삼가며 음식을 절도에 맞게 먹는 것이다'(山下有雷ㅣ 頤니 君子ㅣ 以하야 愼言語하며 節飮食하나니라)라 하여, 말씀과 음식을 통해 생명을 기르는 것이다. 모든 생명체는 태어나서 살아가기 위해서는 음식을 먹지만, 사람은 언어(言語)를 통해 형이상(形而上)의 인격적 생명을 기르게 되는 것이다. 현상적으로 말씀과 음식은 나누어지지만 인격적 생명을 기른데 있어서는 성인의 말씀이 곧 음식지도(飮食之道)이다.

말씀을 삼가야 하는 것은 성인의 말씀을 듣고 익히며, 관념적 이데올로기의 말은 삼가고 조심하라는 것이다. 불교의 유식삼성(唯識三性) 가운데 하나인 사람의 관념과 감정은 있지만 천리(天理, 眞理)가 없는 정유리무(情有理無)의 변계소집성(遍計所執性)을 극복해야 하는 것이다. 자신의 감정에 휘둘려서 진리를 왜곡하는 삶을 경계하고 조심해야 한다.

또 음식을 절도에 맞게 먹어야 하는 것도 아무 음식이나 먹으면 안 되고, 가려서 먹어야 하고 시(時)에 맞게 음식을 먹어야 하는 것이다. 정보의 홍수 시대에 우리는 진리의 말씀을 얻지 못하고, 오히려 잡다한 음식을 먹는데 인생을 낭비하고 있다.

이괘의 효사에서는 타이(朶頤), 전이(顚頤), 불이(拂頤), 유이(由頤)의 네 가지 이(頤)를 밝히고 있다.

타이(朶頤)는 턱(기름)을 늘어뜨리고 있는 것이다. 또 턱을 아래로 늘어뜨리고 침을 흘리고 있다. 사람의 본성으로 주어진 하늘의 신령스러운 마음을 버리고, 세상의 욕망을 좇아서 가는 것이다. 마음의 양식을 꼭꼭 씹어서 먹지 않고 오히려 나라는 아상(我相)에 사로잡혀서 성인의 말씀을 배우지 않는 것이다.

이(頤)는 양(養)으로, 자신의 마음을 기름에 진리의 말씀을 듣고도 배우고 따르지 않고 쳐다보는 것이다. 또 다른 사람이 공부하는 것을 부러워하면서 쳐다만 보는 것이다.

전이(顚頤)는 기름(養)을 뒤집는 것이다. 전(顚)은 참 진(眞)과 머리 혈(頁)로, 머리를 참되게 하는 것이다. 전(顚)은 '넘어지다', '뒤집히다', '꼭대기' 등의 뜻이다. 기존의 학문 방법을 뒤집어서 경전의 가르침을 새롭게 해석하는 것이다. 경전을 거슬러서 공부하다가 잘못된 것을 헤아려 내는 것이다. 전이(顚頤)는 성인의 말씀을 배우기 위해 호시탐탐(虎視眈眈)하고 자신의 욕심을 독실하게 하기 때문에 허물이 없는 것이다.

불이(拂頤)는 기름을 거스리는 것으로, 수양을 하지 않는 것이다. 수양(修養)을 거스르니 바르게 하고자 하나 불가능하고, 오히려 진리를 크게 어그러지게 하는 것이다. 또 10년 동안 쓰지 않으니 이로운 것이 없다.

거스를 불(拂)은 '털다', '떨어내다'이고, 손 수(扌)와 아닐 불(弗)로, 아닌 것을 손으로 헤아리는 것이다. 오효(五爻)에서는 '불경'(拂經)이라 하여, 정도(貞道)에 거하면 길하지만, 대천을 건너는 것은 불가한 것이다.

유이(由頤)는 말미암아 기르는 것으로, 자신의 본성에 근거하여 기르는 것이다. 유이(由頤)는 위태롭지만 길(吉)하고, 대천을 건너는 것이 이롭기 때문에 큰 경사가 있는 것이다. 뇌지예괘(雷地豫卦)에서는 '유예'(由豫)라 하여, 말미암아 예비하는 것은 뜻을 크게 행하는 것이라 하였다.

따라서 이(頤)는 자신의 마음을 기르는 것인데, 턱을 늘어뜨리고 대상을 쳐다보고 자신의 신령한 마음을 버리는 것은 흉하며, 뒤집어서 기르는 것도 흉하지만, 다만 하늘이 베풀어주는 것은 받아서 길러야 하는 것이다.

또 진리에 거슬러 기르는 것은 가장 위험한 것으로 자신을 망칠 뿐만 아니라 진리마저 어그러지게 하는 것이다. 자신의 본성에 말미암아 자유(自由)롭게 스스로를 길러야 하는 것이다.

澤風 큰 대　지날 과

택풍대과괘(澤風大過卦)는 내괘 손괘(巽卦, ☴)와 외괘 태괘(兌卦, ☱)로, 연못 속에 나무가 있는 형상이다. 천도(天道)의 변화가 지나가는 것이다.

대과(大過)를 풀이하면, 큰 대(大)는 하늘의 작용으로 신도(神道)를 의미하는 손괘(巽卦)와 만나고, 지날 과(過)에서 와(咼)는 땅에서 살아가는 백성으로 태괘이고, 착(辶)은 가고 멈추는 진리의 작용으로 손괘와 만난다.

대과(大過)는 '크게 지나가다'로, 하늘의 작용인 대(大)가 지나는 것이다. 「괘사」에서는 '대과(大過)는 용마루가 휘어지는 것이니 갈 바가 있음이 이로워서 형통한 것이다'(大過는 棟이 橈니 利有攸往하야 亨하니라)라 하고, 「단사」에서는 '대과는 큰 것이 지나감이고, 용마루가 구부러짐은 본말(本末)이 약한 것이다'(大過는 大者ㅣ 過也오 棟橈는 本末이 弱也라)라 하여, 용마루가 흔들리고 휘어지는 천도(天道)의 변화가 있는 것이다. 「잡괘」에서는 '대과(大過)는 뒤집어지는 것이다'(大過는 顚也라)라 하여, 하늘이 지나가는 것은 뒤집어지는 것으로, 하늘의 심판이 있는 것이다.

「대상사」에서는 '연못이 나무를 멸함이 대과괘(大過卦)이니, 군자가 이로써 홀로 뜻을 세워서 두려워하지 않으며 세상에 숨어서 근심하지 않는 것이다'(澤滅木이 大過니 君子ㅣ 以하야 獨立不懼하며 遯世无悶하나니라)라 하여, 하늘이 지나가는 심판의 때에는 독립(獨立)하고 돈세(遯世)해야 한다. 하늘에 죄를 짓지 않기 위해서는 하늘을 두려워하고 근심해야 하지만, 입지(立志)를 하고 세상에 숨어 있어야 한다.

중천건괘(重天乾卦) 「문언(文言)」에서도 '세상에 바꾸지 않고 이름을 이루려고 하지 않아 세상에 숨어서 근심이 없으며, 옳음을 보지 못해도 근심이 없어서 즐거우면 행동하고 걱정하면 하지 않아서 자신의 마음을 확고하게 하는 것이 잠룡(潛龍)인 것이다'(不易乎世하며 不成乎名하야 遯世无悶하며 不見是而无悶하야 樂則行之하고 憂則違之하야 確乎其不可拔이 潛龍也니라)라 하여, 아직 세상에 나아갈 때가 아닌 돈세무민(遯世无悶)을 밝히고 있다.

「계사하」 제2장에서는 '옛날에 장례는 풀로써 옷을 두텁게 하여 들 가운데 장사지내서 봉분도 하지 않고 나무도 없으며 장례의 기간도 없었더니, 후세 성인이 역(易)으로써 관곽(棺槨)을 사용하니 대개 대과괘(大過卦)에서 취하고'(古之葬者는 厚衣之以薪하야 葬之中野하야 不封不樹하며 喪期ㅣ 无數러니 後世聖人이 易之以棺槨하니 蓋取諸大過하고)라 하여, 대과괘(大過卦)의 원리를 통해 장례문화가 이루어졌음을 밝히고 있다.

「계사하」 제2장은 성통(聖統)에 대한 것으로 대과괘(大過卦)는 공자(孔子)에 해당된다. 『논어』에서는 '공자께서 말씀하시기를 나에게 수년을 더하여 50년을 『주역』을 배우면 가히 큰 허물은 없을 것이다'(子ㅣ 日加我數年하야 五十以學易이면 可以無大過矣리라)라 하여, 대과(大過)를 직접 언급하고 있다.

대과괘의 효사(爻辭)에서는 직접 대과(大過)를 찾을 수 없고, 자용백모(藉用白茅), 과섭멸정(過涉滅頂) 등 상징적인 개념을 밝히고 있다.

자용백모(藉用白茅)는 깔개에 흰 띠풀을 쓰는 것이다. 백모(白茅)의 흰 백(白)은 손괘(巽卦), 띠풀 모(茅)는 진괘(震卦)이기 때문에 풍뢰익괘(風雷益卦)를 의미한다.

「계사상」 제8장에서는 '초육(初六)은 깔개로 흰 띠풀을 쓰는 것이니 허물이 없다고 하였으니, 공자께서 말씀하시기를 진실로 땅에 두어도 되거늘 깔개로 띠풀을 사용하는 것이니 어찌 허물이 있겠는가? 삼가의 지극한 것이라 무릇 띠풀의 물건이 흔하지만 사용은 무거운 것이니, 이 술(術)은 삼가해서 가면 잃을 것이 없는 것이다'(初六藉用白茅니 无咎라하니 子曰苟錯諸地라도 而可矣어늘 藉之用茅하니 何咎之有리오 愼之至也라 夫茅之爲物이 薄而用은 可重也니 愼斯術也하야 以往이면 其无所失矣리라)라 하여, 삼가고 조심하는 모습을 밝히고 있다.

과섭멸정(過涉滅頂)은 지나서 건너고 정수리를 멸하는 것이다. 과(過)는 대과(大過)로 천도(天道)가 변화하여 건너가는 것이고, 멸정(滅頂)은 건도(乾道)를 없애는 것이다. 흉하지만 허물이 없는 것이다.

다음으로 대과(大過)를 선진유학의 경전에서 찾아보면, 『맹자』에서는 '은혜를 베풀어 가면 족히 사해를 보호하고 은혜를 베풀지 못하면 처자식도 보호하지 못하니 옛 사람이 다른 사람에게 크게 지나는 것은 다른 것이 없다. 그 하는 것을 잘 베풀어 간 것 뿐이다'(推恩이면 足以保四海요 不推恩이면 無以保妻子니 古之人이 所以大過人者는 無他焉이라 善推其所爲而已矣라)라 하여, 다른 사람보다 크게 잘하는 것으로 사용하고 있다.

구덩이 감

　중수감괘(重水坎卦)는 내괘와 외괘가 모두 감괘(坎卦, ☵)로, 물이 연거푸 이르는 습감(習坎)이다. 하늘의 어려움이 연거푸 밀려오는 것이다.

　감(坎)을 풀이하면, 흙 토(土)는 땅이지만 여기서는 땅에 흐르는 물로 내괘의 감괘(坎卦)이고, 하품 흠(欠)은 쌀 포(勹)와 사람 인(人)으로 사람을 감싸고 있는 하늘적 의미로 외괘의 감괘로 풀이할 수 있다. 또 흠(欠)에서 포(勹)는 감싸고 있는 외괘 감괘이고, 인(人)은 땅에서 살아가는 내괘 감괘로 설명할 수 있다. 감괘를 세우면(☵), 물 수(水, 氺)의 형상이다.

　「잡괘」에서는 '감(坎)은 아래이다'(坎은 下也라)라 하여, 아래로 내려가는 작용으로 밝히고 있다. 「홍범(洪範)」에서는 '물은 적시고 아래로 내려감이고'(水曰潤下)라 하여, 감괘(坎卦)의 현상적 작용이 물임을 알 수 있다. 또 『정역』에서는 '물의 성품은 나아가 내려가서'(水性은 就下하야)라 하여, 내려가는 것은 수(水)의 성품으로 밝히고 있다.

　감(坎)은 '구덩이'나 '험난'으로, 「서괘상」에서는 '감은 빠짐이니'(坎

者 陷也니)라 하여, 구덩이에 빠지는 것이라 하였다.

「괘사」에서는 '습감(習坎)은 믿음이 있어서 오직 마음이 형통하니'(習坎은 有孚維心亨이니)라 하고, 「단사」에서는 '습감(習坎)은 거듭된 어려움이니, 물이 흘러서 가득차지 않으며 험난이 따르지만 그 믿음을 잃지 않으니'(習坎은 重險也니 水流而不盈하며 行險而不失其信이니)라 하여, 습감(習坎)은 거듭된 험난을 무릅쓰지만 믿음을 잃지 않아서 마음이 형통한 것이다.

또 「단사」에서는 '하늘의 험난은 오를 수 없고, 땅의 험난은 산천(山川)과 구릉(丘陵)이니, 왕과 공은 요새를 설치하여 나라를 지키는 것이니, 험난의 때를 사용함이 위대한 것이다'(天險은 不可升也오 地險은 山川丘陵也니 王公이 設險하야 以守其國하나니 險之時用이 大矣哉라)라 하여, 천·인·지(天人地)의 험난을 밝히고 있다.

험난을 군자가 극복하기 위해서는 「대상사」에서 '물이 연거푸 이르는 것이 습감(習坎)이니, 군자가 이로써 덕행(德行)을 숭상하고 가르치는 일을 익히는 것이다'(水ㅣ 洊至ㅣ 習坎이니 君子ㅣ 以하야 常德行하며 習敎事하나니라)라 하여, 어려울수록 덕을 행하고 성인의 가르침을 익혀야 하는 것이다.

즉, 감(坎)은 어려움·험난(險難)인데, 습감(習坎)으로 하늘이 사람에게 고난을 줄 때 연거푸 주는 것이다. 하늘이 내리는 험난은 오를 수가 없기 때문에 순응(順應)과 자기반성으로 극복하고, 땅이 주는 험난은 자연이 주는 것으로 인화(人和)를 통해 이겨나갈 수 있고, 또 국가 지도자는 험난을 통해 백성과 하나가 되어 그 나라를 지키는 것이다.

감괘의 효사에서는 습감(習坎), 래지감감(來之坎坎), 감불영(坎不盈)의 세 가지 감(坎)을 밝히고 있다.

습감(習坎)은 거듭된 험난으로, 어려운 구덩이에 들어가는 것이다. 대상사에도 나온 것으로 감괘(坎卦)의 괘상(卦象)을 말하는 것이다. 우리의 삶에서 어려움은 연거푸 오는 것이다. 거듭된 어려움으로 험난한 구덩이에 들어가는 것이라 흉한 것이다.

익힐 습(習)은 깃 우(羽)와 흰 백(白)으로, 반복 학습하는 뜻이 있다. 『논어』 첫 문장의 '배우고 시(時)를 익히면'의 '학이시습(學而時習)'에서 습(習)을 새가 날개 짓을 반복해서 날게 되는 것으로 해석하는 것과 같다.

래지감감(來之坎坎)도 옴에 험하고 험함이니, 험난에 머물고 험난에 빠진 것이다. 래(來)는 왕래(往來)로, 사람의 입장에서는 하늘에서 고난이 오는 것이다. 지금 어려움에 처해 있어서 밖으로 무엇을 하려고 하지만 이루지지 않고 있다. 밖으로 나가면 쓸 수가 없고, 마침내 성공도 없는 것이다. 험난이 있을 때는 자신을 돌아보고, 덕(德)을 쌓는 공부를 해야 한다. 감감(坎坎)도 괘상(卦象)의 내외괘(內外卦)이다.

감불영(坎不盈)은 험난이 아직 가득 차지 않은 것이다. 험난이 가득하여 이제 새로운 기쁨으로 나아가야 하는데, 아직은 자신의 인격이 완성되지 않은 것이다. 험난은 가득 차서 때가 되어야 벗어나게 되는 것으로, 모든 일이 성숙되어야 이루지는 것과 같다. 험난 속에 있을 때에는 하늘의 뜻을 헤아려 공평하게 하면 허물이 없는 것이다.

離　离　文
火　佳　内
火

걸릴 리

　　중화이괘(重火離卦)는 내괘와 외괘가 모두 이괘(離卦, ☲)로, 밝음을 거듭 짓는 것이다. 거듭된 밝음이 세상을 비추니, 세상에서 수기치인(修己治人)이 이루어지는 것이다.

　　이(離)를 풀이하면, 새 추(佳)는 하늘의 천문(天文)을 감싸고 있는 짐승의 발자국이니 외괘의 이괘(離卦)이고, 떠날 리(离)는 하늘을 나는 새이니 내괘의 이괘로 풀이할 수 있다. 또 리(离)에서 문(文)은 천문(天文), 인문(人文)으로 외괘 감괘이고, 발자국 유(内)는 땅에서 움직이는 짐승의 발자국으로 내괘 이괘로 설명할 수 있다. 이괘를 세우면(☲), 불 화(火)의 형상이다.

　　「잡괘」에서는 '이(離)는 올라감이고'(離는 上)라 하여, 위로 타오르는 것으로 밝히고 있다. 「홍범(洪範)」에서는 '불은 타고 위로 올라감이고'(火曰炎上)라 하여, 이괘(離卦)의 현상적 작용이 불임을 알 수 있다. 또 『정역』에서는 '화기(火氣)는 타고 위로 올라감이고'(火氣는 炎上하고)라 하여, 타고 위로 올라감은 화(火)의 기운(氣運)으로 밝히고 있다.

이(離)는 일상적으로는 이산(離散), 이산가족(離散家族), 이혼(離婚) 등 떨어지다는 뜻으로 많이 사용하지만, 「단사」에서는 '이(離)는 려(麗)이니 일월(日月)은 하늘에 걸려 있으며, 백곡(百穀)과 초목(草木)은 땅에 걸려 있다'(離는 麗也니 日月이 麗乎天하며 百穀草木이 麗乎土하니)고 하였고, 「서괘상」에서도 직접 '이(離)는 걸리는 것이다'(離者는 麗也라)라 하여, 직접 걸릴 려(麗)로 풀이하고 있다.

또 「단사」에서는 '거듭된 밝음으로 정도에 걸려서 이에 천하를 감화하여 이루게 하는 것이다'(重明으로 以麗乎正하야 乃化成天下하나니라)라 하여, 이괘(離卦)의 밝음으로 정도(正道)를 지키고 세상에 비추어 감화시키는 것이다.

「괘사」에서는 '이(離)는 곧음이 이로운 것이라 형통하니 암소를 기르면 길한 것이다'(離는 利貞이라 亨하니 畜牝牛하면 吉하리라)라 하여, 자신의 내면을 곧게 함이 형통하고 수레를 끄는 소를 기르는 것이 길하다고 하였다. 이정(利貞)은 수기(修己)이고 축빈우(畜牝牛)는 치인(治人)이다.

「대상사」에서는 '밝음이 둘로 지음이 이괘(離卦)이니, 대인이 이로써 밝음을 이어서 사방에 비추는 것이다'(明兩作이 離니 大人이 以하야 繼明하야 照于四方하나니라)라 하여, 수기치인(修己治人)을 밝히고 있다. 즉, 계명(繼明)은 자신의 명덕(明德)을 계승하는 수기(修己)이고, 조우사방(照于四方)은 세상을 바르게 다스리는 치인(治人)의 의미이다.

「계사하」 제2장 첫 번째에서는 '옛날에 복희씨가 천하에 왕도정치를 할 때에 우러러 하늘에 상(象)을 보고 구부러 땅에서 법(法)을 보며, 조수(鳥獸)의 문채와 땅의 마땅함을 보며, 가까이에서는 몸에서 취하고 멀리에서는 만물에서 취하여, 이에 비로소 팔괘(八卦)를 지어서 신명한 덕에 통하며 만물의 정을 분류하니, 결승(結繩)을 지어서 그물을 만들어 육지 사냥과 물고기를 잡으니 대개 이괘(離卦)에서 취하고'(古者包犧氏之王天下也애 仰則觀象於天하고 俯則觀法於地하며 觀鳥獸之文과 與地之宜하며 近取諸身하고 遠取諸物하야 於是애 始作八卦하야 以通神明之德하며 以類萬物之情하니 作結繩而爲網罟하야 以佃以漁하니 蓋取諸離하고)라 하여, 동북아 문명을 연 복희씨(伏羲氏)가 이괘(離卦)에서 뜻을 취하였음을 밝히고 있다.

복희씨는 신명한 덕(德)에 감통하여, 『주역』의 팔괘(八卦)와 육효중괘(六爻重卦), 그리고 하도(河圖)를 지어서 세상에 펼친 것이다. 이통신명지덕(以通神明之德)은 수기(修己)이고, 이류만물지정(以類萬物之情)은 치인(治人)이다.

또 '이전'(以佃)은 육지 사냥을 하는 것이지만 자신의 심전(心田)을 닦는 수기(修己)이고, '이어'(以漁)는 물고기를 사냥하는 것이지만 물고기는 백성을 상징하는 것이기 때문에 치인(治人)의 의미이다.

이괘의 효사에서는 황리(黃離), 일측지리(日昃之離), 이왕공(離王公)의 세 가지 이(離)와 돌여기래여 분여 사여 기여(突如其來如 焚如 死如棄如)를 밝히고 있다.

황리(黃離)는 누런 진리에 걸려 있는 것이다. 황(黃)은 중지곤괘(重地坤卦)에서 '육오는 누런 치마이니 근원적으로 길한 것이다'(六五는 黃裳이니 元吉이리라), '하늘은 가물가물하고 땅은 누렇다'(天玄而地黃)

라 하여, 곤도(坤道)를 상징하는 것이다. 즉, 곤도(坤道)에 근거한 것
으로 중도(中道)를 얻어서 근원적으로 길한 것이다.

일측지리(日昃之離)는 해가 기울어서 걸려있는 것이다. 중천(中天)
의 해가 기울어 서산에 걸려 있는데도 자기 내면의 소리를 듣지 않
으니, 성인이 탄식하는 것이다. 해가 기울어져서 밝음은 곧 사라지
게 되는 것이다.

개인의 삶에서는 죽음이 다가오는 것을 의미하고, 인류 역사
에서는 종말을 상징하는 개념이다.

이왕공(離王公)은 왕과 공에 걸려있는 것이다. 왕(王)은 성인이고,
공(公)은 군자로, 성인·군자지도(聖人君子之道)에 걸려있는 것이다.
구도(求道)의 길에서 눈물과 콧물을 흘리는 것 같이 하고, 근심하고
한탄하는 것 같이 하지만 마침내 성인지도(聖人之道)를 만나게 되는
것이다.

돌여기래여 분여 사여 기여(突如其來如 焚如 死如 棄如)는 돌연히
오는 것 같고, 불에 타는 것 같고, 죽는 것 같고, 버려지는 것 같
은 것이다. 마음속에서 심판을 받는 것이다. 같을 여(如)는 같을
약(若)의 뜻으로, 심성내면에서 나타는 것이다. 부처를 동북아(東
北亞)에서 여래(如來)라고 하는 것은 '진리가 온 것 같다'는 뜻이다.

중산간괘(重山艮卦)에서는 '위태로움이 마음을 태우는 것으로
다'(厲ㅣ 薰心이로다, 危ㅣ 薰心也ㅣ새라)라 하여, 심판의 때는 위태로
움에 훈심(薰心)이 있다. 요즘 표현으로는 스트레스가 극심해져
우울증, 공황장애, 정신분열 등의 정신병이 생기는 것이다. 마

음을 밝고 바르게 쓰고, 담대하게 가지며, 성인의 말씀을 공부해야 한다.

한편 중천건괘(重天乾卦)에서는 '나아가고 물러남에 항상하지 않음이 무리에서 떨어지는 것이 아니다'(進退无恒이 非離群也라)라 하고, 중지곤괘(重地坤卦)에서는 '오히려 아직 그 무리에서 떨어지지 않는 것이라 그러므로 피라고 일컫는 것이니'(猶未離其類也라 故로 稱血焉하니)라 하고, 소과괘(小過卦)는 '나는 새가 떠나가는 것이라 흉하니'(飛鳥離之라 凶하니)라 하여, 떨어질 리(離)로 사용하고 있다.

그런데 「서괘하」에서는 '환괘(渙卦)는 떨어짐이니'(渙者는 離也니)라 하고, 「잡괘(雜卦)」에서는 '환(渙) 떨어짐이고'(渙은 離也오)라 하여, 떨어진다는 뜻의 이(離)는 환괘(渙卦)임을 밝히고 있다. 즉, 중화이괘(重火離卦)에서 리(離)는 걸리 려(麗)와 짝하고, 떨어지다는 뜻은 오히려 환괘(渙卦)가 표상하고 있는 것이다.

제2부 하경(下經)

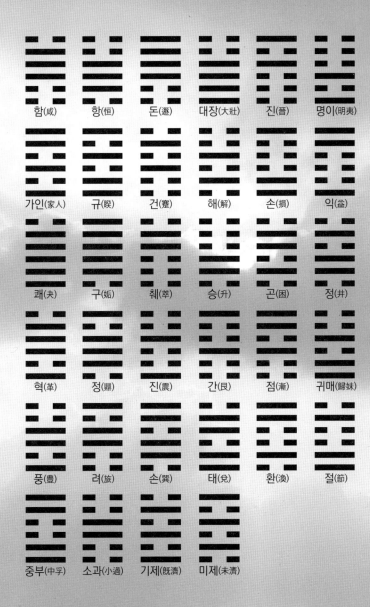

함(咸)	항(恒)	돈(遯)	대장(大壯)	진(晉)	명이(明夷)
가인(家人)	규(睽)	건(蹇)	해(解)	손(損)	익(益)
쾌(夬)	구(姤)	췌(萃)	승(升)	곤(困)	정(井)
혁(革)	정(鼎)	진(震)	간(艮)	점(漸)	귀매(歸妹)
풍(豊)	려(旅)	손(巽)	태(兌)	환(渙)	절(節)
중부(中孚)	소과(小過)	기제(旣濟)	미제(未濟)		

감응할 함

택산함괘(澤山咸卦)는 내괘 간괘(艮卦, ☶)와 외괘 태괘(兌卦, ☱)로, 산 위에 연못이 있는 형상이다. 소남(少男)과 소녀(少女)가 만나서 감응하는 것이다.

함(咸)을 풀이하면, 안에 있는 일(一)은 땅을 상징하기 때문에 백성으로 태괘(兌卦)가 된다면, 창 과(戈)는 팔괘(八卦)에서 이괘(離卦)가 되지만 형상이 간괘(艮卦)로 해석할 수 있다. 함(咸)의 안에 들어 있는 입 구(口)는 태괘가 되고, 삐침 별(丿)은 다스린다는 뜻이다.

함(咸)은 '모두', '두루 미치다'는 뜻이지만, 「단사」에서는 '함(咸)은 감(感)이니'(咸은 感也니)라 하여, 감응이라 하였다. 또 '하늘과 땅이 감응하여 만물이 화생(化生)하고, 성인이 인심(人心)에 감응하여 천하가 화평(和平)하게 되니, 그 감응하는 것을 보면 천지(天地) 만물(萬物)의 뜻을 볼 수 있는 것이다'(天地ㅣ 感而萬物이 化生하고 聖人이 感人心而天下ㅣ 和平하나니 觀其所感而天地萬物之情을 可見矣리라)라 하여, 감(感)으로 풀이하고 있다. 함(咸)을 감(感)이라고 할 때, 함(咸)은 태괘이고, 심(心)은 간괘(艮卦)가 된다.

「대상사」에서는 '산 아래에 연못이 있음이 함괘(咸卦)이니, 군자가 이로써 비우고 사람을 받아들이는 것이다'(山上有澤이 咸이니 君子ㅣ 以하야 虛로 受人하나니라)라 하여, 감응은 자신을 비우고 상대방을 받아들이는 것이다. 「잡괘」에서는 '함은 빠름이고'(咸은 速也오)라 하여, 감응은 생각만 해도, 눈빛만 보아도 통하는 신속(神速)한 것이다.

「괘사」에서는 '함(咸)은 형통하고 곧음이 이로우니 여자를 취하면 길한 것이다'(咸은 亨코 利貞하니 取女면 吉하리라)라 하여, 남자가 여자와 감응하여 취하는 것이라 하였다.

또 「단사」에서는 '부드러움이 위에 있고 강이 아래에 있어서 두 기운이 감응하여 서로 더불고 그치고 기뻐하여 남자가 여자 아래에 있는 것이다'(柔上而剛下하야 二氣感應以相與하고 止而說하야 男下女라)라 하여, 두 기운이 감응하는 것과 남녀(男女)가 만나는 이치를 밝히고 있다.

이기감응(二氣感應)은 철학적으로 매우 중요한 의미를 담고 있다. 이기(二氣)는 음괘(陰卦)인 태괘(兌卦)의 음기(陰氣)와 양괘(陽卦)인 간괘(艮卦)의 양기(陽氣)로, 음양이 감응하고 합덕하는 것을 의미한다. 「설괘」제3장에서는 '산과 연못의 기운이 통하고'(山澤이 通氣하며)라 하여, 간괘와 태괘는 서로 기운이 감응하는 것이다.

「계사하」제6장에서는 '건곤(乾坤)은 역도의 문이구나, 건은 양물(陽物)이고 곤은 음물(陰物)이니 음양이 합덕하여 강유(剛柔)의 본체가 있는 것이다'(子曰乾坤은 其易之門邪ㄴ뎌 乾은 陽物也오 坤은 陰物也니 陰陽이 合德하야 而剛柔ㅣ 有體라)라 하여, 음양이 합덕(合德)하는 것은 건곤(乾坤)의 합덕임을 알 수 있다. 건곤(乾坤)은 천지(天地)의 합덕이며, 사람은 땅에 속하기 때문에 천인감응(天人感應)으로 이해할 수 있다.

특히 '남하녀'(男下女)를 천·인·지(天人地) 차원에서 해석할 수 있다. 땅(현상적)의 입장에서는 남자가 여자에게 구혼하는 행위로 이해할 수 있다. 남녀가 교제를 할 때 남자가 여자에게 데이트도 신청하고, 결혼할 때 청혼서도 보내는 것을 떠올리면 된다.

사람(철학)의 입장에서는 남자는 성인(聖人)을, 여자는 군자(君子)를 의미하기 때문에 성인이 군자의 심성(心性) 내면에 내려와 감응하는 것이다. 또 남자는 군자(君子)를 여자는 백성(百姓)을 상징하기 때문에 지도자인 군자가 백성들 속에 들어가 서로 감응하는 것이다.

하늘(종교) 입장에서는 남자는 하느님의 세계이고 여자는 인간의 세계이다. 하늘과 사람이 감응하는 것이다. 사람이 진리(易道)의 문을 열려고 애쓰고 있지만, 하늘이 내려와야 열리는 것이다. 하늘이 문을 열어 주어야(하느님이 인간세계에 내려와야) 진리에 감응할 수 있는 것이다.

「서괘하(序卦下)」에서는 '부부의 도는 오래하지 않으면 안 되는 것이다'(夫婦之道ㅣ 不可以不久也라)라 하여, 함괘를 부부지도(夫婦之道)로 밝히고 있다. 함(咸)은 부부(夫婦)가 감응(感應)하여 합덕하는 이치를 담고 있는 것이다.

『중용』에서는 '군자의 도는 부부에서 실마리가 지어지니 그 지극함에 미쳐서는 하늘과 땅에서 살피는 것이다'(君子之道는 造端乎夫

婦니 及其至也하야는 察乎天地니라)라 하여, 군자지도는 부부(夫婦)가 천지(天地) 합덕(合德)의 단서가 되는 것이다. 『맹자』에서는 '남편과 아내는 분별이 있고'(夫婦有別)라 하여, 인격적 만남인 부부(夫婦)의 분별을 밝히고 있다.

함괘의 효사(爻辭)에서는 함기무(咸其拇), 함기비(咸其腓), 함기고(咸其股), 함기매(咸其脢), 함기보협설(咸其輔頰舌)의 다섯 가지 함(咸)을 밝히고 있다.

함기무(咸其拇)는 엄지손가락에 감응하는 것이다. 엄지손가락 무(拇)는 손 수(扌)와 어미 모(母)로, 초효(初爻)에서 처음으로 감응하는 것을 말한다. 무(拇)를 엄지발가락으로 해석하기도 하는데, 이는 이효(二爻)에서 장딴지 비(腓)가 나와서 아래에서 위로 올라가는 것이다. 처음 사랑하는 사람과는 손을 잡게 되고, 또는 발가락으로 서로 신호를 보내는 것을 생각하면 된다. 엄지손가락에 감응하는 것은 뜻이 밖에 있는 것이다.

함기비(咸其腓)는 다리 장딴지에 감응하는 것으로, 흉(凶)한 것이다. 비(腓)는 고기 육(肉)과 아닐 비(非)로, 종아리에 붙어 있는 살이다. 자기가 움직이는 것이 아니라 다리가 움직이는 데로 따라가는 것이다. 그래서 장딴지의 욕망을 쫓아가면 흉하지만, 성인의 말씀을 따르면 해(害)가 없는 것이다.

함기고(咸其股)는 허벅지 안쪽에 감응하는 것으로, 넓적다리 고(股)는 허벅지 안쪽의 생식기가 있는 곳을 의미한다. 「설괘」 제9장에서는 '손괘는 고(股)가 되고'(巽爲股)라 하여, 고(股)는 손괘(巽卦)를 상징한다. 고(股)는 손괘로 신도(神道)이기 때문에 육체적인 관계를 넘어서서 하늘의 신도(神道)와 감응하는 것이다. 또 고(股)는 생식기의 욕망을 따라 형이하(形而下)의 세계를 잡고 있기 때문에 인색하게 된다.

함기매(咸其脢)는 등에 감응하는 것으로, 포용하는 것이다. 등심 매(脢)는 등으로 전체적으로 감응하는 것이다. 서로가 좋아서 포용하기 때문에 후회가 없는 것이다.

함기보협설(咸其輔頰舌)은 뺨과 혀에 감응하는 것으로, 서로의 사랑이 깊어지는 것이다. 도울 보(輔)는 서로서로 돕는 것이고, 뺨 협(頰)은 큰 대(大)와 두 사람(人人) 그리고 머리 혈(頁)로, 두 사람이 머리를 맞대고 볼을 비비는 것이다. 여기서 설(舌)은 설왕설래(舌往舌來)로, 혀가 왔다갔다하는 것이고, 설왕설래(說往說來)의 뜻도 있다. 세상 사람들의 입에서 오르내리는 것은 구설(口說)이자 공인(公認)된 것이다.

「계사하」제5장에서는 『주역』에서 말하기를 그리워하고 그리워하여 가고 오면 벗이 너의 생각을 쫓을 것이라 하니, 공자께서 말씀하시기를 천하가 무엇을 생각하고 무엇을 근심하겠는가? 천하는 돌아감은 같으나 길은 다르며, 이치는 하나이나 생각은 백 가지이니, 천하가 무엇을 생각하고 무엇을 근심하겠는가? 해가 가면 달이 오고 달이 가면 해가 와서 해와 달이 서로 밀어서 밝음이 생기며, 추위가 가면 더위가 오고 더위가 가면 추위가 와서 추위와 더위가 서로 밀어서 해가 이루어지니, 가는(往) 것은 굽히는 것이고 오는(來)

것은 펴는 것이니, 굽힘과 폄이 서로 감응하여 이로움이 생기는 것이다'(易日憧憧往來면 朋從爾思라하니 子日天下ㅣ 何思何慮리오 天下ㅣ 同歸而殊塗하며 一致而百慮니 天下ㅣ 何思何慮리오 日往則月來하고 月往則日來하야 日月이 相推而明生焉하며 寒往則暑來하고 暑往則寒來하야 寒暑ㅣ 相推而歲成焉하니 往者는 屈也오 來者는 信也니 屈信이 相感而利生焉하니라)라 하여, 함괘(咸卦) 사효(四爻)를 인용하고 있다.

마음을 애태우는 작용으로 논한 왕래(往來)는 인간의 마음 작용임을 밝힌 것이며, 두 번째 일월(日月)의 작용으로 논한 것은 일월의 왕래 작용과 인간의 관계를 밝힌 것으로 일월의 왕래에 의해 밝음(明德)이 생기는 것이다. 세 번째 한서(寒暑)의 왕래 작용에 의해 해(歲)가 생긴다고 한 것은 왕래 작용이 심판의 의미를 가진다는 것이다.

또한 중천건괘(重天乾卦)에서는 '온갖 물건에서 머리가 나옴에 모든 나라가 모두 안녕한 것이다'(首出庶物에 萬國이 咸寧하나니라)라 하고, 중지곤괘(重地坤卦)에서는 '넓음을 머금고 대(大)를 빛나게 하여 온갖 물건들이 모두 형통한 것이다'(含弘光大하야 品物이 咸亨하나니라)라 하여, 함녕(咸寧)과 함형(咸亨)으로 사용하고 있다.

다음으로 함(咸)을 선진유학의 경전에서 찾아보면, 『서경』에서는 '함유일덕(咸有一德)'이라는 편명이 있고, 또 '진실로 백공(百工)을 다스리고 여러 공적(功績)이 모두 빛나게 되리라'(允釐百工, 庶績咸熙)라 하고, '여러 가지를 모두 받아들여 널리 편다면, 아홉 가지 덕을 모두 섬기며'(翕受敷施, 九德咸事)라 하여, 모두 함(咸)으로 사용하고 있다.

항상 항

　뇌풍항괘(雷風恒卦)는 내괘 손괘(巽卦, ☴)와 외괘 진괘(震卦, ☳)로, 우레와 바람이 있는 형상이다. 항구(恒久)한 성인지도(聖人之道)를 의미한다.

　항(恒)을 풀이하면, 마음 심(忄)은 심(心)으로 화(灬)의 네 점 주가 모인 것이다. 진(震)과 뢰(雷)의 위에 있는 우(雨)에서 네 개의 점 주(丶)와 만나고, 아침 단(旦)은 해가 돋는 고요한 아침으로 신도(神道)의 손괘(巽卦)와 만난다. 또 한 일(一)과 단(旦)으로 보면, 일(一)은 유일무이(唯一無二)한 성인지도(聖人之道)를 상징하여 진괘(震卦)가 된다.

　항(恒)은 '항상', '언제나', '늘'의 뜻이지만, 「단사」에서는 '항(恒)은 구(久)이니'(恒은 久也니)라 하여, 오래다는 항구(恒久)임을 알 수 있다. 「서괘하」에서도 '항(恒)은 구(久)이니'(恒者는 久也니)라 하고, 「잡괘」에서도 '항(恒)은 구(久)이다'(恒은 久也라)라 하였다.

　「괘사」에서는 '항(恒)은 형통하여 허물이 없고 곧음이 이로우니 갈 바가 있음이 이로운 것이다'(恒은 亨하야 无咎코 利貞하니 利有攸往하니라)라 하여, 항구(恒久)한 성인지도는 형통하고 실천하면 이로운 것이다.

또 「단사」에서는 '천지(天地)의 도는 항구(恒久)하고 그치지 않는 것이다. 갈 바가 있음이 이로운 것은 마치면 곧 시작이기 때문이다. 일월(日月)이 하늘을 얻어서 능히 오래 비추고, 사시(四時)가 변화하여 능히 오래 이루고, 성인이 그 도(道)에 오래하여 세상이 감화되어 완성되니, 그 항(恒)하는 것을 보면 천지와 만물의 뜻을 가히 볼 수 있는 것이다'(天地之道ㅣ 恒久而不已也니라 利有攸往은 終則有始也ㅣ새니라 日月이 得天而能久照하며 四時ㅣ 變化而能久成하며 聖人이 久於其道而天下ㅣ 化成하나니 觀其所恒而天地萬物之情을 可見矣리라)라 하여, 진리는 종시(終始)이고, 이것이 천지(天地)·일월(日月)·사시(四時)·성인(聖人)의 네 가지 항구함으로 드러나는 것이다.

항(恒)은 항구(恒久)한 성인지도(聖人之道)이고, 자신의 본성에 항상(恒常)하는 것이다. 덕(德)에 항상하기 위해서는 성인지도에 뜻을 세웠으면 방소를 바꾸지 않는 '입불역방'(立不易方)을 해야 한다.

「계사하」 제7장에서는 '항(恒)은 덕의 한결같음이고, …… 항은 섞여 있지만 싫어하지 않고, …… 항으로써 덕을 하나로 하고'(恒은 德之固也오 …… 恒은 雜而不厭하고 …… 恒以一德코)라 하여, 항구한 성인지도의 공능(功能)을 밝히고 있다.

특히 항(恒)은 『정역(正易)』의 저자인 일부(一夫) 김항(金恒)이 천지(天地)의 오묘한 진리를 깨우치고 스스로 바꾼 이름이다. 처음 이름은 재일(在一)이었다.

항괘의 효사(爻辭)에서는 준항(浚恒), 불항기덕(不恒其德), 항기덕(恒

其德), 진항(振恒)의 네 가지 항(恒)을 밝히고 있다.

준항(浚恒)은 항도(恒道)에 깊이 하는 것으로, 바르게 하더라도 흉한 것이다. 준항(浚恒)은 처음부터 깊은 자리를 구하기 때문에 이로운 것이 없는 것이다. 성학(聖學)에 뜻을 두었으면 차근차근 한걸음씩 배워가야 하는데, 처음부터 너무 깊은 진리의 세계를 구하면 안되고, 알 수도 없는 것이다. 세상의 일도 하나씩 배워나가야 하는데, 하물며 진리를 배우는데 있어서는 기초를 튼튼히 해야 한다.

불항기덕(不恒其德)은 그 덕에 항구하지 않는 것이다. 덕에 항구하지 않고, 혹이 계승한 것으로 부끄러운 것이다. 덕에 항구하지 않는 것은 용납(容納)할 것이 없기 때문에 바르더라도 인색한 것이다.

항기덕(恒其德)은 그 덕에 항구(恒久)하는 것으로, 곧은 군자의 길이다. 또 항기덕(恒其德)은 성인지도(聖人之道)와 하나가 되는 것이다. 부인(婦人, 아내)은 하나의 진리를 좇아서 마치는 것이 길(吉)하고, 부자(夫子, 남편)는 성인의 말씀에 항구하여 정의(正義)를 제정해야 하는데, 부인(婦人)의 뒤를 따르면 흉(凶)한 것이다.

진항(振恒)은 항구한 덕을 떨치는 것으로, 흉한 것이다. 떨칠 진(振)은 손 수(扌)와 별 진(辰)으로, 손으로 별을 헤아리는 것이다. 상효(上爻)에서는 내면으로 다시 돌아가야 하는데 떨쳐 일어나는 것이다. 진(振)이 시위(時位)에 따라 다른 것으로, 고괘(蠱卦)에서는 '백성을 떨쳐 일으키고 덕을 기르는 것이다'(振民育德)라 하였다.

또한 예괘(豫卦)에서는 '육오(六五)는 곧아서 질병이 있으나, 항도(恒道)는 죽지 않는다'(六五는 貞호대 疾하나 恒不死로다)라 하여, 항구(恒久)

한 성인지도(聖人之道)는 영원함을 밝히고 있다.

다음으로 항(恒)을 선진유학의 경전에서 찾아보면, 『서경』에서는 '위대한 상제께서 아래의 백성에게 올바름을 내리시어 항성(恒性)이 있게 하셨다'(惟皇上帝, 降衷于下民, 若有恒性)라 하여, 상제께서 사람들의 마음에 항성(恒性)이 있게 한 것이다.

『맹자』에서는 '항상된 재산이 없지만 항상된 마음이 있는 사람은 오직 선비가 할 수 있거니와 만약 사람들은 항산(恒産)이 없으면 인하여 항심(恒心)이 없는 것이니'(曰無恒産而有恒心者는 惟士爲能이어니와 若民則無恒産이면 因無恒心이니)라 하여, 항산(恒産)과 항심(恒心)을 밝히고 있다.

또 '인자(仁者)는 사람을 사랑하고, 예가 있는 사람은 사람을 공경하는 것이니, 사람을 사랑하는 사람은 사람들이 항상 사랑하고 사람을 공경하는 사람은 사람들이 항상 공경하는 것이다'(仁者는 愛人하고 有禮者는 敬人하나니 愛人者는 人恒愛之하고 敬人者는 人恒敬之니라)라 하여, 항애(恒愛)와 항경(恒敬)을 논하고 있다.

물러날 돈

  천산돈괘(天山遯卦)는 내괘 간괘(艮卦, ☶)와 외괘 건괘(乾卦, ☰)로, 하늘 아래에 산이 있는 형상이다. 진리에 뜻을 두고 세상의 욕망에서 물러나 숨어 있는 것이다.

  돈(遯)을 풀이하면, 달 월(月)은 일월(日月)의 작용이니 건괘(乾卦)이고, 돼지 시(豕)는 중남(中男)인 감괘(坎卦)가 되지만, 소남(少男)이 간괘(艮卦)와 서로 만나게 된다. 또 착(辶)은 착(辵)으로 위의 터럭 삼(彡)은 그대로 건괘의 형상이고, 아래의 그칠 지(止)는 간괘가 된다.

  돈(遯)은 '달아나다', '숨다'는 뜻으로, 「서괘하」에서는 '돈(遯)은 물러남이니'(遯者는 退也니)라 하고, 「잡괘」에서도 '돈(遯)하면 물러남이다'(遯則退也라)라 하였다. 돈(遯)은 중천건괘(重天乾卦)와 택풍대과괘(澤風大過卦)의 '돈세무민'(遯世无悶)으로, 세상이 어지럽고 아직 진리가 드러나지 않는 시절에는 물러나 숨어서 살아가는 것을 의미한다.

  「대상사」에서는 '하늘 아래에 산이 있음이 돈괘(遯卦)이니, 군자가 이로써 소인을 멀리하되 미워하지 않고 엄하게 하는 것이다'(天下有山이 遯이니 君子ㅣ 以하야 遠小人하되 不惡而嚴하나니라)라 하여, 돈(遯)은 단순히 세상에서 숨는 것이 아니라, 이 세상에 살아가지만 소인지도(小人之道)를 멀리하고 성인지학(聖人之學)을 공부하는 것이다.

마음에서 돈세(遯世)하는 것이다. '죄(罪)는 미워하되 사람은 미워하지 말라'는 속담처럼, 탐욕에 따른 언행(言行)을 미워하고 경계하지만, 그 사람에 대해서는 엄히 하는 것에서 그치는 것이다.

「괘사」에서는 '돈(遯)은 형통하니 이정(利貞)이 작은 것이다(遯은 亨이니 小利貞하니라)'라 하여, 마음에서 돈세(遯世)하는 것은 형통한 것이다.

돈괘의 효사(爻辭)에서는 돈미(遯尾), 계돈(係遯), 호돈(好遯), 가돈(嘉遯), 비돈(肥遯)의 다섯 가지 돈(遯)을 밝히고 있다.

돈미(遯尾)는 몸과 마음이 모두 물러나야 하는데 꼬리만 감추는 것이다. 꼬리만 물러나는 것은 위태로운 것으로 무엇을 하려고 하지 말아야 한다. 만약에 무엇을 하려고 하면 어찌 재앙이 없겠는가? 물러나 감춰야 하는데, 아직 세상의 욕망에 미련을 버리지 못한 것이다. 꼬리만 감추고 몸과 마음은 세상에 두고 있다.

계돈(係遯)은 돈(遯)에 걸려 있는 것으로, 물러나서 숨어야 한다고 하면서 아직 물러나지 않고 있는 것이다. 지금 내가 하는 일을 버리고, 세상에서 숨어야 하는 것이다. 돈(遯)에 걸려 있는 것은 위태롭고 마음이 고달픈 것이다. 물러날 마음이 있으면, 군자지도(君子之道)를 기르는 것이 길한 것이다.

호돈(好遯)은 좋아서 물러나는 것으로, 군자는 길(吉)한 것이다. 군자는 돈세(遯世)를 좋아하지만, 소인은 비색(否塞)된 것이다. 군자는 세상에 진리가 행해지지 않음을 알고 뜻을 세워서 마음에서 돈세하는 것이다. 반면에 소인은 자신의 몸을 깨끗하게 하고자 하면서 사람이 살아가야 하는 인륜(人倫)을 버리고 숨는 것이다.

가돈(嘉遯)은 아름다운 물러남으로, 곧아서 길한 것이다. 물러남을 알아서 자신의 뜻을 바르게 하는 것이다. 뜻을 바르게 하여 성학(聖學)을 배우기 위해 물러나 숨는 것이다. 이는 영혼을 아름답게 하는 것이다.

비돈(肥遯)은 살찐 물러남으로, 이롭지 않은 것이 없다. 의심이 없이 당당하게 물러나는 것은 자신을 살찌우는 것이다. 살찔 비(肥)는 고기 육(肉)과 파(巴)로, 내 육신(肉身)을 살찌우는 것이다. 상구(上九)의 비돈(肥遯)은 영혼의 아름다움이 밖으로 드러나 몸을 윤택하게 하는 것이다.

중천건괘 문언에서는 '공자께서 말씀하시기를 용덕(龍德)이 숨어 있는 것이니, 세상에 바꾸지 않고 이름을 이루려고 하지 않아 세상에 숨어서 근심이 없으며, 옳음을 보지 못해도 근심이 없어서 즐거우면 행동하고 걱정하면 하지 않아서 자신의 마음을 확고하게 하는 것이 잠룡(潛龍)인 것이다'(子ㅣ 日龍德而隱者也니 不易乎世하며 不成乎名하야 遯世无悶하며 不見是而无悶하야 樂則行之하고 憂則違之하야 確乎其不可拔이 潛龍也니라)라 하고, 대과괘(大過卦)에서는 '군자가 이로써 홀로 뜻을 세워서 두려워하지 않으며 세상에 숨어서 근심하지 않는 것이다'(君子ㅣ 以하야 獨立不懼하며 遯世无悶하나니라)라 하여, 돈세무민(遯世无悶)하는 군자의 모습을 밝히고 있다.

다음으로 돈(遯)을 선진유학의 경전에서 찾아보면, 『서경』에서는 '이미 거친 들판에 물러나 숨고, 황하로 들어가 사는 것이다'(旣乃遯于荒野, 入宅于河), '사람들이 스스로 선왕에게 드리고, 나는 물러난 행동을 돌아보지 않는다'(人自獻于先王, 我不顧行遯)라 하여, 물러남으로 밝히고 있다.

『중용』에서는 '군자는 중용(中庸)에 의거하여 세상에서 물러나 지혜를 보지 않아도 후회하지 않으니 오직 성인이어야 할 수 있는 것이다'(君子ㅣ 依乎中庸하야 遯世不見知而不悔하나니 唯聖者아 能之니라)라 하여, 돈세(遯世)하는 군자를 논하고 있다.

䷡ 雷 天 大壯 壯 大 爿 士

큰대　　씩씩할 장

　뇌천대장괘(雷天大壯卦)는 내괘 건괘(乾卦, ☰)와 외괘 진괘(震卦, ☳)로, 하늘 위에 우레가 있는 형상이다. 건도(乾道)가 씩씩하게 자라는 것이다.

　대장(大壯)을 풀이하면, 큰 대(大)는 그대로 하늘의 위대함이니 건괘(乾卦)이고, 씩씩할 장(壯)은 기상이 굳센 것으로 성인지도(聖人之道)를 상징하여 진괘(震卦)와 만나게 된다. 또 장(壯)에서 나무 조각 장(爿)은 신도(神道)인 손괘(巽卦)를 상징하여 그 짝이 되는 진괘가 되고, 선비 사(士)는 십(十)을 받들고 사는 존재이니 건괘가 된다.

　대장(大壯)에서 장(壯)은 '장하다', '굳세다', '씩씩하다'의 뜻으로, '크게 굳세다'이다. 즉, 하늘의 뜻이 굳세다는 것과 하늘의 뜻이 바르게 된다는 의미이다.

　「괘사」에서는 '대장(大壯)은 이정(利貞)한 것이다'(大壯은 利貞하니라)라 하고, 「단사」에서는 '대장(大壯)은 대(大)가 건장한 것이니, 강(剛)이 움직이는 까닭으로 씩씩하니, 대장(大壯)이 이롭고 곧음은 대(大)가 바름이니, 정대(正大)하여 하늘과 땅의 정(情)을 볼 수 있는 것이다'(大壯은 大者ㅣ 壯也니 剛以動故로 壯하니 大壯利貞은 大者ㅣ 正也니 正大而天地之情을 可見矣리라)라 하여, 하늘의 뜻이 바르기 때문에 천지(天地)의 뜻을 볼 수 있는 것이 대장괘(大壯卦)이다. 「잡괘」에서는 '크게 군세면 그치고'(大壯則止오)라 하였다.

「대상사」에서는 '우뢰가 하늘 위에 있음이 대장괘(大壯卦)이니, 군자가 이로써 예가 아니면 밟지 않는 것이다'(雷在天上이 大壯이니 君子ㅣ 以하야 非禮弗履하나니라)라 하여, 하늘에서 우레가 치면 자기를 크게 군세게 하기 위해서는 '비례불리'(非禮弗履)를 해야 한다. 리(履)는 천택이괘(天澤履卦)이다.

「계사하」 제2장에서는 '상고(上古)에는 동굴과 들에서 거쳐하였는데, 후세(後世)의 성인이 궁실(宮室)로 바꾸어서 용마루를 위로 짓고 서까래를 밑으로 내려 지붕을 만들어 바람과 비를 기다리니 대게 대장괘에서 취하고'(上古앤 穴居而野處러니 後世聖人이 易之以宮室하야 上棟下宇하야 以待風雨하니 蓋取諸大壯하고)라 하여, 주공(周公)이 대장괘(大壯卦)의 이치를 취하여 인류에게 문화를 열어준 것이다.

대장괘의 효사(爻辭)에서는 장우지(壯于趾), 용장(用壯), 장우대여지복(壯于大輿之輹)의 세 가지 장(壯)을 밝히고 있다.

장우지(壯于趾)는 발에서 군센 것이다. 발 지(趾)는 발 족(足)과 그칠 지(止)로, 진괘(震卦)와 군자(君子)를 상징한다. 초구(初九)에서부터 성인군자지도(聖人君子之道)를 군세게 하지만 믿음이 곤궁하여 흉(凶)한 것이다. 진리에 대한 믿음이 바탕이 되어야 성학(聖學)을 바르게 배울 수 있는 것이다.

쾌괘(夬卦)에서는 '초구는 앞발에서 굳셈이니 가서 이기지 못하면 허물이 되는 것이다'(初九는 壯于前趾니 往하야 不勝이면 爲咎리라)라 하여, 성인지도(聖人之道)를 실천하지 못하면 허물이 되는 것이다. 전지(前趾)는 앞에서 진리를 밝힌 선성인(先聖人)을 상징한다.

용장(用壯)은 굳셈을 쓰는 것으로, 곧게 하더라도 위태로운 것이다. 구삼효에서는 '소인은 씩씩함을 쓰고 군자는 없음을 쓰니, 곧아도 위태로우니 숫양이 울타리에 부딪쳐 그 뿔을 상하는 것이다'(九三은 小人은 用壯이오 君子는 用罔이니 貞이라도 厲하니 羝羊이 觸藩하야 羸其角이로다)라 하여, 소인이 씩씩함을 쓰는 어지러운 세상을 밝히고 있다.

여기서 숫양인 저양(羝羊)은 길들여지지 않은 거친 양으로, 아직 진리에 대해 알지 못하는 씩씩하고 강인한 남성을 의미한다. 울타리 번(藩)은 풀 초(艹)와 물 수(氵) 그리고 차례 번(番)으로, 성인지도(聖人之道)를 상징하고, 뿔 각(角)은 각성(角星)으로 본성(本性)을 의미한다. 사람들이 성인(聖人)의 말씀을 알지 못하고 오히려 부딪치면서 세상을 살아가기 때문에 자신의 본성을 상하게 되는 것이다.

장우대여지복(壯于大輿之輹)은 큰 수레의 바퀴에서 굳센 것이다. 군자가 백성을 태우는 수레를 튼튼하게 하는 것이다. 대여(大輿)는 곤괘(坤卦)가 되기 때문에 곤도(坤道)를 굳세게 실천하는 것이다. 또 마음의 울타리를 과감하게 결단하여 세상에 진리를 실천하는 것이다.

한편 장(壯)에 대해 쾌괘(夬卦)에서는 '구삼(九三)은 광대뼈에서 씩

씩하여 흉(凶)하고'(九三은 壯于頄하야 有凶코)라 하여, 내면에서 씩씩
해야 하는데, 얼굴이 울그락불그락하여 흉하다고 하였다.

명이괘(明夷卦)에서는 '육이(六二)는 밝음이 상함에 왼쪽 허벅지에
서 상하니 도움을 씀에 말이 씩씩하면 길(吉)한 것이다'(六二는 明夷에
夷于左股니 用拯馬壯하면 吉하리라)라 하여, 건도(乾道)를 상징하는 말이
씩씩하면 길하다고 하였다.

다음으로 장(壯)을 선진유학의 경전에서 찾아보면,『논어』에서는
'그 장성함에 미쳐서 혈기(血氣)가 바야흐로 강한 것이라 경계하는
것이 싸움에 있고'(及其壯也하야 血氣ㅣ 方剛이라 戒之在鬪오)라 하여, 장
성(壯盛)한 어른으로 논하고 있다.

나아갈 진

  화지진괘(火地晉卦)는 내괘 곤괘(坤卦, ☷)와 외괘 이괘(離卦, ☲)로, 밝음이 땅 위로 나오는 형상이다. 진괘(晉卦)는 군자가 천명(天命)을 받아서 마음속에 진리를 밝히는 것이다.

  진(晉)을 풀이하면, 아래의 날 일(日)은 이괘(離卦)로 곤괘(坤卦)가 되고, 위에 있는 두 이(二)와 나 사(厶) 두 개의 모습은 이괘(離卦)의 형상(☲)이다. 또 위의 두 이(二)는 천지(天地), 건곤(乾坤)으로 이괘와 만나고, 나 사(厶)는 땅에 실존하는 나이기에 곤괘로 풀이할 수 있다.

  진(晉)은 '나아가다', '밝다'는 뜻으로, 그 형상에 따라서는 사람의 눈을 닮았다 하여, 눈깔 진(晉)으로 부르기도 한다. 「단사」에서는 '진은 나아감이니'(晉은 進也니)라 하고, 「서괘하」에서는 '진(晉)은 나아가는 것이니'(晉者는 進也니)라 하여, 나아감으로 밝히고 있다.

  또 「단사」에서는 '밝음이 땅 위로 나와서 순응하고 대명(大明)에 걸리고, 유(柔)가 나아가서 위로 행하는 것이다'(明出地上하야 順而麗乎大明하고 柔進而上行이라)라 하여, 세상에 밝음이 드러나는 것이다. 대명(大明)인 하늘의 밝음에 의지하여, 사람들이 형이상의 진리로 나아가는 것이다. 「잡괘」에서는 '진(晉)은 낮이고'(晉은 晝也오)라 하여, 땅 위로 해가 떠오르니 밝은 대낮인 것이다.

「대상사」에서는 '밝음이 땅 위로 나옴이 진괘(晉卦)이니, 군자가 이로써 스스로 밝은 덕을 밝히는 것이다'(明出地上이 晉이니 君子ㅣ 以하야 自昭明德하나니라)라 하여, 천도(天道)가 내재화 된 본성의 명덕(明德)을 소소명명하게 밝히는 '자소명덕'(自昭明德)을 하는 것이다.

『대학』에서는 '밝은 덕을 밝히는데 있다'(在明明德)라 하고, 「계사상」 제2장에서는 '신명지덕'(神明之德)이라 하고, 『정역』에서는 '일월지덕'(日月之德)이라 하여, 하늘의 신명지덕(神明之德)과 사람의 본성인 명덕(明德)이 하나임을 밝히고 있다.

또 『정역』에서는 '홀 5를 귀공(歸空)하면 55점 하도가 소소(昭昭)하고'(單五를 歸空하면 五十五點昭昭하고)라 하여, 밝을 소(昭)는 '소소영령'(昭昭靈靈)한 뜻을 가지고 있다.

진괘(晉卦)의 효사에서는 진여최여(晉如摧如), 진여수여(晉如愁如), 진여석서(晉如鼫鼠), 진기각(晉其角)의 네 가지 진(晉)을 밝히고 있다.

진여최여(晉如摧如)는 나아가는 것 같고 꺾이는 것 같은 것이다. 꺾을 최(摧)는 손 수(扌)와 높을 최(崔)로 '누르다', '억압하다'는 뜻이다. 초효(初爻)의 나아가는 것 같다가도 눌러서 나아가지 않음은 홀로 정도(正道)를 행하는 것이다.

아직 천명(天命)을 받지 못하였기 때문에 진리에 대한 믿음이 부족하여 머뭇거리는 상황이다. 이럴 때에 마음에 여유(餘裕)를 가지고 있으면, 허물은 없는 것이다. 같을 여(如)는 『주역』에서 매우 중요한 개념으로, 진리와 같은 것이고, 진리에 나아가는 것 같은 것이다.

진여수여(晉如愁如)는 나아가는 것 같고 근심하는 것 같은 것이다. 시름 수(愁)는 가을 추(秋)와 마음 심(心)으로, 추상(秋霜)의 심판이 다가오는 것을 근심하는 것이다. 하늘의 심판을 생각하면서 나아갈 것인지를 근심하기 때문에 정도(貞道)이면 길한 것이다. 또 중정지도(中正之道)를 쓰기 때문에 왕모(王母, 성인)에게 큰 복을 받게 되는 것이다.

진여석서(晉如鼫鼠)는 나아가는 것이 날다람쥐 같은 것이다. 날다람쥐는 나무를 옮겨가기 때문에 위태로운 것이다. 석서(鼫鼠)는 간괘(艮卦)로 군자를 상징한다. 사효(四爻)에 양효(陽爻)가 온 것은 자리가 정당(正當)하지 않아서 위태로운 것이다.

진기각(晉其角)은 그 뿔에 나아가는 것으로, 아직 진리가 밝게 빛나지 않기 때문에 자신의 집착된 마음을 버려야 한다. 뿔 각(角)은 동물의 머리 위에 있는 것으로, 세속적 욕망을 상징한다. 각(角)이 28수(宿)에서 동방의 각성(角星)을 의미할 때는 천문(天文)을 드러내는 자리로 쓰이기도 한다.

明夷 夷 月
밝을 명 상할 이

地 火 明夷 夷明 月日

지화명이괘(地火明夷卦)는 내괘 이괘(離卦, ☲)와 외괘 곤괘(坤卦, ☷)로, 밝음이 땅 속으로 들어가는 형상이다. 명이(明夷)는 해가 다시 땅으로 들어가는 것이다. 해가 오르는 것은 세상에 진리를 비추는 것이고, 땅으로 들어가는 것은 진리를 잃어버리는 것이다.

명이(明夷)를 풀이하면, 밝을 명(明)은 일월(日月)의 이치에서 일(日)은 이괘(離卦)가 되고, 상 할 이(夷)는 큰 대(大)와 활 궁(弓)으로 형상이 곤괘(坤卦)와 닮아 있다. 또 명(明)은 날 일(日)과 달 월(月)로 이괘와 감괘(坎卦)인데, 감괘는 땅에 흐르는 물로 곤괘와 만나는 것이다. 이(夷)에서 궁(弓)은 월(月)과 닮아 있어서 곤괘에, 대(大)는 하늘의 위대함으로 일(日)에 대응하면 이괘로 설명할 수 있다.

「서괘하」에서는 직접 '이(夷)는 상(傷)하는 것이니, 밖에서 부상을 입은 사람은 반드시 집으로 돌아오는 것이다'(夷者는 傷也니 傷於外者ㅣ 必反其家라)라 하여, 명이(明夷)는 밝음이 상하는 것이다. 진괘(晉卦)의 자소명덕(自昭明德)이 상한 것이다.

「잡괘」에서는 '명이(明夷)는 베는 것이다'(明夷는 誅也라)라 하여, 밝음이 죽는다는 뜻으로 밝히고 있다. 밝음이 땅 속으로 들어가는 것이니, 죽음의 의미인 것이다. 이(夷)를 동이(東夷)라 하고, '오랑캐 이'나 큰 활을 쓰는 '동방 이' 등으로 쓰인다.

「단사」에서는 '밝음이 땅 가운데로 들어감이 명이(明夷)이니, 안으로 문채를 밝히고 밖으로 유순하여 큰 어려움을 덮은 것은 문왕(文王)이 그렇게 한 것이다. …… 안으로 어렵지만 능히 뜻을 바르게 한 것은 기자(箕子)가 그렇게 한 것이다'(明入地中이 明夷니 內文明而外柔順하야 以蒙大難이니 文王이 以之하시니라 …… 內難而能正其志니 箕子ㅣ 以之하시니라)라 하여, 문왕(文王)과 기자(箕子)의 일을 통해 명이의 뜻을 밝히고 있다. 명이(明夷)는 밝음이 상해서 잠시 땅 속으로 들어갔지만, 그 땅에서 다시 잉태되어 나오기 때문에 밝음은 사라지지 않는 것이다.

「괘사」에서는 '명이(明夷)는 어렵게 곧음이 이로운 것이다'(明夷는 利艱貞하니라)라 하여, 진리가 땅으로 들어가는 때 일수록 어렵지만 곧은 것이 이로운 것이다.

명이괘 효사(爻辭)에서는 명이우비(明夷于飛), 이우좌고(夷于左股), 명이우남수(明夷于南狩), 획명이지심(獲明夷之心), 기자지명이(箕子之明夷)의 다섯 가지 명이(明夷)를 밝히고 있다.

명이우비(明夷于飛)는 나는데 밝음이 상한 것으로, 날려고 날개를 펼치지만 아직 날지 못하는 것이다. 초효(初爻)에서는 군자가 진리를 행하고자 하지만, 3일을 먹지 못하다가 갈 바가 있어서 주인(主人)의 말을 듣는 것이다.

이우좌고(夷于左股)는 왼쪽 허벅지에서 상하는 것이다. 왼 좌(左)는 원으로 천원(天圓)이기 때문에 천도(天道)를 상징한다. 넓적다리 고(股)는 손괘(巽卦)로, 신도(神道)가 된다. 또 이효(二爻)에서는 건도(乾道)를 씩씩하게 구원하는 것을 쓰면 길한 것은 진리에 순응하여 원칙을 쓰기 때문이다.

명이우남수(明夷于南狩)는 남쪽으로 순행(巡行)에서 밝음이 상한 것으로, 남쪽으로 사냥을 나가서 대수(大首)를 얻은 것이니, 서두르지 않으면 크게 자득하는 것이다. 하늘의 진리를 배우려고 마음을 곧게 가져야 한다. 남녘 남(南)은 해가 비치는 방위로 진리가 드러나는 곳이다. 또 성인이 남면(南面)을 하여 세상을 다스리는 방위이다. 남(南)은 다행 행(幸)의 위의 획이 양옆으로 내려온 것으로 행복(幸福)의 의미를 가지고 있다.

획명이지심(獲明夷之心)은 명이의 마음을 얻은 것으로, 하늘의 마음을 얻은 것이다. 왼쪽 아랫배에 들어가서 명이의 마음을 얻어서 진리의 문으로 나오는 것이다. 왼 좌(左)는 건도(乾道), 배 복(腹)은 곤도(坤道)를 상징하는 것으로, 건곤(乾坤)의 진리를 얻은 것이다.

특히 오효(五爻)에서는 직접 기자(箕子)의 밝음이 상한 **기자지명이(箕子之明夷)**를 밝히고 있다. 기자의 명이(明夷)는 상(商)나라가 망하고 기자가 무왕(武王)에게 홍범구주(洪範九疇)를 전해주고, 고조선(古朝鮮)으로 넘어 온 역사적 사실이 있다. 기자가 고조선으로 넘어 온 것은 바로 밝음이 땅 가운데로 들어간 것이다. 고조선으로 넘어온 기자(箕子)의 밝음은 사라지지 않고, 이 땅에서 잉태되어 김항(金恒,

一夫, 1826-1898)의『정역(正易)』으로 드러나게 되었다. 이를 소상사(小象辭)에서는 '기자(箕子)의 곧음은 밝음이 사라지지 않는 것이다'(箕子之貞은 明不可息也라)라 하였다.

『정역』에서는 '기자 성인도 이에 성인이시니'(箕聖乃聖이시니)라 하여, 「계사하」 제2장을 계승하여 기자(箕子)를 성인으로 추존하고 있다. 「계사하」에서는 예괘(豫卦)를 통해 기자(箕子)를 성인(聖人)으로 밝히고 있으나, 역사적으로 여러 말이 있기 때문에 분명하게 '이에 성인'(乃聖)이라 하였다.

다음으로 이(夷)를 선진유학의 경전에서 찾아보면, 『서경』에서는 '태만하지 않고 거칠지 않으면 사방의 오랑캐들이 왕에게 올 것입니다'(無怠無荒, 四夷來王)라 하고, '큰 옥과 동방 옥과 천구(天球)와 하도(河圖)는 동쪽 계단에 놓았다'(大玉夷玉天球河圖, 在東序)라 하여, 오랑캐와 동방이(夷)로 사용하고 있다.

『논어』에서는 '공자께서 구이(九夷, 동쪽 오랑캐 나라)에 가고자 하시거늘, 혹이 말하기를 누추하거늘 어찌 가려고 합니까? 공자께서 말씀하시기를 군자가 거하니 어찌 누추함이 있겠는가?'(子ㅣ 欲居九夷러시니 或曰陋커니 如之何잇고 子ㅣ 曰君子ㅣ 居之니 何陋之有리오)라 하여, 구이(九夷)는 오랑캐의 나라가 아니라 군자가 사는 나라임을 밝히고 있다.

『맹자』에서는 '진나라 초나라를 조회하며 나라의 가운데 임하고 네 오랑캐를 어루만지는 것이다'(朝秦楚하며 莅中國而撫四夷也로소이다)라 하여, 오랑캐 이(夷)로 사용하고 있다.

또 '순임금은 제풍(諸馮)에서 태어나 부하(負夏)로 옮기셨고 명조(鳴條)에서 돌아가시니 동이(東夷)의 사람인 것이다. 문왕은 기주(岐周)에서 태어나 필영(畢郢)에서 돌아가시니 서이(西夷)의 사람인 것이다'(孟子曰 舜은 生於諸馮하사 遷於負夏하사 卒於鳴條하시니 東夷之人也시니라 文王은 生於岐周하사 卒於畢郢하시니 西夷之人也시니라)라 하여, 이(夷)는 종족의 의미로, 동북아 고대 종족을 동이(東夷)와 서이(西夷)로 밝히고 있다.

동북아 문명이 동이족(東夷族)에서 시작되었다는 것을 『맹자』에서 밝힌 것이다. 동이(東夷)와 서이(西夷)가 서로 번갈아 가면서 동북아 문명을 이끌어 온 것이다.

집 가　　사람 인

　　풍화가인괘(風火家人卦)는 내괘 이괘(離卦, ☲)와 외괘 손괘(巽卦, ☴)로, 바람이 불로부터 나오는 형상이다. 가인괘(家人卦)는 성인과 군자가 합덕해서 정명(正名)이 행해지는 세계이다.

　　가인(家人)을 풀이하면, 집 가(家)는 하늘의 사랑이 온전한 곳인 신도(神道)를 의미하는 손괘(巽卦)가 되고, 인(人)은 땅 위에 실존하는 존재자들 가운데 가장 빼어난 기운을 가진 영장(靈長)으로 땅의 중정지기인 이괘(離卦)가 된다. 또 가(家)에서 집 면(宀)은 하늘이 덮고 있는 것으로 손괘이고, 돼지 시(豕)는 감괘(坎卦)가 되지만 짝이 되는 이괘와 만나게 된다.

　　가인(家人)은 '집 사람'으로, 성인지학(聖人之學)을 익히는 군자지도(君子之道)를 의미한다. 부도(夫道)와 짝이 되는 부도(婦道)이다. 『중용』에서는 '군자의 도는 부부에서 단서가 만들어지니 그 지극한데 미쳐서는 천지(天地)를 살피는 것이다'(君子之道는 造端乎夫婦니 及其至也하야는 察乎天地니라)라 하여, 부부(夫婦)는 남편과 아내이지만, 학문의 입장에서는 성인과 군자임을 알 수 있다.

「괘사」에서는 '가인은 여자의 곧음이 이로운 것이다'(家人은 利女 貞하니라)라 하고, 「단사(彖辭)」에서는 '여자는 안에서 바르게 자리하고 남자는 밖에서 바르게 자리하니 남녀가 바른 것은 하늘과 땅의 위대한 뜻이다. 가인(家人)에 엄한 임금이 있으니 부모를 말하는 것이다. 아버지가 아버지답고 자식이 자식답고 형이 형답고 아우가 아우답고 남편이 남편답고 아내가 아내다우면 가정의 도가 바를 것이니, 가정이 바르면 세상이 안정되는 것이다'(家人은 女ㅣ 正位乎內하고 男ㅣ 正位乎外하니 男女正이 天地之大義也ㅣㄹ새니라. 家人에 有嚴君焉하니 父母之謂也니라. 父父子子兄兄弟弟夫夫婦婦而家道ㅣ 正하리니 正家而天下ㅣ 定矣니라)라 하여, 유학의 정명(正名)원리를 밝히고 있다.

『논어』에서는 '제나라 경공이 공자에게 정치를 묻는데, 공자께서 대답하여 말씀하시기를 임금이 임금답고 신하가 신하답고 아버지가 아버지답고 자식이 자식다운 것입니다'(齊景公이 問政於孔子한대 孔子ㅣ 對曰君君臣臣父父子子니이다), '자로가 말하기를 위나라 임금이 선생님을 모시고 정치를 하시면 선생님은 장차 무엇을 먼저 하시겠습니까? 공자께서 말씀하시기를 반드시 이름을 바르게 할 것이다'(子路ㅣ 曰衛君이 待子而爲政하시나니 子將奚先이시리잇고 子ㅣ 曰必也正名乎인져)라 하여, 이름을 바르게 하는 정명(正名)을 밝히고 있다.

『맹자』에서는 '맹자께서 말씀하시기를 천명(天命) 아님이 없으나 그 정도에 순응하여 받는 것이다. 이러한 까닭으로 천명을 아는 사람은 무너지는 담장 아래에 서지 않는 것이다. 그 진리를 다하고 죽은 사람은 사명(使命)을 바르게 한 것이고, 질곡(桎梏)으로 죽는 사람은 사명을 바르게 한 것이 아니다'(孟子曰 莫非命也나 順受其正이니라 是故로 知命者는 不立乎巖牆之下하나니라 盡其道而死者는 正命也요 桎梏死者는 非正命也니라)라 하여, 주어진 사명을 바르게 한다는 정명(正命)으로 밝히고 있다.

정명(正名)과 정명(正命)은 같은 의미이다. 지금 내가 여기 있는 자리는 천명(天命) 아님이 없으니, 그 자리에서 이름을 바르게 하는 것이 정명(正名)이다. 내가 지금 아버지이면 아버지가 천명으로 주어진 것이고, 아버지의 이름에 맞게 자식을 사랑하는 것이 나에게 주어진 이름을 바르게 하는 것이다.

「서괘하」에서는 '가도(家道)가 궁하면 반드시 어그러진다'(家道ㅣ 窮必乖라)라 하여, 가도(家道)라 하였고, 「잡괘」에서는 '가인(家人)은 안이다'(家人은 內也라)라 하여, 가인이 안 사람임을 밝히고 있다.

「대상사」에서는 '바람이 불로부터 나옴이 가인괘이니, 군자가 이로써 말씀에는 물(物)이 있고 행동에서는 항(恒)이 있는 것이다'(風自火出이 家人이니 君子ㅣ 以하야 言有物而行有恒하나니라)라 하여, 정명(正名)을 실천하는 군자의 말에는 존재 진리가 들어 있어야 하고, 행동은 성인지도(聖人之道)에 근거해야 한다.

가인괘 효사(爻辭)에서는 한유가(閑有家), 가인학학(家人嗃嗃), 부가(富家), 왕격유가(王假有家)의 네 가지 가(家)를 밝히고 있다.

한유가(閑有家)는 가정의 도리를 익히는 것으로, 후회가 없다. 정명(正名)의 이치를 배우는 자신의 뜻이 변하지 않았기 때문에 후회가 없는 것이다. 한(閑)은 문(門)과 목(木)으로, '막을 한'이나 '익힐 한'

으로 풀이한다. 건괘(乾卦)에서는 '한사존기성'(閑邪存其誠)이라 하여, 삿됨을 막고 진실을 보존한다고 하였고, 대축괘(大畜卦)에서는 '일한 여위'(日閑輿衛)라 하여, 날마다 수레 지키는 것을 익힌다고 하였다. 매일 세상에 펼칠 곤도(坤道)를 공부하는 것이다.

가인학학(家人嗃嗃)은 집 사람이 엄숙한 것으로, 학학(嗃嗃)은 엄하고 부르짖는 소리이다. 엄할 학(嗃)은 구(口)와 높을 고(高)로, 가도(家道)를 익히는데 엄숙하게 힘쓰는 것이다. 가인이 엄숙한 것은 아직 실도(失道)한 것은 아니지만, 부인과 자식이 희희(嘻嘻)하면 가정의 절도를 잃어버린 것이다. 웃을 희(嘻)는 구(口)와 기쁠 희(喜)로, 입에 기쁜 것만 찾는 욕망의 웃음이다. 입에 단 것만 먹으면 몸은 망가지고, 자기에게 좋은 말만 들으면 마음이 망가지는 것이다.

부가(富家)는 집을 부유하게 하는 것으로, 가도(家道)를 잘 실천하여 세상 사람들과 함께 하는 것이다. 부자 부(富)는 「계사상」 제5장에서는 '부유한 것을 대업(大業)이라 하고'(富有之謂ㅣ 大業이오), 「계사상」 제11장에서는 '숭상하고 높임이 부귀(富貴)보다 큰 것이 없고'(崇高ㅣ 莫大乎富貴하고)라 하여, 하늘의 일인 대업(大業)을 성취하는 것이다. 부귀(富貴)한 것은 진리를 밝힌 성인지도(聖人之道)를 깨우치는 것이고, 또 그것을 세상에 펼치는 것이다.

왕격유가(王假有家)는 왕이 가도(家道)에 나아가는 것이다. 서로 사랑하여 사귀는 것이다. 남편이 아내에게 나아가고, 성인이 군자에게 나아가는 것이다. 왕(王)은 삼(三)과 곤(丨)으로, 천·인·지(天人地) 삼재지도를 일관(一貫)하는 진리를 실천하는 존재이다. 진리가 가도

(家道)로 드러나는 것이니, 근심하지 않아도 길한 것이다.

다음으로 가인(家人)을 선진유학의 경전에서 찾아보면, 『서경』에서는 '또한 오직 임금이고 오직 어른이니, 그 가인(家人)을 능히 하지 못하고 소신(小臣)과 외정을 넘어서면'(亦惟君惟長, 不能厥家人, 越厥小臣外正)이라 하였다.

『대학』에서는 『시경』에서 말하기를 복숭아의 아름다움이여 그 잎이 무성하구나 아름다운 처녀가 돌아감이여 그 가인(家人)에 마땅한 것이다 하니 그 가인(家人)에 마땅한 이후에 나라 사람을 가르칠 수 있는 것이다'(詩云桃之夭夭여 其葉蓁蓁이로다 之子于歸여 宜其家人이라 하니 宜其家人而后에 可以敎國人이니라)라 하여, 치국(治國)의 근본이 제가(齊家)에 있음을 논하면서 가인(家人)을 밝히고 있다. 여기서 지자(之子)는 아름다운 처녀로, 자(子)는 아름다운 처녀 자이다.

어그러질 규

    화택규괘(火澤睽卦)는 내괘 태괘(兌卦, ☱)와 외괘 이괘(離卦, ☲)로, 위에는 불, 아래에는 연못이 있는 형상이다. 규(睽)는 어그러짐인데, 어그러짐과 외로움 속에서 어려움이 풀어지고 서로 하나가 되는 것이다.

    규(睽)를 풀이하면, 눈 목(目)은 이괘(離卦)가 되고, 열 번째 천간 계(癸)는 하늘이 활짝 핀 것으로 민심(民心)이 천심(天心)이니 백성을 상징하는 태괘(兌卦)가 된다. 또 계(癸)에서 필 발(癶)은 활활 타오르는 불꽃으로 비유되어 이괘와 만나고, 천(天)은 그대로 백성과 통하니 태괘가 된다.

    규(睽)는 '애꾸 눈', '노려 보다'의 뜻으로 해석하지만, 「서괘하」에서는 '규(睽)라는 것은 어그러지는 것이니'(睽者는 乖也니)라 하여, 어그러질 괴(乖)라 하였다. 「잡괘」에서는 '규(睽)는 밖이고'(睽는 外也오)라 하여, 밖으로 어그러지는 것임을 알 수 있다.

    「단사」에서는 '규(睽)는 불이 움직여 위로 올라가고 연못이 움직여 아래로 내려오며, 두 여자가 동거(同居)하지만 그 뜻은 동행(同行)

하지 않는 것이다'(睽는 火動而上하고 澤動而下하며 二女同居하되 其志不同
行하나라)라 하여, 중녀(中女)인 이괘(離卦)와 소녀(少女)인 태괘(兌卦)가
함께 거처하지만 뜻은 함께 하지 않는 것이다. 두 여자가 함께 행
하면, 이것은 음양(陰陽)의 이치에 어긋나는 동성애(同性愛)가 된다.
두 여자가 잠시 동거(同居)하지만 각자 자신의 짝을 찾아가는 과정
에서 규(睽)이다.

　또 '하늘과 땅이 어그러져서 그 일 하나가 되며, 남자와 여자가 어
그러져서 그 뜻이 통하며, 만물이 어그러져서 그 일이 무리를 짓는
것이니, 규괘(睽卦)의 시(時)를 씀이 위대한 것이다'(天地ㅣ 睽而其事ㅣ 同
也며 男女ㅣ 睽而其志ㅣ 通也며 萬物이 睽而其事ㅣ 類也니 睽之時用이 大矣哉라)
라 하여, 규(睽)의 어그러짐이 단순히 어지러워지는 것이 아니라 하나
가 되는 과정임을 알 수 있다. 규지시용(睽之時用)은 규괘(睽卦)의 때
를 씀으로, 하늘이 어그러지는 천시(天時)를 쓰는 것은 뜻이 서로
통하여 하나가 되기 위함이다.

　「대상사(大象辭)」에서는 '위의 불과 아래의 연못이 규괘이니, 군자
가 이로써 같으면서 다른 것이다'(上火下澤이 睽니 君子ㅣ 以하야 同而
異하나니라)라 하여, 같으면서도 뜻은 다르기 때문에 하늘을 따르게
되는 것이다.

　규(睽)를 '어그러지다', '에꾸 눈', '노려보다' 등의 부정적인 의미로
해석하고, 또 『주역』의 38번째 괘로 한반도의 분단을 상징하는 38
선(三八線)과 연결시키기도 한다. 그러나 규(睽)에는 부정적 의미보
다는 글자 자체에서 눈 목(目)과 하늘이 펼쳐지는 계(癸)로, 눈이 밝

게 열리는 의미가 있다.

특히 「괘사」에서는 '규(睽)는 작은 일이니 길한 것이다'(睽는 小事니 吉하니라)라 하여, 밖으로 어그러지는 것은 자신의 내면을 돌아보는 것이니 길한 것이다.

규괘 효사(爻辭)에서는 규고(睽孤)를 두 번 밝히고 있다.

규고(睽孤)는 외로움이 어그러지는 것으로, 외로움이 사무쳐야 하늘을 만날 수 있는 것이다. 사효(四爻)에서는 '외로움이 어그러져서 원부(元夫)를 만나서 사귀어 믿음이 있으니 위태로우나 허물은 없는 것이다'(九四는 睽孤하야 遇元夫하야 交孚니 厲하나 无咎리라)라 하여, 외로움은 원부(元夫)인 하나님을 만나는 길임을 밝히고 있다.

즉, 규고(睽孤)는 외로움을 밝게 보는 것으로, 고독(孤獨)은 하늘과 하나가 되는 길인 것이다. 우리에게 주어진 고독(외로움)은 하늘의 뜻을 열어주는 길이 되는 것이고, 외로움은 바로 구원(救援)의 길이 되는 것이다.

규괘(睽卦) 상효(上爻)에서는 '외로움이 어그러지니 돼지가 진흙을 지는 것을 보고 귀신을 한 수레에 싣는 것이다. 먼저는 활을 당기다가 뒤에는 활을 벗는 것이니, 도적이 아니라 혼인할 짝이니 가서 비를 만나면 길한 것이다'(上九는 睽孤니 見豕負塗오 載鬼一車라 先張之弧라가 後說之弧이니 匪寇라 婚媾니 往遇雨則吉하리라)라 하여, 규고(睽孤)를 자세하게 밝히고 있다.

먼저 견시부도(見豕負塗)에서 돼지 시(豕)는 감괘(坎卦)이고, 도(塗)는 진흙으로 진괘(震卦)가 되어, 돼지가 진흙을 쓰고 있으니, 뇌수

해괘(雷水解卦)가 된다. 만물의 어려움이 풀어지는 해괘(解卦)의 이치를 알게 되는 것이다.

또 재귀일거(載鬼一車)에서 귀(鬼)는 손괘(巽卦)이고, 거(車)는 곤괘(坤卦)가 되어, 귀신이 수레에 타고 있으니, 풍지관괘(風地觀卦)가 된다. 신도(神道)를 깨우치는 관괘(觀卦)를 의미한다. 즉, 어그러지고 외로움 속에서 어려움이 풀어지고, 신도(神道)를 깨우치게 되는 것이다.

또 우우(遇雨)에서 비 우(雨)는 하늘이 내리는 은택이기 때문에 하늘의 진리를 깨우치는 것이다.

규괘(睽卦)에서는 어그러짐은 주인(主人), 건도(乾道), 하나님, 비를 만나기 위한 것으로, 하늘의 뜻을 자각하기 위해서는 반드시 먼저 고난이 있는 것이다.

어려울 건

　수산건괘(水山蹇卦)는 내괘 간괘(艮卦, ☶)와 외괘 감괘(坎卦, ☵)로, 산 위에 물이 있는 형상이다. 건(蹇)은 샘물이 나오는 우물 정(井)과 성인지도가 되는 족(足)이 아래에 감춰져 있기 때문에 어려움인 것이다.

　건(蹇)을 풀이하면, 먼저 가운데 우물 정(井)은 물이 나오는 곳으로 감괘(坎卦)이고, 아래의 발 족(足)은 진괘(震卦)가 되지만 분석하면, 구(口)와 지(止)로 태괘(兌卦)와 간괘(艮卦)를 상징한다. 또 위의 집 면(宀)은 하늘이 덮고 있는 것으로 하늘의 중정지기(中正之氣)인 감괘이고, 아래의 한 일(一)은 하나에서 그치는 의미로 간괘라 할 수 있다.

　건(蹇)은 '절뚝발이', '멈추다'는 뜻으로 해석하지만, 「단사」에서는 '건(蹇)은 어려움이니 험난이 앞에 있기 때문이니'(蹇은 難也니 險在前 也일새니)라 하고, 「서괘하」에서도 '건(蹇)은 어려움이니'(蹇者는 難也니)라 하고, 「잡괘」에서도 '건은 어려움이다'(蹇은 難也라)라 하여, 직접 어려울 난(難)으로 밝히고 있다.

또 「단사」에서는 '험난을 감지해 그치니 지혜로운 것이다. 건(蹇)은 서남(西南)이 이로운 것은 감에 중도를 얻은 것이고, 동북(東北)이 이롭지 못함은 그 진리가 궁한 것이고, …… 건의 천시를 씀이 위대한 것이다'(見險而能止하니 知矣哉라 蹇利西南은 往得中也오 不利東北은 其道ㅣ 窮也오 …… 蹇之時用이 大矣哉라)라 하였다. 건지시용(蹇之時用)은 건괘의 때를 씀으로, 하늘이 어려움을 쓰는 것은 고난을 통해 그 사람을 기르고 나라를 바르게 하기 위함인 것이다.

「대상사」에서는 '산 위에 물이 있음이 건괘(蹇卦)이니, 군자가 이로써 자신에게 돌아가서 덕을 닦는 것이다'(山上有水ㅣ 蹇이니 君子ㅣ 以하야 反身脩德하나니라)라 하여, 하늘이 고난을 줄 때는 자신의 마음으로 돌아가서 하늘이 준 양심을 닦아나가는 것이다.

「괘사」에서는 '건은 …… 대인을 봄이 이로우니 곧으면 길한 것이다'(蹇은 …… 利見大人하니 貞이면 吉하리라)라 하여, 어려움이 있을수록 대인지도(大人之道)를 익히고 정도(貞道)를 지켜가야 하는 것이다.

건괘의 여섯 효사에서는 왕건래예(往蹇來譽), 왕신건건(王臣蹇蹇), 왕건래반(往蹇來反), 왕건래연(往蹇來連), 대건붕래(大蹇朋來), 왕건래석(往蹇來碩)의 건(蹇)을 밝히고 있다. 특히 네 개의 효사에서는 건(蹇)을 가고 오는 왕래(往來)의 이치로 밝히고 있다.

왕건래예(往蹇來譽)는 감은 어렵고 옴은 명예로운 것이다. 초효(初爻)에서는 내가 진리를 찾아가는 것은 어렵기 때문에 하늘의 뜻이 오는 것을 기다리는 것이 마땅한 것이다.

갈 왕(往)은 두인 변(彳)과 주인 주(主)로, 주인이 행(行)하는 것이다. 올 래(來)는 나무 목(木)과 사람 인(人) 2개로, 나무에 사람이 매달려 있는 것이다. 왕래(往來)는 하늘의 입장과 사람의 입장으로 나누어 볼 수 있다. 하늘의 입장에서 왕(往)은 하늘이 행하는 것이고, 래(來)는 사람이 하늘로 오는 것이다. 사람의 입장에서 왕(往)은 하늘로 가는 것이고, 래(來)는 하늘이 나에게로 오는 것이다.

건(蹇)은 어려움으로, 사람이 겪는 것이기 때문에 사람의 입장에서 왕래(往來)를 해석해야 한다. 하늘의 입장에서는 어렵고 쉬움이 없는 것이다.

왕신건건(王臣蹇蹇)은 임금과 신하가 어렵고 어려운 것이다. 이효(二爻)의 어려움은 몸소 지은 것이 아니기 때문에 마침내는 허물이 되지 않는 것이다. 임금과 신하는 사회적 관계로 국가 사회가 낭면하고 있는 어려움을 말하는 것이다. 이때는 군신유의(君臣有義)를 실천하는 것이 바람직하다. 정의(正義)가 없는 사회에서는 서로를 약탈하는 관계에 있기 때문에 대립과 갈등을 벗어날 수 없다.

왕건래반(往蹇來反)은 감은 어렵고 옴은 돌아오는 것이다. 밖으로 나아가지 않고 자기의 내면으로 돌아오는 것이다. 반(反)은 「대상사」의 반신수덕(反身修德)으로, 하늘의 뜻이 옴에 본성으로 돌아가서 덕을 닦는 것이다. 내면의 기쁨이 있는 것이다.

왕건래연(往蹇來連)은 감은 어렵고 옴은 연(連)하는 것이다. 나아가지 않고 하늘이 와서 서로 연결되는 것이다. 래연(來連)은 하늘의 마음과 내 마음이 서로 연결되는 심심상연(心心相連)이다. 또 하늘의 뜻에 근본을 둔 마음과 마음이 이어지는 것이기 때문에 진실한 것이다.

대건붕래(大蹇朋來)는 큰 어려움에 벗이 오는 것이다. 큰 어려움은 그 사람을 더 크게 키우는 과정으로, 그 어려움 속에서 하늘의 벗을 만나게 되는 것이다. 벗 붕(朋)은 일반적인 친구가 아니라 '십붕지'(十朋之)로 하늘이 벗하는 것이다. 고난 속에서 하늘의 부름을 받고, 절도(節度)에 적중하게 되는 것이다.

왕건래석(往蹇來碩)은 감은 어렵고 옴은 큰 것이다. 나아가지 않고 뜻이 내면에 있기 때문에 성인(聖人)을 만나게 되는 것이다. 클 석(碩)은 성인지도(聖人之道)의 위대함을 말하는 것이다. 박괘(剝卦)의 석과불식(碩果不食)이 내 마음에 떨어지는 것이다.

건(蹇)의 왕건(往蹇)과 대건(大蹇)은 하늘이 주는 어려움이다. 『맹자』에서는 '하늘이 장차 이 사람에게 큰 임무를 내리고자 하신대 반드시 그 마음과 뜻을 괴롭게 하며, 그 근골(筋骨)을 수고롭게 하며, 그 체부(體膚)를 굶주리며, 그 몸을 공핍(空乏)하게 하여 그 하는 것을 거슬리고 어지럽게 하나니, 마음을 움직이고 성품을 참게 하여 그 능하지 못한 것을 더하여 늘게 하는 것이다'(天將降大任於是人也신댄 必先苦其心志하며 勞其筋骨하며 餓其體膚하며 空乏其身하여 行拂亂其所爲하나니 所以動心忍性하여 增益其所不能이니라)라 하여, 사람의 시련은 그 사람을 키우는 과정인 것이다.

즉, 하늘이 마음을 움직이게 하고 참을성을 길러주는 것이다. 그 사람을 훌륭한 사람으로 만들기 위해 어려움을 주는 것이다. 하늘은 그 사람이 견딜 수 있을 만큼의 시련을 주는 것이다. 사람이 이기지 못할 시련은 없는데, 다만 사람들이 모를 뿐이다.

解 勹用 牛角

雷水 解

풀 해

뇌수해괘(雷水解卦)는 내괘 감괘(坎卦, ☵)와 외괘 진괘(震卦, ☳)로, 우레와 비가 내리는 형상이다. 해괘(解卦)는 하늘에서 비가 내리는 것으로, 하늘이 주는 고난과 세상의 어려움을 성인의 말씀으로 해결하는 것이다.

해(解)를 풀이하면, 풀 각(角)은 쌀 포(勹)와 쓸 용(用)으로 하늘의 작용인 감괘(坎卦)와 만나고, 소 우(牛)는 하늘의 진리를 밝힌 성인인 진괘(震卦)가 된다. 또 각(角)에서 쌀 포(勹)는 감싸는 것으로 진괘(震卦)이고, 용(用)은 감괘(坎卦)로 설명할 수 있다. 우(牛)에서도 누운 사람 인(亻)은 진괘(震卦)이고, 십(十)은 하늘의 중정지기인 감괘(坎卦)로 설명할 수 있다.

해(解)는 '풀다', '가르다', '놓아주다', '용서하다', '이해되다' 등 많은 뜻을 가지고 있지만, 「서괘하」에서는 '해(解)는 느슨함이니'(解者는 緩也니)라 하고, 「잡괘」에서도 '해는 느슨함이고'(解는 緩也오)라 하여, 느슨할 완(緩)으로 밝히고 있다. 해(解)는 마음을 느슨하게 해서 일이 풀어지는 것이다.

「괘사」에서는 '해는 서남이 이로우니 갈 바가 없는 것이다. 본성으로 돌아옴이 길하니 갈 바가 있거든 빨리하면 길한 것이다'(解는 利西南이니 无所往이라 其來復이 吉하니 有攸往이어든 夙하면 吉하니라)라 하여, 풀어지기 위해서는 본성으로 돌아오고, 서둘러서 실천을 해야 한다.

「단사」에서는 '해(解)는 험난으로써 움직이니 움직여서 험난을 면하는 것이 해(解)이다'(解는 險以動이니 動而免乎險이 解라)라 하여, 물의 험난을 우레의 움직임으로 풀어가는 것이다.

또 「단사」에서는 '하늘과 땅이 풀어져서 우레와 비가 내리고, 우레와 비가 내리니 온갖 과일과 초목(草木)이 모두 껍질이 터지니 해괘(解卦)의 천시가 위대한 것이다'(天地ㅣ 解而雷雨ㅣ 作하며 雷雨ㅣ 作而百果草木이 皆甲坼하나니 解之時ㅣ 大矣哉라)라 하여, 하늘과 땅이 풀어져 만물이 껍질을 벗어버리게 되는 것이다. 해지시(解之時)는 하늘과 땅이 풀어져서 우레와 비 그리고 만물이 자라는 천시(天時)를 의미한다.

「대상사」에서는 '우레와 비가 내리는 것이 해괘(解卦)이니, 군자가 이로써 허물을 사면하고 죄를 용서하는 것이다'(雷雨作이 解니 君子ㅣ 以하야 赦過宥罪하나니라)라 하여, 하늘의 일이 풀어짐에 따라 사람의 죄와 허물도 용서하게 되는 것이다.

해괘의 효사(爻辭)에서는 해이무(解而拇), 유유해(維有解), 해패(解悖)의 세 가지 해(解)를 밝히고 있다.

해이무(解而拇)는 엄지손가락에서 풀어지는 것으로, 벗이 이르게 되어 믿음이 있는 것이다. 엄지손가락 무(拇)는 손으로 십(十)을 헤아리는 수지상수(手指象數)를 말하는 것이다. 벗이 이르는 것은 하늘의 벗이 오는 것이다. 해이무는 새끼손가락에서 시작되어 엄지손가락까지에서 풀어지는 것으로, 하도의 원리를 헤아리는 것이다.

유유해(維有解)는 오직 풀어짐이 있는 것으로, 군자가 풀어짐이 있는 것이다. 군자의 어려움이 풀어지면 소인은 물러가고, 사람에 대한 믿음이 있게 된다. 자신의 마음속에서 어려움이 풀어지면, 사람들에 대한 믿음이 생기게 되고, 또 그 동안 만나던 사람의 관계도 정리가 되는 것이다. 『주역』의 형이상학을 공부하면, 학문에 맞는 사람을 만나게 되는 것이다. 물론 자신의 관심이나 일에 따라 사람을 만나고 헤어짐을 반복하는 섯으로 생각할 수도 있다.

해패(解悖)는 어그러짐이 풀어지는 것으로, 도리에 맞지 않고 어지러워진 일들이 풀어지는 것이다. 군자가 하늘의 천명(天命)을 자각하기 때문에 어그러짐이 풀어지는 것이다. 해패는 해괘(解卦)의 궁극적인 지향점이다. 불교에서 번뇌나 속박에서 벗어나 근심이 없는 편안한 마음인 해탈(解脫)의 의미이다.

또한 「계사상」 제8장에서는 '공자께서 말씀하시기를 『주역』을 지은 사람은 도적을 알고 있었구나! 『주역』에서 말씀하시기를 지고 또 타는 것이라 도적이 이름을 이르게 하는 것이니, 진다는 것은 소인의 일이고, 타는 것은 군자의 기구이니, 소인이 군자의 기구를 타는 것이라 도적이 빼앗을 것을 생각하며, 위를 거만하게 하고 아래를 난폭하게 하는 것이라 도적이 칠 것을 생각하는 것이니, 감춤을

게을리 하는 것은 도적을 가르치는 것이며 얼굴을 야하게 꾸밈은 음란을 가르치는 것이니, 『주역』에서 말씀하기를 지고 또 타는 것이라 도적이 이름을 이르게 하는 것이라 하니 도적을 초대하는 것이다(子曰作易者ㅣ 其知盜乎ㄴ뎌 易曰負且乘이라 致寇至라하니 負也者는 小人之事也오 乘也者는 君子之器也니 小人而乘君子之器라 盜ㅣ 思奪之矣며 上을 慢코 下를 暴라 盜ㅣ 思伐之矣니 慢藏이 誨盜며 冶容이 誨淫이니 易曰負且乘致寇至라하니 盜之招也라)라 하여, 해괘 삼효(三爻)의 철학적 의미를 밝히고 있다. 도적은 소인지도(小人之道)이고, 그릇 기(器)는 군자의 덕기(德器)이다.

특히 야용회음(冶容誨淫)을 깊이 있게 생각할 필요가 있다. 야용(冶容)은 풀무질할 야(冶)와 얼굴 용(容)으로, 얼굴에 화장을 하는데 풀무질 하듯이 여러 겹을 하여 꾸미는 것이다. 바탕을 덮고 새로운 얼굴로 변장하는 것이다. 이것이 음란함을 가르치는 것이다. 현대인들의 미용술이나 성형은 가히 상상을 초월하는데, 본질적인 삶의 모습에 맞는지 생각해 볼 문제이다. 물론 옷차림과 몸을 치장하는 장식들도 도적을 부르고, 음란함을 가르치는 것이다.

또 「계사하」 제5장에서는 『주역』에서 말씀하시기를 공이 높은 언덕 위에서 새매를 쏘아서 얻으니 이롭지 않음이 없는 것이다 하니, 공자께서 말씀하시기를 새매는 날짐승이고 활과 화살은 기구이고 쏘는 것은 사람이니, 군자가 몸에 기구를 감추어서 시(時)를 기다려 움직이면 어떤 이롭지 않음이 있겠는가? 움직임에 묶여지지 않는 것이다. 이로써 나아가면 얻음이 있으니 기구를 완성하여 움직이는 것을 말하는 것이다(易曰公用射隼于高墉之上하야 獲之니 无不利라하니 子曰隼者는 禽也오 弓矢者는 器也오 射之者는 人也니 君子ㅣ 藏器於身하야 待時而動이면 何不利之有리오 動之不括이라 是以出而有獲하나니 語成器而動者也라)라 하여, 해괘 상효(上爻)의 뜻을 밝히고 있다.

새매 준(隼)은 맹금(猛禽)으로 소인의 욕망 내지 마귀(魔鬼)를 상징하고, 기(器)는 군자의 덕기(德器)이다. 『성경』에서도 날짐승과 새들을 주로 마귀로 상징하고 있고, 또 천사(天使)는 날개가 없다는 것이다. 사람은 누구나 하늘의 마음을 가진 존재이기 때문에 그것을 바르게 쓰면 천명(天命)을 얻을 수 있고, 이롭지 않음이 없는 것이다.

다음으로 해(解)를 선진유학의 경전에서 찾아보면, 『맹자』에서는 '지금의 때에 당하여 만승(萬乘)의 나라가 인정(仁政)을 행하면 백성들의 기뻐함이 거꾸로 매단 것에서 풀어지는 것 같으니'(當今之時하여 萬乘之國이 行仁政이면 民之悅之ㅣ 猶解倒懸也리니)라 하고, '사람들이 기뻐함과 색을 좋아함과 부귀(富貴)에 족히 근심을 풀지 못하고, 오직 부모에게 따라야 근심을 풀 수 있으셨다'(人悅之와 好色과 富貴에 無足以解憂者요 惟順於父母라야 可以解憂러시다)라 하여, 거꾸로 매달린 것에서 풀리고, 근심을 푸는 해우(解憂)를 밝히고 있다.

損 덜 손

山澤 才損員 貝口

산택손괘(山澤損卦)는 내괘 태괘(兌卦, ☱)와 외괘 간괘(艮卦, ☶)로, 산 아래에 연못이 있는 형상이다. 하경(下經) 첫 번째 괘인 택산함괘(澤山咸卦)와 같이 소녀(少女)와 소남(少男)이다. 손괘(損卦)는 마음의 욕심을 덜어내고, 사랑의 마음을 더하는 것이다.

손(損)을 풀이하면, 손 수(扌)는 간괘(艮卦)가 되고, 둥글 원(員)에는 입 구(口)가 있으니 태괘(兌卦)가 된다. 또 원(員)에서 위의 구(口)는 태괘이고, 아래의 조개 패(貝)는 형상이 간괘(☶)와 닮아 있다. 손(損)은 손가락으로 하늘의 이치를 헤아려 자신을 덜어내는 것이다.

손(損)은 '덜다', '줄이다', '감소하다'의 뜻이다. 「단사」에서는 '아래를 덜어내고 위를 더하여, 그 진리가 위로 행한다'(損은 損下益上하야 其道ㅣ 上行이니)라 하여, 아래의 형이하의 마음을 덜어내는 것이다. 또 '덜고 더함과 가득차고 빈 것은 천시와 더불어 두루 행하는 것이다'(損益盈虛를 與時偕行이니라)라 하여, 손익(損益)을 동시 작용으로 밝히고 있다. 「잡괘」에서는 '손괘(損卦)와 익괘(益卦)는 성하고 쇠함의 시작이다'(損益은 盛衰之始也라)라 하였다.

「대상사」에서는 '산 아래에 연못이 있음이 손괘(損卦)이니, 군자가 이로써 분한 생각을 경계하고 욕심을 막는 것이다'(山下有澤이 損이니 君子ㅣ 以하야 懲忿窒欲하나니라)라 하여, 손(損)은 자신의 탐욕심을 덜어내는 것이다.

「괘사」에서는 '손(損)은 믿음이 있어서 근원적으로 길하고 허물이 없어서 곧음이 가능한 것이다. 갈 바가 있어서 이로우니 어찌 쓰겠는가? 두 제기를 올려서 쓰는 것이다'(損은 有孚면 元吉코 无咎하야 可貞이라 利有攸往하니 曷之用이리오 二簋ㅣ 可用享이니라)라 하여, 믿음을 가지고 갈 바를 정해서 과감하게 덜어내야 한다.

「계사하」 제7장에서는 '손은 덕의 닦음이고, … 손은 먼저는 어렵지만 뒤에는 쉽고, … 덜어냄으로써 해를 멀리하고'(損은 德之修也오 … 損은 先難而後易하고 … 損以遠害코)라 하여, 손괘(損卦)의 공덕을 밝히고 있다.

손괘(損卦)의 효사(爻辭)에서는 작손지(酌損之), 불손익지(弗損益之), 손일인(損一人), 손기질(損其疾)의 네 가지 손(損)을 밝히고 있다.

작손지(酌損之)는 덜 것을 헤아리는 것이다. 하늘의 일을 하기 위해서는 먼저 자신의 욕심을 덜어내는 것을 헤아려야 한다. 따를 작(酌)은 닭 유(酉)와 구기 작(勺)으로, 하늘에 술을 올려 하늘의 뜻에 합하는 것이다. 하늘에 따르겠다는 뜻으로 술을 올리는 것이다. 자기 욕심을 덜어내지 않으면 하늘의 은택이 더해질 공간이 없다. 하늘에서 비가 내려도 항아리에 오물이 가득하면, 빗물이 더해질 수도 없고 맑아질 수도 없는 것이다.

불손익지(弗損益之)는 덜지 않고 더하는 것이다. 이효(二爻)에서 불손익지(弗損益之)는 자신이 정도(貞道)를 지키면 이롭지만, 아직 하늘의 뜻을 얻지 못했는데 덜지 않고 더하려고 하면 흉한 것이다.

상효(上爻)에서 덜지 않고 더하는 것은 크게 뜻을 얻는 것이기 때문에 허물이 없고 길한 것이다.

손일인(損一人)은 한 사람을 덜어내는 것으로, 세 사람이 행하는 데 한 사람을 덜어내는 것이다. 세 사람 가운데 인격적인 사랑을 실천하는 한 사람은 나의 벗이 되지만, 탐욕스러운 한 사람은 덜어내는 것이다.

『논어』에서는 '세 사람이 행함에 반드시 나의 스승이 있을 것이니, 선(善)을 택하여 좇을 것이고, 불선(不善)한 것은 고칠 것이다'(子ㅣ 曰三人行애 必有我師焉이니 擇其善者而從之오 其不善者而改之니라)라 하여, 선과 불선은 모두 스승이 되는 것이다. 선(善)을 행하는 사람은 따라서 배우는 스승이고, 불선(不善)을 행하는 사람은 저렇게 하지 말아야 하는 반면(反面) 스승인 것이다. 또 나의 한 마음에서 일어나는 선(善)은 실천하고, 불선(不善)은 고치는 것이다.

「계사하」제5장에서는 '하늘과 땅의 기운이 쌓임에 만물이 화순(化醇)하고, 남녀가 정(精)을 얽음에 만물이 화생(化生)하나니, 『주역』에서 말씀하시기를 세 사람이 행하면 한 사람을 덜고 한 사람이 행하면 벗을 얻는 것이라 하니, 하나에 이르는 것을 말하는 것이다'(天地ㅣ 絪縕애 萬物이 化醇하고 男女ㅣ 構精애 萬物이 化生하나니 易曰三人行앤 則損一人코 一人行앤 則得其友라하니 言致一也라)라 하여, 손일인(損一人)을 인용하고 있다. 덜어내고 벗을 만나는 것은 천지(天地)의 감응에 따라 만물이 생겨나 자라는 것이다.

손기질(損其疾)은 질병을 덜어내는 것으로, 마음의 병을 덜어내는 것은 빠르면 빠를수록 좋고 기쁜 것이다. 병 병(病)은 몸의 병이라면, 병 질(疾)은 마음의 병이 위주이다. 우리의 삶은 온통 마음이 짓는 것으로 마음의 병을 덜어내야 허물이 없는 것이다.

마음의 병은 첫째로 몸의 욕망을 쫓아가는 탐욕심이고, 둘째로 관념적 이데올로기의 병으로 공산주의(共産主義) 등이고, 셋째로 사이비 종교와 우상숭배로 대표되는 영적(靈的)인 병이다. 불교에서 말하는 탐·진·치(貪瞋癡) 삼독심(三毒心)이 마음의 병이다.

다음으로 손(損)을 선진유학의 경전에서 찾아보면, 『서경』에서는 '가득 찬 것은 덜어냄을 부르고 겸손함은 더함을 받으니, 이것이 천도(天道)인 것이다'(滿招損, 謙受益, 時乃天道)라 하여, 하늘의 진리는 가득 찬 것은 덜어내고, 겸손에 더해주는 것이다. '만초손 겸수익 시내천도'(滿招損, 謙受益, 時乃天道)이다.

『논어』에서는 '더하는 세 친구와 덜어내는 세 친구이니, 친구가 정직하며 신실하며 들은 것이 많으면 더해주는 것이고, 친구가 편벽되며 잘 아부하며 말재주만 부리면 덜어내는 것이다'(孔子 l 曰益者 l 三友오 損者 l 三友니 友直하며 友諒하며 友多聞이면 益矣오. 友便辟하며 友善柔하며 友便佞이면 損矣니라)라 하여, 좋은 세 친구와 나쁜 세 친구로 생각할 수 있지만, 손익(損益)이라 할 때는 나에게 인격적 마음과 관계되는 것이다.

즉, 더하는 좋은 세 친구, 덜어내는 나쁜 세 친구가 아니라, 내 마음이 정직하고 행동이 신실하며 많이 듣고 공부하는 것은 더하며, 내 마음이 치우쳐 편벽(便辟)되고 행동이 아부를 잘하며 말재주만 부리는 것은 덜어내는 것이다.

또 '더하는 세 가지 즐거움과 덜어내는 세 가지 즐거움이니, 예악(禮樂)을 절도 있게 즐기며, 다른 사람의 선을 말하기를 즐기며, 어진 친구가 많음을 즐기는 것은 더하고, 교만한 음악을 즐기며, 편안하게 노는 것을 즐기며, 잔치의 음악을 즐기는 것은 덜어내는 것이다'(孔子ㅣ 曰益者ㅣ 三樂오 損者ㅣ 三樂니 樂節禮樂하며 樂道人之善하며 樂多賢友면 益矣오. 樂驕樂하며 樂佚遊하며 樂宴樂이면 損矣니라)라고 하여, 하늘의 은택이 더해지는 세 가지 즐거움과 내 마음에서 덜어내야 하는 세 가지 즐거움을 밝히고 있다.

'인생을 즐겨라' 내지 '즐겁게 살아야 한다'는 이야기는 하지만, 정작 어떻게 즐겁게 살아야 하는지에 대한 고민은 부족하다. 지금 우리는 덜어내야 하는 3가지의 즐거움에 빠져서 허우적거리고 있다. 편안하게 노는 것을 즐기고, 연회(宴會)를 열어서 흥청망청 즐기는 것은 헛된 꿈을 사는 인생이다.

『맹자』에서는 '군자의 본성은 비록 크게 행하나 가할 것이 없으며, 비록 궁하게 거처하지만 덜어낼 것이 없으니, 나누어 정해준 연고인 것이다'(君子所性은 雖大行이나 不可焉이며 雖窮居나 不損焉이니 分定故也니라)라 하여, 군자의 삶은 하늘이 나누어 정해준 것으로 진리에 따르기 때문에 덜어낼 것이 없는 것이다.

더할 익

풍뢰익괘(風雷益卦)는 내괘 진괘(震卦, ☳)와 외괘 손괘(巽卦, ☴)로, 바람과 우레가 있는 형상이다. 하경(下經) 두번째 괘인 뇌풍항괘와 같이 장녀(長女)와 장남(長男)이다. 익괘(益卦)는 하늘로부터 은혜가 더해지는 것으로, 천시지생(天施地生)을 하는 것이다.

익(益)을 풀이하면, 그릇에 물이 넘치는 모습으로, 위의 물 수(氺)는 손괘(巽卦)와 만나고, 아래의 그릇 명(皿)은 성인지도(聖人之道)를 담는 것으로 형상이 진괘(☳)와 만난다. 또 위의 팔(八)과 일(一)은 각각 손괘의 바람과 진괘(震卦)의 성인으로 이해할 수 있다.

익(益)은 '더하다', '증가', '유익하다' 등의 뜻이다. 「단사」에서는 '익(益)은 위를 덜어서 아래에 더하니, 백성의 기쁨이 한계가 없고, 위로부터 아래로 내리니 그 도가 크게 빛나는 것이다(益은 損上益下하니 民說无疆이오 自上下下하니 其道大光이니라)'라 하여, 형이상의 진리가 아래의 사람들에게 더해지는 것이다.

또 '더함은 움직이고 들어감이니 날로 나아가서 한계가 없으며, 하늘은 베풀고 땅은 기르니 그 더함이 방소가 없다. 무릇 익(益)의

도(道)는 천시와 더불어 함께 행하는 것이다'(益은 動而巽하고 日進无
疆하며 天施地生하니 其益이 无方하니 凡益之道ㅣ 與時偕行하나니라)라 하
여, 움직임(震)과 들어감(巽)의 괘상을 논하고, '천시지생'(天施地生)
의 이치를 밝히고 있다.

천시지생은 하늘의 뜻이 실현되는 존재의 개시(開示, 드러남)로, 시
(施)는 그대로 하늘의 뜻이 베풀어지는 것이며, 생(生)은 하늘의 뜻
을 받들어 땅에서 만물로 화생(化生)하는 것이다.『주역』에서 다양
하게 밝히고 있는 존재 개시와 존재 구조에 대한 표현은 천시지생
(天施地生)으로 집약된다.

「괘사」에서는 '익은 갈 바가 있어서 이로우며 대천을 건넘이 이로
운 것이다'(益은 利有攸往하며 利涉大川하나니라)라 하여, 천시지생(天施地
生)의 이치에 따라 갈 바를 두고 대천을 건너는 것이다.

「대상사」에서는 '바람과 우레가 익괘(益卦)이니, 군자가 이로써 선
을 보면 옮기고, 허물이 있으면 고치는 것이다'(風雷ㅣ 益이니 君子ㅣ
以하야 見善則遷하고 有過則改하나니라)라 하여, 하늘의 진리가 더해져
서 선을 보면 실천하고 허물이 있으면 고치는 것이다.

내 마음에 하늘의 은택을 더하기 위해서는 선을 보면 실천하고,
허물을 보면 고치는 '천선개과'(遷善改過)를 해야 한다. 일반적으로
'허물은 고치고 선은 옮긴다'는 개과천선(改過遷善)을 사용하고 있
다. 자기의 잘함을 먼저 실천하고 허물을 고치는 것과 허물을 고치
고 선을 실천하는 것은 차이가 있다. 선(善)은 천도(天道)를 계승한
인간 본성으로 이해한다면, 허물을 고치고 다음에 선(善)으로 옮겨

지는 것이 아니라, 자기의 양심을 알아서 실천하면, 허물은 자연히 고쳐지는 것이다.

「계사하」 제2장에서는 '복희씨가 돌아가시거늘 신농씨가 일어나서 나무를 깎아서 보습을 만들고 나무를 휘어서 쟁기를 만들어, 쟁기와 호미의 이로움으로 세상을 가르치니 대개 익괘에서 취하고'(包犧氏沒커늘 神農氏作하야 斲木爲耜하고 揉木爲耒하야 耒耜之利로 以敎天下하니 蓋取諸益하고)라 하여, 신농씨(神農氏)가 『주역』의 42번째 괘인 익괘에서 뜻을 취하여 세상을 가르쳤다고 하였다. 신농씨는 인류의 정착생활을 가능하게 해준 농업을 가르쳐 주고 사람들을 교화한 성인이다.

「계사하」 제7장에서는 '익(益)은 덕의 넉넉함이고, 익은 길게 넉넉하지만 베풀지 않고, 익으로써 이로움이 더해지게 일으키고'(益은 德之裕也오 … 益은 長裕而不設하고 … 益以興利코)라 하여, 하늘의 은택이 더해지는 익괘(益卦)의 공능(功能)을 밝히고 있다.

익괘 효사(爻辭)에서는 혹익지(或益之), 익지용흉사(益之用凶事), 막익지(莫益之)의 세 가지 익(益)을 밝히고 있다.

혹익지(或益之)는 혹이 더하는 것으로, 십(十)이 벗하는 것이다. '육이(六二)는 혹이 더하는 것은 십이 벗하는 것이라 거북도 절대로 어기지 않으니 길게 곧으면 길하니'(六二는 或益之는 十朋之라 龜도 弗克違나 永貞이면 吉하니)라 하였다. 십(十)은 하늘의 수(數)로 혹(或)은 하늘의 작용을 의미한다. 하늘로부터 더함이 있기 때문에 상제(上帝)에게 향례(享禮)를 올리는 것이 길한 것이다.

손괘(損卦) 오효(五爻)의 '육오(六五)'는 혹이 더하는 것은 십이 벗하는 것이라. 거북도 능히 어기지 않으니 근원적으로 길한 것이다. 상에서 말씀하시기를 육오가 근원적으로 길하다는 것은 위로부터 돕기 때문인 것이다(六五는 或益之는 十朋之라 龜弗克違하리니 元吉하니라. 象曰六五元吉은 自上祐也라새라)와 서로 대응되고 있다. 여기서 거북도 능히 어기지 않는다는 '귀불극위'(龜弗克違)의 귀(龜)는 낙서(洛書)원리를 의미한다. 천도(天道) 사상작용을 표상하는 낙서의 원리도 절대로 어기지 않는 것이다.

익지용흉사(益之用凶事)는 더함에 흉사(凶事)를 쓰는 것이다. 흉한 일을 통해서 하늘의 은택이 더해지는 것이다. 흉한 일이 있을수록 진리에 대한 믿음을 가지고 중도(中道)를 행해야 하며, 고유(固有)하고 있는 자신의 본성을 따라야 한다.

막익지(莫益之)는 더함이 없는 것으로, 자신의 말이 치우쳐 있기 때문에 더함이 없는 것이다. 더함이 없고 오히려 밖으로부터 공격이 오는 것이다. 성학(聖學)을 공부하겠다고 마음을 세웠지만 항상하지 않는 '입신물항'(立心勿恒)하기 때문에 흉한 것이다. 뜻을 세웠으면 성인의 말씀에 항상하는 '입신유항'(立心有恒)을 해야 한다.

「계사하」 제5장에서는 '공자께서 말씀하시기를 군자가 그 몸을 편안하게 한 이후에 움직이며, 그 마음을 다스린 이후에 말하며, 그 사귐을 정한 이후에 구하는 것이니, 군자가 이 세 가지를 닦는 까닭으로 온전히 하는 것이다. 위태로움을 움직이면 사람들이 함께하지 않고, 두려움을 말하면 사람들이 응하지 않고, 사귐이 없이 구하면 사람들이 더불지 않는 것이니, 함께하지 않으면 상함이 이를 것이니, 『주역』에서 말씀하시기를 더함이 없는 것이라 혹이 치는 것이니 마음을 세워서 항상하지 않으니 흉한 것이라 하였다'(子曰君子ㅣ 安其身而後에아 動하며 易其心而後에아 語하며 定其交而後에아 求하나니 君子ㅣ 脩此三者故로 全也하나니 危以動하면 則民不與也코 懼以語하면 則民不應也코 无交而求하면 則民不與也하나니 莫之與하면 則傷之者ㅣ 至矣나니 易曰 莫益之라 或擊之리니 立心勿恒이니 凶이라하나라)라 하여, 더함이 있음과 없음에 따른 군자의 삶을 밝히고 있다.

한편 겸괘(謙卦)에서는 '천도(天道)는 가득 찬 것을 어지러지게 하고 겸손을 더하고'(天道는 虧盈而益謙하고), '군자가 이로써 많은 것에서 덜어서 적은 것에 더하여 만물을 저울질하여 고르게 베푸는 것이다'(君子ㅣ 以하야 裒多益寡하야 稱物平施하나니라)라 하여, 겸덕(謙德)이 더함을 부르고, 적은 것에 더해주는 것이다.

다음으로 익(益)을 선진유학의 경전에서 찾아보면, 『서경』의 오경(五經) 가운데 「익직(益稷)」이 있는데, 익(益)과 직(稷)은 순임금의 신하이다. '무익(無益)함을 지어서 유익(有益)함을 해치지 않으면, 공이 이에 이루어질 것이며'(不作無益害有益, 功乃成)라 하여, 더함이 있고 없음을 밝히고 있다.

『논어』에서는 '내 일찍이 종일 먹지 않으며 밤새도록 잠들지 않아서 생각하니 더함이 없는 것이라 배움만 같지 못한 것이다'(子ㅣ 曰 吾嘗終日不食하며 終夜不寢하야 以思호니 無益이라 不如學也로다)라 하여, 학문과 생각이 함께 해야하는 것이다.

또 '자장이 묻기를 300년을 알 수 있습니까? 공자께서 말씀하시기를 은나라는 하나라 예에 인하니 덜고 더하는 것을 알 수 있으며, 주나라는 은나라 예에 인하니 덜고 더하는 것을 알 수 있으니, 혹 주나라를 계승하면 비록 3,000년이라도 알 수 있는 것이다'(子張이 問十世를 可知也잇가 子ㅣ 曰殷因於夏禮하니 所損益을 可知也며 周因於殷禮하니 所損益을 可知也니 其或繼周者면 雖百世라도 可知也니라)라 하여, 손괘(損卦)와 익괘(益卦)의 이치로 헤아리면, 3,000년 이후의 세상도 알 수 있는 것이다.

『맹자』에서는 '구하면 얻고 버리면 잃으니, 이 구함은 얻음에 더함이 있으니 구함이 나에게 있기 때문이다'(孟子曰 求則得之하고 舍則失之하나니 是求는 有益於得也니 求在我者也일새니라)라 하여, 득(得)함은 밖으로 얻어지는 것이 아니라 자신에서 얻어지는 것이다.

또 '세상에 싹이 자라는 것을 돕지 않는 사람이 적으니, 무익(無益)하다고 버리는 것은 싹을 김매지 않는 사람이고, 자라는 것을 돕는 것은 싹을 뽑는 사람이니 다만 무익(無益)할 뿐 아니라 또한 해치는 것이다'(天下之不助苗長者寡矣니 以爲無益而舍之者는 不耕苗者也요 助之長者는 揠苗者也니 非徒無益이라 而又害之니라)라 하여, 싹을 자라게 돕는 '조장'(助長)은 싹을 뽑는 것으로 말라 죽게 하는 것이다.

즉, 김을 매지 않는 사람은 성학(聖學)을 공부하지 않는 것이고, 싹을 뽑아서 조장(助長)하는 사람은 조금 아는 것을 과장(誇張)하거나 다 안다고 하는 것이다. 조장하는 것은 하늘의 더함이 없는 무익(無益)할 뿐만 아니라 자기 자신을 해치는 행동이다.

결단할 쾌

　　택천쾌괘(澤天夬卦)는 내괘 건괘(乾卦, ☰)와 외괘 태괘(兌卦, ☱)로, 연못이 하늘 위에 있는 형상이다. 쾌(夬)는 나의 소인적(小人的) 마음을 결단하는 것이다.

　　쾌(夬)를 풀이하면, 하늘 천(天)을 뚫고 올라간 모습으로, 위의 한 일(一)은 일태극(一太極)으로 땅에 살아가는 백성으로 생각하면 태괘(兌卦)와 만나고, 큰 대(大)는 하늘의 작용성이니 건괘(乾卦)가 된다.

　　또 다른 입장에서 두 이(二)는 음양(陰陽), 천지(天地)로 건괘(乾卦)에 대응한다면, 사람 인(人)은 일반 사람이니 태괘(兌卦)로 설명할 수 있다. 쾌(夬)는 지아비 부(夫)에서 위의 한 일(一)이 굽어 있는(ㄱ) 것으로, 결단을 통해 바르게 펴야 하는 것이다.

　　쾌(夬)는 '결단하다', '터놓다'의 뜻으로 「단사」에서는 '쾌(夬)는 결단이니'(夬는 決也니)라 하고, 「서괘하」에서도 '쾌(夬)는 결단이니'(夬者는 決也니)라 하고, 「잡괘」에서는 '쾌(夬)는 결단이다. 강이 유를 결단하는 것이니 군자의 도는 길게 하지만 소인의 도는 근심하는 것이다'(夬는 決也라 剛決柔也니 君子道長이오 小人道憂也라)라 하여, 하늘의 건도(乾道)로 사람의 소인지도(小人之道)를 결단하는 것이다.

쾌(夬)는 결단하는 것으로, 하이데거의 실존철학에서 '선구적(先驅的) 결단'과 통한다. 나의 실존적 물음을 통해 죽음을 자각하고, 선구적 결단을 해야 비로소 지금 여기 있는 삶을 올바르게 살아갈 수 있다.

「괘사」에서는 '쾌는 왕의 뜰에서 드날리는 것이니 믿음으로 부르짖으니 위태로움이 있다'(夬는 揚于王庭이니 孚號有厲니라)라 하여, 결단은 믿음으로 해야 하고 위태로움이 있는 것이다.

또 「단사」에서는 '강이 유를 결단하니 강건하고 기쁨이며 결단하고 화합하는 것이다'(剛決柔也니 健而說하고 決而和하니라)라 하여, 우리는 자신의 탐욕을 결단해야 다른 사람과 서로 화합(和合)을 할 수 있는 것이다. '결이화'(決而和)하는 것이다.

「대상사」에서는 '연못이 하늘 위에 있음이 쾌괘(夬卦)이니, 군자가 이로써 복록을 베풀어 아래에 미치게 하며 덕(德)에 거처하면서 조심하는 것이다.'(澤上於天이 夬니 君子ㅣ 以하야 施祿及下하며 居德則忌하나니라)라 하여, 쾌(夬)의 결단은 결국 익괘(益卦)의 천시지생(天施地生)을 하기 위한 사람의 노력인 것이다. 또 하늘의 은혜가 아래로 내려지고, 덕에 거처하지만 삼가는 것이 결단이다.

쾌괘의 효사(爻辭)에서는 군자쾌쾌(君子夬夬), 현륙쾌쾌(莧陸夬夬)의 두 가지 쾌(夬)를 밝히고 있다.

군자쾌쾌(君子夬夬)는 군자가 결단하고 결단하는 것이다. 한 번은 몸의 욕망을 결단하고, 또 한 번은 관념적 사유를 결단하는 것이다. 또한 군자쾌괘에서 두 번의 결단은 한 번은 탐욕심을 결단하는 것이고, 또 한 번은 진리를 따르겠다고 결단하는 것이다.

두 번 결단하는 것은 두 번 태어나는 것으로, 「계사상」 제5장의 '생생지위역'(生生之謂易)과 서로 대응된다. 즉, 한 번은 몸을 낳는 것이고, 또 한 번은 마음을 낳는 것이다. 우리는 육신이 태어나고, 진리에서 태어나는 것이다.

불교의 유식론(唯識論)으로 보면, 중생의 망념은 있지만 참다운 이치는 없는 정유리무(情有理無)의 변계소집성(遍計所執性, 두루 계교하고 헤아려서 집착하는 성질)을 결단하고, 허깨비같이 임의로 있는 여환가유(如幻假有)인 의타기성(依他起性, 다른 것에 의지해서 일어나는 성품)을 결단하는 것이다. 그래야 중생의 망정(忘情)에는 없지만 참다운 이치에는 있다는 정무리유(情無理有)인 원성실성(圓成實性, 원만히 성취된 참다운 성품)의 진여불성(眞如佛性)을 얻게 된다.

현륙쾌괘(莧陸夬夬)는 뭍에서 자라는 자리공이 결단하고 결단하는 것이다. 중도(中道)를 행하지만, 아직 빛나지 않는 것이다. 자리공 현(莧)은 풀 이름으로 진괘(震卦)이고, 육(陸)은 땅으로 곤괘(坤卦)이니, 뇌지예괘(雷地豫卦)가 된다. 예괘(豫卦)의 이치를 통해 결단하는 것이다. 또 진괘(震卦)의 성인지도(聖人之道)로 결단하는 것이다. 성인의 말씀을 배우고, 성인의 말씀을 실천하겠다는 결단이다.

天
風
姤

女
后
斤
口

만날 구

　　천풍구괘(天風姤卦)는 내괘 손괘(巽卦, ☴)와 외괘 건괘(乾卦, ☰)로, 하늘 아래에 바람이 부는 형상이다. 구괘(姤卦)는 하늘과 사람, 성인과 군자가 만나는 것이다.

　　구(姤)를 풀이하면, 계집 녀(女)는 십일(十一)로 구성되어 건괘(乾卦)를 상징하고, 황후 후(后)는 하늘의 짝이 되는 것으로 손괘(巽卦)와 만나게 된다. 또 녀(女)에서 십(十)은 하늘을 의미하니 건괘(乾卦)이고, 일(一)은 땅에서 부는 바람으로 손괘(巽卦)가 된다. 후(后)에서 도끼 근(斤)은 하늘의 결단으로 건괘(乾卦)가 된다면, 구(口)는 곤도(坤道)로 장녀(長女)인 손괘(巽卦)로 설명할 수 있다.

　　구(姤)는 여자(女)가 후(后)를 만나는 것으로, 군자가 성인지도(聖人之道)를 만나서 진리와 하나가 되는 것이다.

　　구(姤)는 '만나다', '우아하다'의 뜻으로 「단사」에서는 '구(姤)는 만남이니 유(柔)가 강(剛)을 만나는 것이다'(姤는 遇也니 柔遇剛也라)라 하고, 「서괘하」에서도 '구는 만나는 것이니'(姤者는 遇也니)라 하고, 「잡괘」에서는 '구(姤)는 만남이니 유가 강을 만나는 것이고'(姤는 遇也니

柔遇剛也오)라 하여, 땅의 주체인 사람이 하늘을 만나는 것이다.

「괘사」에서는 '구(姤)는 여자가 씩씩함이니 여자를 취하여 쓰지 말라는 것이다'(姤는 女壯이니 勿用取女니라)라 하여, 여자를 취하는 것이 아니라 하늘을 만나고 진리를 만나는 것이다.

또 「단사」에서는 '하늘과 땅이 서로 만나니 품물(品物)들이 모두 빛나고, 강(剛)이 중정(中正)을 만남은 세상에 크게 행해지는 것이니, 구괘(姤卦)의 시의(時義)가 위대한 것이다'(天地相遇하니 品物이 咸章也오 剛遇中正은 天下에 大行也니 姤之時義ㅣ 大矣哉라)라 하여, 강과 유가 만나서 세상에 행해지는 구괘(姤卦)가 가진 천시(天時)는 위대한 것이다.

「대상사」에서는 '하늘 아래에 바람이 있음이 구괘(姤卦)이니, 후(后)가 이로써 천명(天命)을 베풀어 사방에 알리는 깃이다'(天下有風이 姤니 后ㅣ 以하야 施命誥四方하나니라)라 하여, 64괘 「대상사」에서 유일하게 임금 후(后)를 밝히고 있다.

후(后)는 임금이자 황후(皇后)이기 때문에 음양(陰陽)이 합덕하는 의미를 담고 있다. 『정역』에서는 선천(先天)·후천(后天)이라 하여, 뒤 후(後)를 대신하고 있다. 즉, 선천은 하늘보다 먼저 하는 것이고, 후천(后天)은 음양이 합덕된 세상이라는 의미이다.

구괘 효사(爻辭)에서는 구기각(姤其角)과 포유어(包有魚), 포무어(包无魚)를 밝히고 있다.

구기각(姤其角)은 각(角)에서 만나는 것으로, 끝에 있는 뿔에서 만나는 것이다. 상효(上爻)의 위에서 각을 만나니 궁색하고 인색한 것이다. 각(角)은 28수(宿)에서 동방의 각성(角星)이고, 그 동물을 대표하는 것이기 때문에 하늘의 뜻을 상징하고 있지만, 항룡(亢龍)의 자리에서 만나게 되어 궁한 것이다. 그러나 마지막 상효에서라도 만났기 때문에 허물은 없는 것이다.

포유어(包有魚)는 물고기가 있는데 감싸는 것이다. 『주역』은 물론이고 『성경』에서도 물고기는 백성을 의미한다. 사효(四爻)에서는 직접 '물고기가 없는데 포용하는 것은 백성을 멀리하는 것이다'(象曰无魚之凶은 遠民也라)라 하여, 물고기를 백성으로 밝히고 있다.

백성이 있을 때 포용(包容)하는 것은 허물이 없지만, 그 뜻은 손님에 미치지 못하는 것이다. 지수사괘(地水師卦)에서 밝힌 정치원리는 군자가 백성을 포용하여 기르는 것이 '포유어'이다.

포무어(包无魚)는 물고기가 없는데 감싸는 것이다. 백성이 없을 때 감싸는 것은 흉을 일으키는 것이다. 이것은 거짓 선전과 선동으로 사람들을 위험에 빠뜨리는 것이다. 진실로 백성을 포용하고 기르는 것이 아니라, 가짜로 보여주기 정치를 하는 것이다.

최근에 전 세계에 만연하고 있는 PC주의(political correctness)는 대표적인 포무어(包无魚)이다. PC주의는 대중이 듣기 좋은 말, 거부감 없이 받아들일 수 있는 표현으로 대중의 동의·공감을 얻어내거나 인기몰이 또는 책임회피 등을 목적으로 말하고 행하는 정치전술이다. 특히 카메라 앞에서만 사람들의 감성을 움직이는 사악한 정치적 행태이다. 용어에서부터 '정치적 올바름'이라 하고, 실재는 거짓 선동을 하고 있는 것이다.

또한 초고속 정보화 사회에서는 매스미디어(Mass Media)가 독점 되고, 개인의 정보가 통제되는 위험을 가지고 있다. 트위터(twitter)나 인스타그램(Instagram) 등 소셜 미디어(Social Media)나 소셜 네트워크(SNS, Social Network Service)의 정치적 편향성에 따른 정보의 왜곡은 끊임없이 지적되고 있다.

모일 췌

택지췌괘(澤地萃卦)는 내괘 곤괘(坤卦, ☷)와 외괘 태괘(兌卦, ☱)로, 연못이 땅 위에 있는 형상이다. 췌괘(萃卦)는 하늘의 뜻이 내 마음에 모이는 것이고, 백성들이 하나로 모이는 것이다.

췌(萃)를 풀이하면, 풀 초(艹)는 이십(二十)으로 건괘(乾卦)와 짝이 되는 곤괘(坤卦)가 되고, 군사 졸(卒)은 사람들이니 백성이 되는 태괘(兌卦)와 만나게 된다. 또 졸(卒)에서 가운데 인(人)은 사람들로 태괘이고, 위의 돼지머리 두(亠)는 하늘이 땅에 펼쳐지는 것으로 곤괘(坤卦)가 된다. 췌(萃)는 하늘과 땅 사이에 있는 사람에게 진리가 모이는 것이다.

췌(萃)는 '모이다', '이르다'의 뜻으로 「단사」에서는 '췌(萃)는 모이는 것이니 순응하여 기쁘고 강(剛)이 적중하고 응하는 것이라 그러므로 모이는 것이다(萃는 聚也니 順以說하고 剛中而應이라 故로 聚也니라)'라 하고, 「서괘하」에서도 '췌(萃)는 모이는 것이니(萃者는 聚也니)'라 하고, 「잡괘」에서는 '췌(萃)는 모이고(萃는 聚而)'라 하여, 모일 취(聚)라고 하였다.

「괘사」에서는 '췌는 형통하니 왕이 사당(祠堂)에 나아가니 대인을 봄이 이로운 것이니 형통하고 정도(貞道)가 이로운 것이다. 큰 희생을 씀이 길하고 갈 바가 있음이 이로운 것이다(萃는 亨하니 王假有廟니 利見大人하니 亨코 利貞하니라. 用大牲이 吉하니 利有攸往하니라)라 하여, 지도자가 공경한 마음으로 사당에 나가고 하늘에 큰 희생(犧牲) 제물(祭物)을 쓰니 거듭 형통한 것이다.

또 「단사」에서는 '대인을 봄이 이로움이 형통함은 정도로써 모이기 때문이고, 큰 희생을 씀이 길하고 갈 바가 있음이 이로운 것은 천명(天命)을 따르기 때문이니, 그 모이는 바를 보면 천지(天地)와 만물(萬物)의 정(情)을 볼 수 있는 것이다(利見大人亨은 聚以正也ᆯ새오 用大牲吉利有攸往은 順天命也니 觀其所聚而天地萬物之情을 可見矣리라)라 하여, 천지와 만물의 뜻은 그 모이는 바에서 볼 수 있는 것이다. 진리를 행하는 것은 천명(天命)을 따르는 것이고, 그 모이는 것을 보면 천지(天地)와 만물의 뜻을 볼 수 있는 것이다.

특히 췌괘(萃卦)에서는 '왕이 사당(祠堂)에 나아가서 큰 희생 제물을 쓴다'고 하여, 제사에 사용되는 희생(犧牲)을 말씀하고 있다. 큰 희생을 쓴다고 할 때는 보통 사람들이 가축으로 기르는 동물인 소나 돼지, 양을 잡아서 생것을 통째로 올리는 것이다. 이는 흠향(歆饗)하는 상제(上帝, 하나님)가 큰 것을 좋아하거나, 큰 것을 통째로 올려야 그 만큼 큰 복을 받는다고 믿어온 것이다. 제사(祭祀)의 형이상학적(形而上學的)인 뜻을 망각한 것이다.

희생 제물로 올린 가축은 자신이 기르던 소중한 자산으로, 나의 분신(分身)이자 나의 육신(肉身)을 의미한다. 그 희생(犧牲)은 나의 동물적 욕망 내지 육신(肉身)의 목숨을 죽여서 하늘의 뜻을 따르겠다는 맹세를 올리는 것이다. 사람은 육신의 목숨만 있는 것이 아니라 영혼의 생명을 가지고 있다. 큰 희생 제사는 바로 나의 몸의 욕망을 죽이고, 하늘의 뜻으로 살겠다는 맹세의 장인 것이다. 모든 제사의 본질적 의미가 여기에 있는 것이다. 철학적으로는 나의 아상(我相)이나 에고(ego)를 죽이고, 참다운 나인 진아(眞我)로 거듭나는 행위인 것이다.

「대상사」에서는 '연못이 땅 위에 있음이 췌괘(萃卦)이니, 군자가 이로써 융기(戎器)를 제거하여 헤아리지 못한 것을 경계하는 것이다'(澤上於地ㅣ 萃니 君子ㅣ 以하야 除戎器하야 戒不虞하나니라)라 하여, 진리에 모이기 위해서는 자신의 탐욕을 없애고 생각하지 못한 어려움을 경계해야 한다. 융기(戎器)는 병기(兵器)로 사람에게는 소인지심(小人之心)으로 비유된다.

췌괘 효사(爻辭)에서는 내란내췌(乃亂乃萃), 췌여수여(萃如嗟如), 췌유위(萃有位)의 세 가지 췌(萃)를 밝히고 있다.

내란내췌(乃亂乃萃)는 이에 어지럽고 이에 모이는 것이다. 진리에 대한 믿음은 있으나 유종(有終)을 거두지 못하고, 그 뜻이 어지러운 상황이다. 한 번 뜻을 세웠으면 방소를 바꾸지 않는 '입불역방'(立不易方)이 필요한 것이다. 또 입심유항(立心有恒)해야 하는데, 왔다 갔다 하는 것이다. 마음이 어지러워지는 것은 세속적 욕망 때문이다.

췌여차여(萃如嗟如)는 모이는 것 같고 한탄하는 것 같은 것이다. 마음속에서 하늘의 뜻이 모이는 것 같고, 또 모이지 못해서 탄식하는 것 같은 것이다. 탄식하는 것은 진리를 만나지 못해서 나온 것으로, 그 자리에 멈추면 이로운 것이 없지만, 계속 노력하면 허물이 없는 것이다.

췌유위(萃有位)는 자리 있음에 모이는 것으로, 허물이 없는 것이다. 자리 위(位)는 덕위(德位)로, 자신의 본성에서 만나는 것이다. 하늘에 대한 절대적인 믿음이 아니어도 근원적으로 바르게 하고자 하면 후회가 없어지는 것이다. 덕위(德位)에서 만나는 것은 아직 뜻이 빛나지는 않는 것이다.

다음으로 췌(萃)를 선진유학의 경전에서 찾아보면, 『서경』에서는 '천하에 도망치는 자들의 주인이 되어 연못과 숲에 모이는 것이다'(爲天下逋逃主, 萃淵藪)라 하여, 연못에 물고기가 모이고 숲에 짐승이 모인다고 하였다.

『맹자』에서는 '그 무리에서 나오며 그 모인 것에서 빼어나 백성들이 태어난 이래로 공자보다 성대한 분은 아직 없었던 것이다'(出於其類하며 拔乎其萃나 自生民以來로 未有盛於孔子也시니라)라 하여, 췌(萃)를 사람들이 모여 사는 것으로 논하고 있다.

오를 승

　　지풍승괘(地風升卦)는 내괘 손괘(巽卦, ☴)와 외괘 곤괘(坤卦, ☷)로, 땅 가운데 나무가 생(生)하는 형상이다. 승괘(升卦)는 진리에 오르는 것이고, 마음이 진급하는 것이다.

　　승(升)을 풀이하면, 삐침 별(丿)은 다스린다는 의미로 손괘(巽卦)와 만나고, 밑스물 입(卅)은 이십(二十)으로 건괘(乾卦)와 짝이 되는 곤괘(坤卦)가 된다. 또 별(丿)과 열 십(十)으로 볼 수도 있다. 승(升)은 십(十)을 다스려 올라가는 것으로, 땅에서 신도(神道) 바람을 타고 하늘로 올라가는 것이다.

　　승(升)은 '오르다', '되' 등의 뜻으로, 「단사」에서는 '유(柔)가 천시로써 올라서'(柔ㅣ以時升하야)라 하고, 「서괘하」에서는 '모여서 위로 오르는 것을 승(升)이라 한다'(聚而上者를 謂之升이라)라 하여, 땅에서 하늘로 오르는 것이다.

　　「잡괘」에서는 '승(升)은 오지 않는 것이다'(升은 不來也라)라 하여, 오지 않는 것은 가는 것이다. 사람이 진리를 찾아서 왕(往)하는 것이다. 사람의 입장에서 왕(往)은 하늘에 오르는 것이다.

「괘사」에서는 '승은 근원적으로 형통하니 대인지도를 깨우쳐 사용하는데 근심하지 말고 남쪽으로 정벌하면 길한 것이다'(升은 元亨하니 用見大人호대 勿恤코 南征하면 吉하리라)라 하여, 오르기 위해서는 성인지도(聖人之道)를 바르게 써야 하는 것이다.

또 「단사」에서는 '대인지도를 깨우쳐 사용하고 근심하지 않음은 경사가 있기 때문이고, 남쪽으로 정벌을 함이 길한 것은 뜻을 행하기 때문인 것이다'(用見大人勿恤은 有慶也ㄹ새오 南征吉은 志行也ㄹ새니라)라 하여, 승괘(升卦)의 오름은 대인(大人, 聖人)의 진리를 깨우쳐 근심하지 않음이고, 여경(餘慶)이 있는 것이다.

「대상사」에서는 '땅 가운데 나무가 나옴이 승괘(升卦)이니, 군자가 이로써 덕을 따라서 적은 것을 쌓아서 높고 크게 하는 것이나'(地中生木이 升이니 君子ㅣ 以하야 順德하야 積小以高大하나니라)라 하여, 천덕(天德)에 순응하여 내면적으로 쌓아서 마침내 하늘에 오르는 것이다. 마음이 진급(進級)하는 것이다.

승괘의 효사(爻辭)에서는 윤승(允升), 승허읍(升虛邑), 승계(升階), 명승(冥升)의 네 가지 승(升)을 밝히고 있다.

윤승(允升)은 진실하게 오르는 것으로, 크게 길한 것이다. 자신의 본성에 진실하여 올라가는 것이니, 하늘과 뜻이 합하는 것이다.

진실로 윤(允)은 나 사(厶)와 걷는 사람 인(儿)으로, 자신의 본성을 진실하게 하는 것이다. 『서경』 「대우모(大禹謨)」에서 밝힌 '인심(人心)은 오직 위태롭고 도심(道心)은 오직 은미하니, 오직 정일(精一)하여 진실로 그 중(中)을 잡을 것이다'(人心은 惟危하고 道心은 惟微하니 惟

精惟一하야사 允執厥中하리라)의 '윤집궐중'(允執厥中)이다.

승허읍(升虛邑)은 빈 고을에 오르는 것이다. 고을 읍(邑)은 사람들이 살아가는 인격적 세계이자 욕망이 가득한 곳이다. 하늘로 올라가야 하는데, 고을로 오르는 것은 세속적(世俗的) 욕망으로 내달려가는 것이다. 그런데 사람이 살지 않는 빈 고을을 오르는 것이니, 어떠한 마을을 만들지 아직 모르기 때문에 그 사람을 의심할 것은 없는 것이다. 새롭게 아름다운 마을을 만들 수 있는 것이다. 『논어』의 어진 마을인 '이인'(里仁)을 만들어야 한다.

고을은 제가(齊家)와 치국(治國)의 가운데 있는 것으로, 국가 사회를 구성하는 작은 세계이다. 물론 제가(齊家)가 단순히 한 가정만 의미하는 것이 아니라 가문(家門)으로 확장하면 고을과 만나게 된다. 전통 사회의 마을은 성씨(姓氏)를 기반으로 하는 집성촌의 형태이다. 제가(齊家)와 치국(治國)은 수신(修身)을 확장한 것으로, 사람이 사람답게 살아가는 인격적 세계이다. 빈 고을을 사랑이 가득한 인격적 세계로 만드는 것이다.

승계(升階)는 섬돌을 오르는 것으로, 곧게 하면 길한 것이다. 천국(天國)의 계단을 하나씩 오르는 것이고, 영혼이 진급(進級)하는 것이다. 자신의 차원을 높여서 하늘의 뜻을 크게 얻을 것이다. 삶의 궁극적 지향은 영혼의 진급을 위한 승계(升階)에 있다. 마침내 해탈(解脫), 구원(救援)을 얻는 것이다.

소태산(少太山, 1891~1943)은 영혼의 진급은 살아서 자기 스스로 하는 것이 더욱 효과가 있으며, 평소에 마음을 밝고, 조촐하고, 바르게 길들이라고 하였다.

명승(冥升)은 어둠에서 오르는 것으로, 명상(冥想)을 통해 올라가는 것이다. 예괘(豫卦)의 상효(上爻) '명예'(冥豫)와 서로 짝이 된다. 고요히 눈을 감고 하늘의 뜻을 헤아리는 것으로, 쉬지 않는 곧음이 이로운 것이다. 다만 진리의 밝음으로 오르는 명승(明升)이 아니기 때문에 마음이 부유하게 되지는 못하는 것이다.

승괘의 윤승(允升), 승허읍(升虛邑), 승계(升階), 명승(冥升)은 모두 하늘의 뜻을 자각하기 위한 것이다. 윤승은 마음을 진실하게 하는 것이고, 승허읍은 고을을 인격적 세계로 만들기 위해 올라가는 것이고, 승계는 영혼의 진급으로 계단에 오르는 것이고, 명승은 마음속으로 진리에 오르는 것이다.

다음으로 승(升)을 선진유학의 경전에서 찾아보면, 『서경』에서는 '온화하고 공손하고 진실하고 착실하셨어 현덕(玄德)이 올라가 들리니, 이에 천명으로 위(位)를 받은 것이다'(溫恭允塞, 玄德升聞, 乃命以位), '높이 오를 때는 반드시 아래로부터 하고, 멀리 갈 때는 반드시 가까운데 부터 하니'(若升高, 必自下, 若陟遐, 必自邇)라 하여, 승(升)은 위나 높은 곳으로 올라가는 것이다.

또 '그대가 법을 공경히 하고 덕에 있으면, 천시가 변하지 않음이 없어서 진실로 큰 도에 오르게 될 것이다'(爾克敬典在德, 時乃罔不變, 允升于大猷), '도는 올라감과 내려감이 있고, 정치는 풍속으로 말미암아 개혁되니'(道有升降, 政由俗革)라 하여, 대유(大猷)와 도(道)에 올라가는 것이다.

『논어』에서는 '공자께서 말씀하시기를 유(由)는 집에는 올랐고 아직 방에는 들어가지 못하였다'(子ㅣ 日由也는 升堂矣오 未入於室也니라)라 하여, 오를 승(升)과 들 입(入)을 구분하고 있다. 제자 자로(子路)는 진리에 올라갔지만, 아직 성인의 도실(道室)에는 들어가지 못한 것이다.

성인의 도실(道室)에 대해, 『논어』에서는 '자장이 착한 사람의 길에 대해 묻는데, 공자께서 말씀하시기를 자취를 밟지는 않는 것이나 또한 도실(道室)에 들어가지는 못하는 것이다'(子張이 問善人之道한대 子ㅣ 日不踐迹이나 亦不入於室이니라)라 하여, 세상을 착하게 살아가는 사람은 큰 죄를 짓지 않은 아름다운 사람이지만, 성인의 말씀을 배우지 않으면 진리에 들어가지 못한다는 것이다. 집 실(室)은 종교적으로 보면, 하늘의 집인 천당(天堂)이 된다. 착한 사람은 사랑을 실천하고자 하지만, 성학(聖學)을 배우지 않기 때문에 도실(道室)에 들어가지 못하는 것이다.

곤할 곤

　　택수곤괘(澤水困卦)는 내괘 감괘(坎卦, ☵)와 외괘 태괘(兌卦, ☱)로, 연못에 물이 없는 형상이다. 곤(困)은 목도(木道)가 갇혀 있어서 곤궁(困窮)한 모습이다. 곤괘(困卦)는 성인의 말씀이 있지만 믿지 않고, 세상 사람의 말을 따르는 것이다.

　　곤(困)을 풀이하면, 나라 국(□)은 입 구(口)와 서로 짝이 되고 사람들을 상징하여 태괘(兌卦)가 되고, 나무 목(木)은 목도(木道)로 손괘(巽卦)가 되지만 하늘의 중정지기인 감괘(坎卦)로 설명할 수 있다. 또 목(木)에서 십(十)은 하늘로 감괘(坎卦)와 만나고, 팔(八)은 태괘와 만나게 된다.

　　곤(困)은 '괴롭다', '부족하다', '곤궁하다'의 뜻으로, 「단사」에서는 '곤(困)은 강(剛)이 감춰져 있으니'(困은 剛揜也니)라 하여, 속에 들어 있는 목(木)이 양괘(陽卦)인 감괘(坎卦)임을 알 수 있다. 「서괘하」에서는 '오르는데 그치지 않으면 반드시 곤궁한 것이다'(升而不已면 必困이라)라 하여, 그치지 않고 오르려고만 하면 곤궁한 것이다. 「잡괘」에서는 '곤(困)은 서로 만나는 것이다'(困은 相遇也라)라 하여, 곤궁하면 만나게 된다고 하였다.

「괘사」에서는 '곤은 형통하고 대인이 곧음이라 길하고 허물이 없으니 말씀이 있지만 믿지 않는 것이다'(困은 亨코 貞大人이라 吉코 无咎하니 有言이면 不信하니라)라 하여, 곤궁하지만 성인지도(聖人之道)에서 바르게 하고, 성인의 말씀을 믿고 따라야 하는 것이다.

또 「단사」에서는 '험난으로써 기뻐하고, 곤궁하지만 형통한 것을 잃지 않으니 오직 군자이구나! … 말씀이 있지만 믿지 않음은 입을 숭상하여 이에 궁하기 때문이다'(險以說하고 困而不失其所亨하나니 其唯君子乎인져 … 有言不信은 尚口乃窮也ㄹ새라)라 하여, 성인의 말씀이 있지만 믿지 않고 사람의 입을 좋아해서 궁하게 되는 것이다. 거짓말이나 이야기의 속어(俗語)인 '구라'를 좋아하는 것이 사람의 입에서 나오는 말을 숭상함이다.

『맹자』에서는 '항상된 재산이 없어도 항심(恒心)이 있는 사람은 오직 선비가 능히 할 수 있거니와'(曰無恒産而有恒心者는 惟士爲能이어니와)라 하여, 오직 선비는 어려워도 성인의 마음인 항심(恒心)을 가지고 살아가는 것이다. 오직 군자만이 곤궁해도 형통함을 잃지 않는 것이다.

「대상사」에서는 '연못에 물이 없음이 곤괘(困卦)이니, 군자가 이로써 천명에 이르고 뜻을 따르는 것이다'(澤无水ㅣ 困이니 君子ㅣ 以하야 致命遂志하나니라)라 하여, 군자는 곤궁할수록 자기에게 주어진 천명(天命)이 무엇인지를 생각하고, 하늘의 뜻을 따르는 것이다.

또 동인괘에서는 '곤궁하면 원칙으로 돌아가는 것이다'(困而反則

也라)라 하여, 곤궁하면 오히려 원칙으로 돌아가야 하는 것이다.

「계사하」 제7장에서는 '곤은 덕의 변별이고, … 곤은 궁해서 통하고, … 곤으로써 원망을 적게 하고'(困은 德之辨也오 … 困은 窮而通하고 … 困以寡怨코)라 하여, 곤괘(困卦)의 공능(功能)을 밝히고 있다.

곤괘(困卦)의 여섯 효사에서는 각각 둔곤우주목(臀困于株木), 곤우주식(困于酒食), 곤우석(困于石), 곤우금거(困于金車), 곤우적불(困于赤紱), 곤우갈류(困于葛藟)를 밝히고 있다.

둔곤우주목(臀困于株木)은 볼기가 나무의 그루터기에서 곤궁한 것이다. 볼기 둔(臀)은 큰 집 전(殿)과 고기 육(肉)으로, 엉덩이는 성 관계와 출산을 담당하기 때문에 사람의 육체적 욕망을 대표한다. 주목(株木)은 나무의 그루터기로, 목(木)은 손괘(巽卦)로 신도(神道)를 상징한다. 따라서 초효(初爻)에서는 육체적 욕망을 따라서 음부(陰部)의 깊은 골짜기를 탐닉하고 있기 때문에 삼년이 되어도 진리를 볼 수 없는 것이다.

곤우주식(困于酒食)은 술과 음식에서 곤궁한 것으로, 허물이 없는 것이다. 하늘의 뜻을 깨우치기 위해 술과 음식을 준비해서 향사(享祀)를 받들고 있지만, 곤궁한 것이다. 주식(酒食)은 수괘(需卦)의 제수(祭需)로, 하늘의 뜻을 밝힌 성인의 말씀이다. 주식(酒食)에서 곤궁한 것은 하늘의 뜻을 깨우치는 과정으로, 중도를 지켜가면 경사가 있는 것이다. 내 마음에서 정성을 다해 진리를 받들고, 성인의 말씀을 따르는 것이다.

곤우석(困于石)은 돌에서 곤궁한 것으로, 흉한 것이다. 돌 석(石)은 간괘(艮卦)가 소석(小石)이기 때문에 군자지도(君子之道)를 의미한다. 군자지도에서 곤궁하다고 소인지도에 의거하여 살아가는 것이다. 집에 들어가더라도 아내를 만나지 못하기 때문에 가인괘(家人卦)의 정명(正名)을 알지 못하고 흉한 것이다.

「계사하」 제5장에서는 『주역』에서 말씀하시기를 돌에서 곤궁하며 질려(蒺藜)에 의거하는 것이라 그 집에 들어가더라도 그 아내를 보지 못하니 흉한 것이다 하니, 공자께서 말씀하시기를 곤궁한 것이 아닌데 곤궁하니 이름이 반드시 모욕되고, 의거할 것이 아닌데 의거하니 몸이 반드시 위태로우니 모욕되고 위태로워서 죽음이 장차 이를 것이니 아내를 얻어서 볼 수 있겠는가(易曰困于石하며 據于蒺藜라 入于其宮이라도 不見其妻니 凶이라하니 子曰非所困而困焉하니 名必辱하고 非所據而據焉하니 身必危하리니 旣辱且危하야 死期將至어니 妻其可得見邪아)라 하여, 곤우석(困于石)을 통해 세속의 욕망에 걸려 살아가면 반드시 모욕되고 위태로움을 밝히고 있다.

곤우금거(困于金車)는 황금 수레에서 곤궁한 것으로, 인색하지만 마침이 있는 것이다. 금(金)은 건괘(乾卦)이고, 거(車)는 곤괘(坤卦)로, 건곤지도(乾坤之道)를 상징한다. 역도(易道)인 건곤지도(乾坤之道)를 천천히 익히는데, 처음에는 어렵고 인색하지만 뒤에는 마침이 있는 것이다.

곤우적불(困于赤紱)은 붉은 제복에서 곤궁한 것으로, 천천히 기쁨이 있다. 적불(赤紱)은 붉은 관복으로, 하늘이 내리는 관직에 입는 옷이다. 하늘의 뜻을 아직 얻지 못했지만, 하늘의 관복에서 곤궁하기 때문에 본성이 바른 것이다. 하늘의 작위를 얻기 위해서는 제사(祭祀)를 올리는 것이 이로운 것이다. 마음을 경건하게 하여 진리를 공부하는 것이다.

곤우갈류(困于葛藟)는 칡과 등나무 덩굴에서 곤궁한 것으로, 아직 합당하지 않은 것이다. 갈류(葛藟)는 칡 갈(葛)과 등나무 덩굴 류(藟)로, 갈등(葛藤)하는 속에서 곤궁한 것이다. 또 얼올(臲卼, 위태로움)에서 곤궁한 것으로, 움직이면 후회가 있는 것이다. 갈등과 위태로움에서는 참회를 하고 바르게 가야 길한 것이다.

다음으로 곤(困)을 선진유학의 경전에서 찾아보면, 『서경』에서는 '무고(無告)한 사람을 학대하지 않으며, 곤궁(困窮)한 사람을 폐하지 않는 것은 오직 요임금만이 능할 수 있었고'(不虐無告, 不廢困窮, 惟帝時克), '사해(四海)가 곤궁하면 하늘의 녹이 영원히 마친 것이다'(四海困窮, 天祿永終)라 하여, 곤궁(困窮)으로 밝히고 있다.

『논어』에서는 '나면서 아는 사람은 상등이고, 배워서 아는 사람은 그 다음이고, 곤궁해서 배우는 것은 또 그 다음이니, 곤궁하지만 배우지 않으면 백성들이 이것으로 아래가 되는 것이다'(孔子ㅣ 曰 生而知之者는 上也오 學而知之者는 次也오 困而學之ㅣ 又其次也니 困而不學이면 民斯爲下矣니라)라 하여, 곤궁하여 배우는 사람과 곤궁하지만 배우지 않는 사람을 논하고 있다.

곤궁하여 배우는 사람은 '나는 누구인가?'라는 궁극적 물음을 하는 사람이다. 고해(苦海)의 삶은 어디서 왔으며, 어디로 가는지를 묻는 사람이다. 그러나 곤궁한데 배우지 않는 사람은 대다수의 일반 사람들로 하늘의 진리에 대해서는 생각하지 않는 것이다.

『중용』에서는 '혹 나면서 알고 혹 배워서 알고 혹 곤궁해서 아는 것이니, 그 앎에 미쳐서는 하나이다'(或生而知之하며 或學而知之하며 或困而知之하나니 及其知之하야는 一也니라)라 하여, 그 앎에 미쳐서는 같다는 말씀에 희망을 찾게 된다. 우리는 곤궁하지만 열심히 성학(聖學)을 배워서 아는데 미치는 것이다.

『맹자』에서는 '사람은 항상 잘못이 있은 연후에 고칠 수 있으니, 마음에서 곤궁하며 생각에서 저울질한 이후에 짓게 되며, 색에서 징험하며 소리에서 드러난 이후에 깨우치는 것이다'(人恒過然後에 能改하나니 困於心하며 衡於慮而後에 作하며 徵於色하며 發於聲而後에 喩니라)라 하여, 마음의 곤궁함은 스스로를 일어나게 하는 것이다.

우물 정

　수풍정괘(水風井卦)는 내괘 손괘(巽卦, ☴)와 외괘 감괘(坎卦, ☵)로, 나무 위에 물이 있는 형상이다. 정괘(井卦)는 시원한 우물 물을 통해 진리를 깨우치는 말씀이다.

　정(井)을 풀이하면, 열 십(十)이 두 개로 하늘을 상징하는데 하나는 손괘(巽卦), 다른 하나는 감괘(坎卦)가 된다. 정(井)은 열 십(十)이 작용하는 것이다. 가로 획인 일(一)이 둘로 작용하여 이(二)가 되고, 세로획인 곤(丨)이 작용하여 이(丨丨)가 된 것이 정(井)이다. 즉, 십(十)의 음양(陰陽)작용이 정(井)인 것이다. 이(二)는 손괘의 바람이 부는 것이고, 이(丨丨)는 감괘(坎卦)의 비가 내리는 것이다.

　정(井)은 '우물', '별자리 이름'으로, 「괘사」에서는 '정(井)은 고을은 고치되 우물은 고칠 수 없으니, 잃음도 없고 얻음도 없으며 가고 옴에 정정(井井)하나니'(井은 改邑하되 不改井이니 无喪无得하며 往來ㅣ 井井하나니)라 하여, 정(井)은 고칠 수 없는 왕래(往來)의 진리임을 밝히고 있다.

　「단사」에서는 '물에 들어가서 물을 올리는 것이 우물이니, 우물은 양육하지만 궁하지 않는 것이다'(巽乎水而上水ㅣ 井이니 井은 養而不窮也하나니라)라 하여, 마르지 않는 영원한 진리의 우물이 정(井)이다. 「서괘하」에서는 '정도(井道)가 바뀌지 않는 것은 불가한 것이다'(井道ㅣ 不可不革이라)라 하여, 직접 정도(井道)라고 하였다.

「대상사」에서는 '나무 위에 물이 있음이 정괘(井卦)이니, 군자가 이로써 백성을 수고롭게 하고 서로 근면하게 하는 것이다'(木上有水ㅣ 井이니 君子ㅣ 以하야 勞民勸相하나니라)라 하여, 하늘의 진리를 세상 사람들이 먹을 수 있도록 하는 것이다.

「잡괘」에서는 '정(井)은 통함이고'(井은 通而)라 하여, 지천태괘(地天泰卦)의 통함(泰者는 通也니)이 현상적으로 드러난 것이다. 즉, 하늘의 진리가 땅으로 내려와 있는 것이 우물이다.

정(井)은 마르지 않는 진리의 우물인데, 『주역』에서는 낙서(洛書)의 이치를 말한다. 낙서는 하늘의 작용인 체십용구(體十用九)의 이치를 표상하는 것으로, 다음의 그림과 같이 정(井)자로 표현되는 것이다.

書　洛　　　　낙서

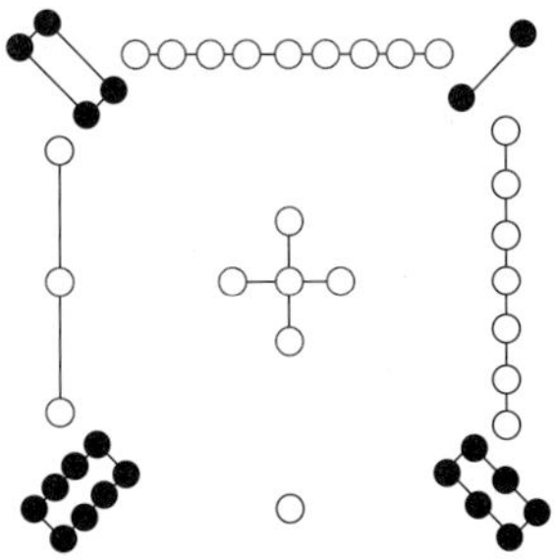

4	9	2
3	5	7
8	1	6

정괘(井卦) 여섯 효사(爻辭)에서는 정니불식(井泥不食), 구정무금(舊井无禽), 정곡석부(井谷射鮒), 정설불식(井渫不食), 정추(井甃), 수정(脩井), 정렬한천식(井洌寒泉食), 정수물막(井收勿幕)의 여덟 가지 정(井)을 밝히고 있다.

정니불식(井泥不食)은 우물이 진흙으로 흐려서 먹지 못하는 것이다. 진흙 니(泥)는 물 수(氵)와 주검 시(尸), 비수 비(匕)로, 물이 죽은 것이다. 우물에 맑은 샘물이 나오지 않고, 형이하의 세속적인 욕망이 가득한 것이다. 먹지 못하는 우물은 깨끗하게 청소한 이 후에 먹을 수 있다.

구정무금(舊井无禽)은 옛 우물에는 날짐승이 없는 것이다. 옛 구(舊)는 초(艹)와 추(隹) 그리고 구(臼)로, 옛 성인지도(聖人之道)를 상징한다. 옛 고(古)나 옛 석(昔)은 모두 십(十)의 진리가 드러나고 밝은 옛 날이고, 성인지도(聖人之道)를 담고 있다. 송괘(訟卦)에서는 '옛 덕을 먹음은 형이상을 추구해야 길한 것이다'(食舊德은 從上이라야 吉也니라)라 하여, 형이상(形而上)의 천덕(天德)이 구덕(舊德)임을 알 수 있다.

날짐승 금(禽)은 하늘을 나는 새로 금수(禽獸)이기 때문에 소인지도(小人之道)를 의미한다. 『주역』에서 새는 엄밀하게 보아야 하는데, 학(鶴)은 하늘의 소리를 전하는 천사(天使)를 의미하지만, 일반적인 새는 금수(禽獸)로 마귀(魔鬼)를 상징하는 것이다. 점괘(漸卦)의 기러기 홍(鴻)은 구도자(求道者)이고, 『맹자』에서 참새 작(雀), 새매 전(鸇)은 타락한 천사이다. 구정무금(舊井无禽)은 마귀가 없고 천시(天時)가 머무는 것이다.

정곡석부(井谷射鮒)는 우물 골에서 붕어를 쏘는 것이다. 붕어 부(鮒)는 물고기로 일반 사람들을 의미한다. 사람들이 우물의 물을 떠서 먹고 살아야 하는데, 우물 속에 있는 것이다. 붕어가 사는 우물은 사람이 먹지 못하는 물이다. 또 옹기가 깨져서 새는 것으로, 우물을 버린 것이다. 즉, 양심(良心)을 담고 있는 그릇이 욕심으로 깨져서 세상의 탐욕에 따라가는 것이다.

정설불식(井渫不食)은 우물을 쳤는데 먹지 않는 것이다. 사람들 먹으라고 우물을 깨끗하게 청소하였는데 먹지 않는 것이다. 성인이 세상에 진리를 가르쳐 주었는데, 사람들이 배우고 익히지 않으니 마음이 측은한 것이다. 우리는 우물을 청소하고 맑은 샘물을 길러 주는 눈 밝은 스승을 찾아서 배워야 한다.

정추(井甃)는 우물에 벽돌을 쌓은 것으로, 허물이 없는 것이다. 내가 마실 영원한 진리의 우물을 튼튼하게 하는 것이다. 벽돌 추(甃)는 가을 추(秋)와 기와 와(瓦)로, 가을의 추상같은 의(義)를 세우는 것이다.

수정(脩井)은 우물을 수리하는 것으로, 하늘의 은택이 내려오는 내 마음을 닦는 것이다. 즉, 수정은 하늘의 진리를 닦는 것이지만, 나에게 있어서는 수신(修身)을 하는 것이다. 수(脩)와 수(修)는 각각 월(月)과 삼(彡)이 다른데, 월(月)은 음양(陰陽)이고 삼(彡)은 천·인·지(天人地) 삼재지도를 각각 닦는 것이다.

정렬한천식(井冽寒泉食)은 우물의 시원하고 차가운 샘물을 마시는 것이다. 차가운 샘물을 마시는 것은 중정(中正)한 것이다. 뜨거운 가

습으로 하늘이 내리는 시원한 진리를 먹는 것이다. 샘 천(泉)은 땅속에서 솟아나는 물로, 정(井)의 물이 세상에 드러나는 것이다. '정렬한천식'은 갑갑하던 마음이 진리의 샘물로 시원하게 열리는 것이다. 진리를 깨우치는 것을 상징하고 있다. 정(井)은 진리가 있는 곳이라면, 천(泉)은 진리의 내용인 것이다.

『맹자』에서는 '함이 있는 사람을 만약 우물을 파는 것에 비유하니, 우물을 아홉 길 파더라도 샘물이 나오지 않으면 오히려 우물을 버리는 것이다(孟子曰 有爲者辟若掘井하니 掘井九軔이라도 而不及泉이면 猶爲棄井也니라)라 하여, 우물(낙서, 洛書)을 구수(九數)까지만 파고, 십(十)을 놓쳐버리면 우물을 버리는 것이다. 즉, 본체인 십(十)은 알지 못하고, 현상의 작용만 아는 것이다.

정수물막(井收勿幕)은 우물의 물을 길어서 먹고 장막을 하지 않는 것이다. 이제는 세상의 사람들이 모두 먹을 수 있도록 우물을 개방하는 것이다. 진리에 대한 믿음이 있으니 근원적으로 길한 것이고, 크게 이루는 것이다.

다음으로 정(井)을 선진유학의 경전에서 찾아보면,『서경』에서는 '가르침과 법을 따르지 않으면, 그 정전(井田)의 경계를 정하여 두려움과 사모함을 있게 하고(弗率訓典, 殊厥井疆, 俾克畏慕)라 하여, 정전(井田)의 경계를 밝히고 있다.

『맹자』에서는 '사방의 마을 정전(井田)이니 정전이 구백무(九百畝)이니 그 가운데가 공전(公田)이다(方里而井이니 井九百畝니 其中이 爲公田이라)라 하여, 직접 정전제(井田制)로 논하고 있다.

『논어』에서는 '재아가 물어서 말하기를 인자(仁者)는 비록 우물에 인(仁)이 있다고 고하더라도 쫓을 것입니다. 공자께서 말씀하시기를 어찌 그렇게 하겠는가, 군자는 가게 할지언정 빠지게 할 수 없으며, 속일 수 있을지언정 그물질은 할 수 없는 것이다(宰我ㅣ 問曰仁者ㅣ 雖 告之曰井有仁焉이라도 其從之也로소이다 子ㅣ 曰何爲其然也리오 君子는 可逝 也언정 不可陷也며 可欺也언정 不可罔也니라)라 하여, 정(井)과 인(仁)을 비 유하고 있다.

바뀔 혁

　택화혁괘(澤火革卦)는 내괘 이괘(離卦, ☲)와 외괘 태괘(兌卦, ☱)로, 연못 가운데에 불이 있는 형상이다. 혁(革)은 천명(天命)을 바꾸는 것으로, 믿음을 가지고 하늘의 뜻을 따르는 것이다.

　혁(革)을 풀이하면, 밑스물 입(卄)은 이십(二十)으로 히 늘이지만 땅에 드러난 하늘로 이괘(離卦)와 만나고, 가운데 있는 구(口)는 입으로 태괘(兌卦)가 된다. 또 구(口)는 호구(戶口)로 사람이니 태괘(兌卦)이고, 아래의 십(十)은 내려와 있는 하늘로 땅의 중정지기인 이괘(離卦)로 설명할 수 있다. 혁(革)은 이괘(離卦) 중녀(中女)와 태괘 소녀(少女)가 함께 있지만, 그 뜻이 서로 얻지 못하여 바뀌는 것이다.

　혁(革)은 '가죽', '피부', '바뀌다' 등의 뜻으로, 「단사」에서는 '혁(革)은 물과 불이 서로 사라지며 두 여자가 동거하지만 그 뜻은 서로 얻지 못함이 혁(革)이다'(革은 水火相息하며 二女同居호대 其志不相得이 曰革이라)라 하여, 그 마음이 서로 다르게 바뀌는 것이다.

　「괘사」에서는 '혁은 기일(己日)이라야 이에 믿으리니 원형이정(元亨利貞)하여 후회가 없는 것이다'(革은 己日이라야 乃孚하리니 元亨利貞하야

悔ㅣ亡하니라)라 하여, 천간의 기(己)의 날이 되어야 믿음이 있고 바뀌게 되는 것이다. 기(己)는 십(十)으로 하늘의 뜻이 되어야 바뀌는 것이다.

「단사」에서는 '기일(己日)에 이에 믿음은 바뀌고 믿음이라 문명(文明)으로써 기뻐하여 정도(正道)로써 크게 형통하니 바뀌고 마땅할새 후회가 이에 없는 것이다'(己日乃孚는 革而信之라 文明以說하야 大亨以正하니 革而當할새 其悔ㅣ乃亡하니라)라 하여, 진리에 대한 믿음으로 바꾸는 혁(革)이 대형이정(大亨以正)하는 것이다.

또 「단사」에서는 '하늘과 땅이 바뀌니 사시(四時)가 이루어지며, 탕(湯)임금과 무왕(武王)이 천명을 바꾸어서 하늘에 순응하고 사람들에게 응하니, 혁괘의 천시가 위대한 것이다'(天地ㅣ革而四時ㅣ成하며 湯武ㅣ革命하야 順乎天而應乎人하니 革之時ㅣ大矣哉라)라 하여, 혁지시(革之時)는 바뀌는 천시(天時)로, 하늘과 땅이 바뀌고, 성인들이 혁명(革命)을 하는 것이다.

「잡괘」에서는 '혁(革)은 변고를 제거하는 것이고'(革은 去故也오)라 하여, 바뀜은 변고(變故)를 제거하는 것이다. 「서괘하」에서는 '만물을 바꾸는 것은 솥 같은 것이 없다'(革物者ㅣ莫若鼎이라)라 하여, 혁물(革物)로 밝히고 있다.

「대상사」에서는 '연못 가운데 불이 있음이 혁괘(革卦)이니, 군자가 이로써 역수(曆數)를 다스려서 시(時)를 밝히는 것이다'(澤中有火ㅣ革이니 君子ㅣ以하야 治曆明時하나니라)라 하여, 천시(天時)가 변화됨에 따라 역법(曆法)을 다스려 세상 사람들이 살아가는 시간(時間)을 밝힌 것이다.

『정역』에서는 '역도(易道)는 역수(曆數)이니'(易者는 曆也니)라 하고, '요임금의 기수(朞數)는 366일이고, 순임금의 기수는 365와 1/4일이고, 일부의 기수는 375일이니 15를 존공하면, 공자의 기수는 360일이다(帝堯之朞는 三百有六旬有六日이니라 帝舜之朞는 三百六十五度四分度之一이니라 一夫之朞는 三百七十五度니 十五를 尊空하면 正吾夫子之朞이 當朞三百六十日이니라)라 하여, 네 가지의 책력(冊曆)을 밝히고 있다.

『주역』「계사상」제9장에서 밝힌 360일은 정역(正曆)이고, 『정역』에서 밝힌 375일은 원역(原曆)이고, 『서경(書經)』과 『사기(史記)』에 기록된 366일과 365와 1/4일은 윤역(閏曆)이다. 지금 우리가 사용하는 책력은 순임금의 기수인 365일 6시간의 윤역을 사용하고 있다.

혁괘의 효사(爻辭)에서는 공용황우지혁(鞏用黃牛之革), 기일혁지(己日革之), 혁언삼취(革言三就), 소인혁면(小人革面)의 네 가지 혁(革)을 밝히고 있다.

공용황우지혁(鞏用黃牛之革)은 묶는데 누런 소의 가죽을 쓰는 것이다. 여기서는 가죽 혁(革)으로 해석된다. 묶을 공(鞏)은 가죽으로 두려운 마음(恐)을 묶는 것이다. 누를 황(黃)과 우(牛)는 모두 곤괘(坤卦)를 상징하기 때문에 곤도(坤道)의 가죽으로 묶는 것이다. 또 아주 튼튼한 소가죽으로 묶어서 풀어지지 않게 하는 것이다.

돈괘(遯卦)에서는 '잡는데 누런 소의 가죽을 쓰는 것이다. 벗어남을 이기지 못하는 것이다'(六二는 執之用黃牛之革이라 莫之勝說이니라)라 하여, 용황우지역(用黃牛之革)을 밝히고 있다.

기일혁지(己日革之)는 기일(己日)에 바꾸는 것이다. 괘사(卦辭)에서도 '혁(革)은 기일(己日)이라야 이에 믿을 것이니'(革은 己日이라야 乃孚하리니)라 하여, 천간(天干) 기(己)를 밝히고 있다. 기(己)는 천간(天干)의 기십(己十)으로 하늘을 상징한다. 하늘의 도수까지 차서 바뀌는 것이니, 행동하면 아름다움이 있는 것이다.

혁언삼취(革言三就)는 바뀌는 말씀이 세 번 나아가는 것이다. 혁(革)의 말씀이 세 번 바뀌는 것은 믿음이 있는 것이다. 삼(三)은 천·인·지(天人地) 삼재지도(三才之道)이고, 또 「설괘」 제3장·제5장·제6장에서 밝힌 세 개의 팔괘도를 의미한다. 팔괘도는 일태극(一太極)의 이치를 밝힌 제3장의 복희팔괘도(伏羲八卦圖), 십무극(十无極)의 음양작용을 밝힌 제5장의 문왕팔괘도(文王八卦圖), 오황극(五皇極)의 음양합덕 원리를 밝힌 제6장의 정역팔괘도(正易八卦圖)이다.

특히 「설괘」 제6장의 팔괘도(八卦圖)는 2,500년 전에 공자께서 말씀으로 해 놓은 것을 1879년에 와서야 『정역』을 저작한 김항(金恒, 一夫, 1926~1898)에 의해서 세상에 드러난 것이다.

『주역』에서 팔괘도는 북송(北宋)의 소옹(邵雍, 康節, 1011~1077)에 의해 복희선천팔괘도, 문왕후천팔괘도를 논한 이후에 역학사에서 중요한 문제로 논의되고 있다. 그러나 팔괘도를 선천(先天)과 후천(後天)으로 논한 것은 『주역』에 없는 개념을 만들어낸 것이고, 특히 「설괘」 제6장의 정역팔괘도를 그리지 못했기 때문에 역도(易道)를 모르는 관념적 이데올로기이다. 따라서 혁언삼취(革言三就)의 뜻도 망각된 것이다.

소인혁면(小人革面)은 소인이 얼굴을 바꾸는 것으로, 정벌(征伐)하면 흉하고 정도(貞道)에 거처하면 길한 것이다. 군자는 표변(豹變)하여 문채가 빛나지만, 소인은 얼굴을 바꾸어서 순응하여 군자를 따르는 것이다. 여기서 소인은 일반 백성으로 지도자를 따라가는 것이다.

한편 중천건괘에서는 '혹은 뛰고 혹은 연못에 있음은 건도(乾道)가 이에 바뀌는 것이고'(或躍在淵은 乾道ㅣ 乃革이오)라 하여, 혁(革)을 천도(天道)의 변화로 밝히고 있다.

다음으로 혁(革)을 선진유학의 경전에서 찾아보면, 『서경』에서는 '아홉 주(州)의 백성들을 다스리게 되었고, 이에 하나라의 정초를 바꾸게 되었던 것이다'(以有九有之師, 爰革夏正), '이에 니희 선조 탕임금에게 명령하시어 하나라를 혁명케 하시고'(乃命爾先祖成湯 革夏), '은나라가 하나라의 천명을 바꾼 것이다'(殷革夏命)라 하여, 천시(天時)와 천명(天命)을 바꾼 것으로 밝히고 있다.

특히 「홍범」에서는 '수(水)는 적시고 내려감이고, 화(火)는 타고 올라감이고, 목(木)은 굽고 곧음이고, 금(金)은 따르고 바뀜이고, 토(土)는 이에 심고 거둠이다'(水曰潤下, 火曰炎上, 木曰曲直, 金曰從革, 土爰稼穡)라 하여, 혁(革)은 금기(金氣)의 작용으로 밝히고 있다.

火
風

鼎

目
爿

目
片

솥 정

화풍정괘(火風鼎卦)는 내괘 손괘(巽卦, ☴)와 외괘 이괘(離卦, ☲)로, 나무 위에 불이 있는 형상이다. 정(鼎)은 나무에 바람을 불어서 불을 붙여 솥을 끓이는 형상이고, 정괘(鼎卦)는 성인이 밝힌 진리를 군자가 새롭게 취하는 이치이다.

정(鼎)을 풀이하면, 눈 목(目)은 그대로 이괘(離卦)가 되고, 나무 조각 장(爿)과 조각 편(片)은 나무 목(木)이 갈라진 것으로 손괘(巽卦)가 된다. 목(木)을 가운데서 나누면, 장(爿)과 편(片)의 두 조각이 되는데, 도끼로 나무를 패서 솥에 불을 지피는 장작을 만든 것이다. 형이상학적으로는 군자가 목도(木道)와 신도(神道)를 나누어서 마음의 솥에 불을 지펴서 사람들이 먹을 마음의 음식을 삶는 것이다.

「단사」에서는 '정(鼎)은 상이니, 나무로서 불에 들어가 음식을 삶으니, 성인이 솥에 음식을 삶아서 상제에게 올리고, 크게 삶아서 성현(聖賢)을 기르는 것이다'(鼎은 象也니 以木巽火ㅣ 亨飪也니 聖人이 亨하야 以享上帝하고 以大亨하야 以養聖賢하니라)라 하여, 솥에 음식을 삶아서 하늘에 올리고, 현인(賢人)을 기르는 것이다.

「서괘하」에서는 '만물을 바꾸는 것은 솥 같은 것이 없다'(革物者ㅣ莫若鼎이라)고 하고, 「잡괘」에서는 '정(鼎)은 새로운 것을 취하는 것이다'(鼎은 取新也라)라 하여, 음식을 삶아서 사람이 먹을 수 있도록 새롭게 하는 것이다.

「대상사」에서는 '나무 위에 불이 있음이 정괘(鼎卦)이니 군자가 이로써 자리를 바르게 하고 천명(天命)을 이루기 위해 정신을 모으는 것이다'(木上有火ㅣ 鼎이니 君子ㅣ 以하야 正位凝命하나니라)라 하여, 솥의 음식을 바르게 먹고 자신의 천명을 실천하는 것이다.

「대상사」의 나무 위에 불이 있는 '목상유화'(木上有火)와 솥 정(鼎)의 형상을 『다경(茶經)』에서는 차를 끓이는 이치로 설명하고 있다. 차를 끓일 때, 솥 아래에서 불이 나무 위에서 타고 바람이 불어오는 모습을 정괘(鼎卦)에서 취한 것이다.

「괘사」에서는 '정은 근원적으로 길하고 형통한 것이다'(鼎은 元吉亨하니라)라 하여, 성인의 말씀을 익히는 것은 길하고 형통한 것이다.

정괘(鼎卦)의 여섯 효사에서는 각각 정전지(鼎顚趾), 정유실(鼎有實), 정이혁(鼎耳革), 정절족(鼎折足), 정황이금현(鼎黃耳金鉉), 정옥현(鼎玉鉉)을 밝히고 있다.

정전지(鼎顚趾)는 솥의 발이 뒤집어진 것으로, 솥 안에 있는 더러운 것을 쏟아내는 것이다. 솥을 깨끗하게 청소하기 위해 뒤집은 것으로, 아직 마음이 어그러진 것이 아니다. 내 마음의 솥에 음식을 삶기 위해서는 더러운 것을 버리고, 귀함을 쫓아가야 한다.

정유실(鼎有實)은 솥에 열매가 있는 것으로, 아직 삼가서 가야 한다. 열매 실(實)은 곡식으로, 솥 안에 아직 익지 않은 채로 있는 것이다. 한편으로는 내 마음에 진리가 하나씩 하나씩 열매를 맺기 시작하는 것이다. 나의 짝에게 병이 있어서 아직 내가 나가지 않는 것이지만, 마침내는 허물이 없는 것이다.

정이혁(鼎耳革)은 솥의 귀가 바뀌는 것으로, 솥을 잡는 귀가 없어서 솥을 움직일 수 없다. 하늘의 은택을 먹지 못하지만, 바야흐로 하늘에 비가 내려서 후회가 어그러지니 마침내는 길한 것이다. 솥의 귀가 없어져 그 뜻을 잃어버렸지만, 하늘에 대한 믿음으로 이겨 나가는 것이다. 마음 솥 안에서는 음식이 익어가고 있다.

정절족(鼎折足)은 솥의 다리가 부러진 것으로, 음식을 삶던 솥의 다리가 부러진 것이다. 마음속에 믿음이 없어서 삶고 있던 음식이 쏟아져 버린 것이다. 그 형상이 끔찍스러운 것이다. 성인의 말씀을 충분하게 익혀서 소화를 시키고 성장해야 하는데, 조급하게 하다가 다리가 부러진 것이다. 『논어』에서는 '욕속부달'(欲速不達)이라 하였고, '도청도설'(道聽塗說)이라 하였다.

정황이금현(鼎黃耳金鉉)은 솥의 누런 귀와 황금 솥귀로, 마음에 실다움이 되는 것이다. 황이(黃耳)는 곤괘(坤卦)가 되고 금현(金鉉)은 건괘(乾卦)가 되어 지천태괘(地天泰卦)를 의미한다. 솥에서 음양이 합덕(合德)되어 하늘에 올릴 음식이 새롭게 완성되는 것이다. 내 마음에서 건곤지도(乾坤之道)를 익혀서 진리와 하나가 되는 것이다.

정옥현(鼎玉鉉)은 솥의 옥으로 된 솥귀로, 하늘의 제사를 올리는 귀한 솥이다. 옥(玉)은 건괘(乾卦)가 되고 현(鉉)도 건괘(乾卦)가 되어,

중천건괘(重天乾卦)를 의미한다. 건도(乾道)가 드러나 강유(剛柔)가 절도에 맞아서 크게 길하고 이롭지 않음이 없는 것이다.

다음으로 정(鼎)을 선진유학의 경전에서 찾아보면, 『맹자』에서는 '군이 이른바 넘어선 것은 전에는 선비이고 후에는 대부이며, 전은 삼정(三鼎)을 쓰고 후에는 오정(五鼎)을 쓰는 겁니까? 말하기를 아니다 관곽(棺槨)과 의금(衣衾)의 아름다움을 이른 것이다(君所謂 踰者는 前以士요 後以大夫며 前以三鼎而後以五鼎與잇가 曰否라 謂棺槨衣衾之美也니라)라 하여, 삼정(三鼎)과 오정(五鼎)을 밝히고 있다.

움직일 진

　　중뢰진괘(重雷震卦)는 내괘와 외괘가 모두 진괘(震卦, ☳)로, 우레가 연거푸 오는 형상이다. 진(震)은 하늘의 소리인 천둥이자, 성인(聖人)을 의미한다. 성인의 말씀을 두려워하면서도 양심의 소리를 실천해야 한다.

　　진(震)을 풀이하면, 비 우(雨)는 중남(中男)이 감괘(坎卦)이지만 장남(長男)인 진괘(震卦)로 연계되고, 별 진(辰)은 하늘의 별자리이니 하늘의 뜻을 밝히는 성인과 만나기 때문에 진괘(震卦)로 설명할 수 있다. 진(震)은 별 자리 위에 구름이 가득하여 천둥이 치는 모습이다. 진(震)을 형상(形象)으로 보면, 위의 우(雨)는 간괘(艮卦, ☶)이고, 아래의 진(辰)도 간괘(☶)이다. 진괘(震卦)와 간괘(艮卦)는 서로 짝이 되고, 성인과 군자를 상징한다.

　　진(震)은 '천둥(우레)', '벼락', '벼락치다', '두려워하다' 등의 뜻으로, 「서괘하」에서는 '진은 움직이니'(震者는 動也니)라 하고, 「설괘(說卦)」 제7장에서는 '진괘(震卦, ☳)는 움직이고'(震은 動也오)라 하여, 하늘에서는 천둥이 치고, 땅에서는 만물이 움직이고, 사람에서는 마음이 움직이는 것이다.

「잡괘」에서는 '진(震)은 일어남이고'(震은 起也오)라 하여, 땅에서 만물이 일어남이라 하였다. 수뢰둔괘(水雷屯卦)에서 아래의 진괘(震卦)는 만물의 시생(始生)을 의미하는 것으로 땅에서 일어나는 것이다.

「괘사」에서는 '진은 형통하니 천둥이 와서 두려워하면 웃는 소리가 더듬더듬 하리니 천둥이 백리를 놀라게 함에 수저와 울창주를 잃어버리지 않는 것이다'(震은 亨하니 震來에 虩虩이면 笑言이 啞啞이리니 震驚百里에 不喪匕鬯하나니라)라 하여, 지금 하늘로부터 천둥이 있어서 마음을 경계하고 바르게 잡는 것이다.

「단사」에서는 '진(震)은 형통하니, 천둥이 와서 두려워함은 두려워하는 것이 복에 이르는 깃이고, 웃는 소리가 더듬더듬 하는 것은 뒤에 법칙이 있는 것이다. 천둥이 백리(百里)를 놀라게 함은 놀람이 멀고 위태로움이 가까우니'(震은 亨하니 震來虩虩은 恐致福也오 笑言啞啞은 後有則也라 震驚百里는 驚遠而懼邇니)라 하여, 하늘에서 천둥이 쳐서 세상에 질서가 잡히고 사람들이 복에 이르게 되는 것이다.

「단사」의 '두려워하는 것이 복에 이르는 것이다'(恐致福也)와 곤괘(困卦)의 '제사를 씀이 이로운 것은 복을 받는 것이다'(利用祭祀는 受福也리라), 정괘(井卦)의 '왕의 밝음을 구하는 것이 복을 받는 것이다'(求王明은 受福也라)를 종합하면, 두려운 마음으로 하늘에 제사를 올리며, 진리의 밝음을 구하는 것이 복(福)을 받는 길임을 알 수 있다.

「대상사」에서는 '연거푼 천둥이 진괘(震卦)이니, 군자가 이로써 두려워하고 두려워하여 자신을 살피고 닦는 것이다'(洊雷ㅣ 震이니 君子

ㅣ以하야 恐懼脩省하나니라)라 하여, 하늘의 천둥을 듣고 군자는 스스로 두려워서 자신을 살피고 닦는 것이다.

진괘(震卦)의 여섯 효사(爻辭)에서는 각각 진래혁혁(震來虩虩), 진래려(震來厲), 진소소(震蘇蘇), 진수니(震遂泥), 진왕래(震往來), 진삭삭(震索索)을 밝히고 있다.

진래혁혁(震來虩虩)은 천둥이 쳐서 두려워하는 것으로, 하늘의 천둥에 두려워하는 것이다. 혁혁(虩虩)은 금수(禽獸)의 제왕인 호랑이(虎)를 두려워하는 모습으로, 자신의 탐욕적(貪慾的) 마음을 두려워하는 것이다. 하늘의 천둥을 두려워하고 뒤에는 웃는 소리가 있으니, 길한 것이다. 초효(初爻)의 진래혁혁(震來虩虩)과 소언아아(笑言啞啞)는 「괘사」의 말씀과 일치하고 있다.

진래려(震來厲)는 천둥이 쳐서 위태로운 것이다. 하늘의 천둥에 스스로 잃어버린 마음을 헤아리고 진리를 얻고자 하면, 좇지 않아도 7일에 본성으로 돌아와 자득(自得)하는 것이다. 하늘의 천둥소리와 내면의 소리가 합덕되는 것이다.

위태로울 려(厲)는 중천건괘(重天乾卦) 삼효(三爻)의 '군자가 하루 종일 강건하고 강건하여 저녁에도 근심하는 것 같으면 위태로우나 허물은 없는 것이다'(君子ㅣ 終日乾乾하야 夕惕若하면 厲하나 无咎리라)와 서로 통하는 것이다. 하늘의 천둥을 두려워하며, 종일건건(終日乾乾)하는 군자의 마음이다.

진소소(震蘇蘇)는 천둥에서 깨어나는 것이다. 소(蘇)는 풀 초(艹)와 깨어날 소(穌)로, 사람들이 하늘의 소리에 깨어나는 것이다. 하늘의 천둥소리에 사람들이 자신을 살피고 닦아서 깨어나기 때문에 스스로 지은 재앙은 없는 것이다. 사람들이 진리에서 눈이 조금씩 열리는 것이다.

진수니(震遂泥)는 천둥이 진흙에 나아가는 것이다. 진흙 니(泥)는 수(氵)와 주검 시(尸)·비수 비(匕)로, 욕망으로 살아가는 세상을 상징한다. 하늘의 소리가 세상에 퍼지는데, 아직은 사람들이 알지 못하기 때문에 빛나지는 못하고 있다.

진왕래(震往來)는 천둥이 가고 오는 것이다. 왕래(往來)는 낙서(洛書)와 하도(河圖)의 작용으로, 천도(天道)가 드러남을 의미한다. 천둥이 가고 옴에 위태로워서 일에서 잃어버린 것은 없는지를 헤아리는 것이다. 하늘의 일이 내 마음 속에 있으니, 크게 잃어버리는 것은 없는 것이다.

진삭삭(震索索)은 천둥에 두려워서 벌벌 떠는 것이다. 삭(索)은 두려워할 삭이다. 상효(上爻)인데도 아직까지 하늘의 뜻을 자득하지 못했기 때문에 두려움에 벌벌 떠는 것이다. 아직도 다른 사람과 주위를 두리번거리며 확확(矍矍) 둘러보고 있으니, 흉(凶)한 것이다.

다음으로 진(震)을 선진유학의 경전에서 찾아보면, 『서경』에서는 '나의 백성을 진경(震驚)하여'(震驚朕師)라 하고, '크고 넓은 하늘이 진노(震怒)하셔'(皇天震怒), '순임금께서 이에 진노하셔'(帝乃震怒)라 하여, 진경(震驚)과 진노(震怒)를 밝히고 있다.

'너희는 내가 어찌 진동하여 만백성을 옮긴다고 하는가?'(爾謂朕曷震動萬民以遷), '우리 주나라 임금을 밝히시고 하늘이 아름답게 진동(震動)하셔'(昭我周王, 天休震動)라 하여, 진동(震動)을 논하고 있다.

그칠 간

중산간괘(重山艮卦)는 내괘와 외괘가 모두 간괘(艮卦, ☶)로, 산이 겹쳐 있는 형상이다. 간괘를 상징하는 산(山)의 형상은 진괘(震卦, ☳)이다. 진(震)이 간괘의 형상을 가지고 있는 것과 대응된다.

간(艮)을 풀이하면, 그칠 간(艮)으로 무엇이 그치는가?를 묻는다면, 하늘이 그치는 것이다. 간(艮)에 하늘을 뜻하는 점 주(丶)를 더하면, 어질 량(良)이 된다. 량(良)은 하늘이 그쳐 있는 우리의 양심(良心)이다. 따라서 간(艮)은 하늘의 뜻이 그치는 것이고, 내 양심에 그치는 것이다.

간(艮)은 '어긋나다', '그치다', '거스르다'의 뜻으로, 「단사」에서는 '간은 그침이니'(艮은 止也니)라 하고, 또 「서괘하」에서는 '간(艮)은 그침이니'(艮者는 止也니)라 하고, 「잡괘」에서도 '간(艮)은 그침이다'(艮은 止也라)라 하여, 그칠 지(止)이다.

또 「단사」에서는 '천시(天時)가 그치면 그치고, 천시가 행하면 행하여 움직이고 고요함에 천시를 잃지 않음이 그 도(道)가 밝게 빛나는 것이니, 그침에 그치는 것은 그 하는 것에 그치기 때문이다'(時止則

止하고 時行則行하야 動靜不失其時ㅣ 其道ㅣ 光明이니 艮其止는 止其所也 ㅣ새라)라 하여, 천시(天時)에 따라서 그치고 행함을 밝히고 있다.

「괘사」에서는 '그 등에서 그치면 그 몸을 얻지 못하며 그 뜰에서 행하면 그 사람을 보지 못하지만 허물이 없는 것이다'(艮其背면 不獲其身하며 行其庭하야도 不見其人하나 无咎리라)라 하여, 자신의 양심에서 그치고, 성인의 도실(道室)에서 행해야 하는 것이다.

「대상사」에서는 '산을 겸함이 간괘(艮卦)이니, 군자가 이로써 생각이 그 자리를 나아가지 않는 것이다'(兼山이 艮이니 君子ㅣ 以하야 思不出其位하나니라)라 하여, 천시(天時)의 그침과 운행을 알아서 군자가 자리를 벗어나지 않는 것이다.

간괘(艮卦) 여섯 효사에시는 각각 간기지(艮其趾), 간기비(艮其腓), 간기한(艮其限), 간기신(艮其身), 간기보(艮其輔), 돈간(敦艮)을 밝히고 있다.

간기지(艮其趾)는 그 발에서 그치는 것으로, 허물이 없고 정도(貞道)에서 이로운 것이다. 발 지(趾)는 족(足)과 지(止)로, 진괘(震卦)와 간괘(艮卦)를 담고 있다. 즉, 성인군자(聖人君子)에서 그쳐 있는 것이니, 정도(正道)를 잃어버리지 않는 것이다. 발은 부지런히 움직이는 동(動)으로, 진괘(震卦)이다.

간기비(艮其腓)는 그 장딴지에 그치는 것으로, 비(腓)는 따라서 움직이는 것이다. 택산함괘(澤山咸卦)에서는 장딴지에 감응하는 '함기비(咸其腓)는 흉(凶)하다고 하였다. 장딴지는 다리를 따라 가야 하는데, 욕망으로 쫓아가면 마음이 불쾌(不快)한 것이다. 아직 물러나서 하늘의 소리를 듣지 못했기 때문에 성인을 따르지 않는 것이다.

간기한(艮其限)은 그 허리에서 그치는 것으로, 위태로움에 마음을 태우는 것이다. 한계 한(限)은 언덕 부(阜)와 간(艮)으로, 한계, 지경, 경계, 문지방 등의 뜻을 가지고 있지만, 여기는 인체에서 허리로 해석된다. 허리에서 위로 올라가야 하는데, 스스로 허리에서 그치는 것이니 위태로운 것이다.

간기신(艮其身)은 그 몸에서 그치는 것으로, 허물이 없는 것이다. 신(身)은 몸이지만, 수신(修身)을 하는 것으로, 마음을 담고 있다. 마음이 밖으로 나가지 않고 자신의 몸에 그치는 것이기 때문에 허물이 없는 것이다.

간기보(艮其輔)는 그 볼(광대뼈)에서 그치는 것으로, 후회가 없는 것이다. 도울 보(輔)는 수레 거(車)와 클 보(甫)로 곤괘(坤卦)를 상징한다. 곤도(坤道)에서 그치는 것으로 말씀에 차례가 있고 바른 것이다.

함괘(咸卦)에서는 뺨과 혀에서 감응하는 '함기보협설'(咸其輔頰舌)이라 하여, 서로의 사랑이 깊어지는 것을 나타내고 있다. 볼에 그치는 것은 사랑이 깊어지는 것으로, 자기의 본성을 바르게 하는 것이다.

돈간(敦艮)은 돈독(敦篤)한 그침으로, 길한 것이다. 성인의 가르침을 익히는 것이 돈독한 것으로 후덕한 마침이 있는 것이다. 도타울 돈(敦)은 누릴 향(享)과 칠 복(攵 = 攴)으로, 하늘의 제향(祭享)을 올리는 것이다.

임괘(臨卦)에서는 '돈임(敦臨)이니 길(吉)하여'(敦臨이니 吉하야), 복괘(

復卦)에서는 '돈복(敦復)이 후회가 없다'(敦復이니 无悔하니라)라 하고, 「계사상」 제4장에서는 '인(仁)에서 돈독한 것이다'(敦乎仁)라 하여, 하늘의 뜻이 강림하여 본성을 자각하는 것임을 알 수 있다.

나아갈 점

  풍산점괘(風山漸卦)는 내괘 간괘(艮卦, ☶)와 외괘 손괘(巽卦, ☴)로, 산 위에 나무가 있는 형상이다. 점(漸)은 자신을 결단하고, 진리에 나아감이다.

  점(漸)을 풀이하면, 물 수(氵)는 감괘(坎卦)가 되는데, 하늘의 작용을 대표하기 때문에 신도(神道)인 손괘(巽卦)와 만나고, 수레 거(車)는 군자가 운행하는 것으로 간괘(艮卦)가 된다. 또 도끼 근(斤)은 나무를 베거나 가르는 것으로 목도(木道)와 짝이 되어 손괘(巽卦)가 된다.

  점(漸)은 '점점', '나아가다', '천천히 움직이다'의 뜻으로, 「단사」에서는 '점(漸)의 나아감은 여자가 돌아감이 길한 것이다'(漸之進也ㅣ 女歸의 吉也라)라 하고, 「서괘하」에서는 '점(漸)은 나아가는 것이니'(漸者는 進也니)라 하여, 여자가 나아가는 것이다.

  「잡괘」에서도 '점(漸)은 여자가 돌아감이니 남자를 기다려서 행하는 것이다'(漸은 女歸니 待男行也라)라 하여, 귀(歸)는 우귀(于歸)하는 것으로 여자가 혼례(婚禮)를 치루는 것이다. 즉, 점(漸)은 여자가 시집을 가는 것이고, 군자가 성인지도(聖人之道)에 나아가는 것이다.

「괘사」에서는 '점은 여자가 돌아감이 길하니 곧음이 이로운 것이다'(漸은 女歸ㅣ 吉하니 利貞이니라)라 하여, 여자가 우귀(于歸)하는 것으로 정도(貞道)가 이로운 것이다.

「대상사」에서는 '산 위에 나무가 있음이 점괘(漸卦)이니, 군자가 이로써 어진 덕에 거쳐하여 풍속을 선하게 하는 것이다'(山上有木이 漸이니 君子ㅣ 以하야 居賢德하야 善俗하나니라)라 하여, 군자가 덕에 나아가 세상을 감화시키는 것이다.

점괘(漸卦)의 효사에서는 홍점우간(鴻漸于干), 홍점우반(鴻漸于磐), 홍점우륙(鴻漸于陸), 홍점우목(鴻漸于木), 홍점우릉(鴻漸于陵), 홍점우규(鴻漸于逵)라 하여, 여섯 가지의 점(漸)과 기러기 홍(鴻)을 밝히고 있다.

홍점우간(鴻漸于干)은 기러기가 간(干)에 나아가는 것이다. 기러기 홍(鴻)은 강 강(江)과 새 조(鳥)로, 강에 사는 새이다. 간(干)은 물가가 아니라, 한 일(一)과 열 십(十)으로, 십일(十一)의 수리(數理)이다. 십(十)은 십무극(十无極)이고, 일(一)은 일태극(一太極)으로, 낙서(洛書)의 체십용구(體十用九)·체십용일(體十用一)을 상징한다.

기러기는 물가에서 사는 새로 소자(小子), 부인(婦人)을 의미하고 있다. 물은 진리의 물이기 때문에 일반 사람들 가운데 군자지도(君子之道)를 따르고자 하는 사람을 기러기로 상징하고 있다.

홍점우반(鴻漸于磐)은 기러기가 큰 너럭바위에 나아가는 것이다. 반(磐)은 돌 반(般)과 석(石)으로, 간괘(艮卦) 군자지도(君子之道)를 상징한다. 둔괘(屯卦)에서는 너럭바위에 진리의 기운이 서리는 '반환'(磐桓)

이라 하였다. 기러기가 성인지도(聖人之道)의 기운이 서려진 너럭바위에 나아가는 것이다. 성인지도의 음식(飮食)을 기쁘고 즐겁게 먹으니 길한 것이다. 아직 배부른 것은 아니다.

홍점우륙(鴻漸于陸)은 기러기가 육지(陸地)로 나아가는 것이다. 삼효(三爻)에서는 아직 진리를 자각하지 못한 상태에서 사람들이 살아가는 세상으로 나아간 것이다. 세상에 행도(行道)를 하려고 나아갔지만 본성으로 돌아오지 못하기 때문에 진리를 떠나서 추한 것이다. 또 부인이 아이를 잉태했더라도 기르지 못해 흉(凶)한 것이다. 소인지도(小人之道)인 도적을 막고 하늘의 뜻에 순응하여 서로 보호하는 것이 필요하다.

홍점우목(鴻漸于木)은 기러기가 나무에 나아가는 것이다. 목(木)은 십(十)과 팔(八)로, 손괘(巽卦)의 신도(神道)이다. 기러기가 쉴 나뭇가지를 얻은 것으로 허물이 없는 것이다. 하늘의 진리를 얻고자 노력하는 것이다.

홍점우릉(鴻漸于陵)은 기러기가 언덕에 나아가는 것이다. 언덕은 사람들이 살아가는 마을을 한 눈에 볼 수 있는 곳이다. 오효(五爻)의 자리에서 자신의 사명이 무엇인지를 살피는 것으로, 원하는 것을 얻게 된다. 부인이 3년(내괘 삼효)을 잉태하지 못하지만 마침내는 잉태하는 것이라 길한 것이다.

홍점우규(鴻漸于逵)는 기러기가 한길로 나아가는 것이다. 물가에서 진리를 깨우치고, 마침내 기러기가 날개를 펴고 훨훨 하늘 길로 날아가는 것이다. 한길 규(逵)는 세상의 길이 아니라 하늘의 길, 진리의 길이다. 세상에 진리를 실천하는 군자는 위엄이 있으며, 어지럽게 하지 않는 것이다.

점괘(漸卦)의 초효에서 상효까지의 변화를 통해 진리를 자각하여 어진 덕에 거처하고 세상을 선하게 하는 군자의 천명(天命)을 알 수 있다.

점괘에 등장하는 기러기 홍(鴻)은 전통혼례에서 사용하는 새이다. 처녀와 총각으로 살아가던 시간을 넘어서 음양이 합덕(合德)된 인격적 세계로 나아가는 의미이다. 또 일반적으로 기러기가 가지고 있는 세 가지 덕목을 이야기한다. 첫째로 기러기는 사랑의 약속을 영원히 지킨다는 것이다. 짝을 잃으면 결코 다른 짝을 찾지 않고 홀로 지낸다고 한다. 둘째로 상하의 질서를 지키고 날아 갈 때도 행렬(行列)을 맞추어 간다. 셋째로 기러기는 왔다는 흔적을 남기는 속성이 있다고 한다.

다음으로 점(漸)을 선진유학의 경전에서 찾아보면, 『서경』에서는 '왕이 말씀하시기를 오호라! 병이 크게 더하여 위태로워졌소'(王曰嗚呼, 疾大漸, 惟幾)라 하여, 점점 더해진다는 의미로 논하고 있다.

䷵ 雷澤 歸妹 巾 未
阜 女

돌아갈 귀   누이 매

　　뇌택귀매괘(雷澤歸妹卦)는 내괘 태괘(兌卦, ☱)와 외괘 진괘(震卦, ☳)로, 연못 위에서 우레가 치는 형상이다. 귀매(歸妹)는 누이가 시집가는 것으로, 자신의 본래 자리로 돌아가는 것이다.

　　귀매(歸妹)를 풀이하면, 돌아갈 귀(歸)에서 부(阜)는 언덕이지만 구(口)가 있어서 태괘(兌卦)가 되고, 오른쪽의 덮을 멱(冖)과 수건 건(巾)은 진괘(震卦)로 설명할 수 있다. 또 누이 매(妹)에서 녀(女)는 소녀(少女) 괘인 태괘(兌卦)가 되고, 아직 미(未)는 일(一)과 목(木)으로 진괘(震卦)와 짝이 된다. 귀(歸)는 하늘의 작용이 언덕 아래에 그쳐있는 것이고, 매(妹)는 아직 시집가지 않은 여자이다.

　　귀매(歸妹)는 '누이를 시집보내다'는 의미로, 「서괘하」에서는 '나아가면 반드시 돌아오는 것이다'(進必有所歸라)라 하고, 「잡괘」에서는 '귀매(歸妹)는 여자의 마침이고'(歸妹는 女之終也오)라 하여, 처녀로 살던 여자가 이제는 한 가정의 아내로, 어머니로 돌아가는 것이다.

　　「단사(彖辭)」에서는 '귀매(歸妹)는 하늘과 땅의 위대한 뜻이니, 하늘과 땅이 사귀지 않으면 만물이 일어나지 않으니, 누이가 시집가는 것은 사람의 종시(終始)이다'(歸妹는 天地之大義也니 天地不交而萬物이 不興하나니 歸妹는 人之終始也라)라 하여, 하늘과 땅이 사귀는 것은 천지(天地)의 대의(大義)이고, 누이가 시집가는 것은 마치면 시작하는 새로운 삶의 시작인 것이다.

「괘사」에서는 '귀매는 정벌하면 흉하니 이로움이 없는 것이다'(歸妹는 征하면 凶하니 无攸利하니라)라 하여, 귀매는 음양이 합덕하는 때로 정벌하는 것은 흉하고 이로움이 없는 것이다.

「대상사」에서는 '연못 위에 우레가 있음이 귀매괘(歸妹卦)이니, 군자가 이로써 마침을 영원히 하여 사라질 것을 아는 것이다'(澤上有雷ㅣ歸妹니 君子ㅣ 以하야 永終하야 知敝하나니라)라 하여, 우리는 죽어서 돌아가는 자리를 생각하며 자신의 삶을 돌아보아야 한다. 우리가 죽으면 돌아가는 본래 자리는 하늘이다.

귀매괘의 효사에서는 귀매이제(歸妹以娣), 귀매이수(歸妹以須), 귀매건기(歸妹愆期), 재을귀매(帝乙歸妹)의 네 가지 귀매(歸妹)를 밝히고 있다.

귀매이제(歸妹以娣)는 누이가 시집을 가는데 손아래 누이가 가는 것이다. 누이 제(娣)는 녀(女)와 아우 제(弟)로, 손아래 누이이다. 누이가 시집가는 것은 항(恒) 성인지도(聖人之道)를 사용하는 것으로 길한 것이다.

귀매이수(歸妹以須)는 누이가 시집을 가는데 기다리는 것이다. 기다릴 수(須)는 수천수괘(水天需卦)의 수(需)이다. 아직 어린 누이가 시집가는 것은 합당(合當)하지 않기 때문에 기다리는 것이다.

아직 어린 초등적(初等的) 사유나 유아적(幼兒的) 생각으로는 진리의 말씀을 알 수가 없는 것이다. 성인의 말씀을 배우고 익혀서 마음이 성숙될 때까지 기다리는 것이다.

귀매건기(歸妹愆期)는 누이가 시집을 가는데 기약이 어그러진 것이다. 허물 건(愆)은 넘칠 연(衍)과 심(心)으로, 마음이 어그러진 것이다. 서로의 약속이 어그러져서 시집가는 것이 더디게 된 것이다. 어그러진 마음이 풀어질 때까지 기다려 행해야 한다.

제을귀매(帝乙歸妹)는 제을(帝乙)이 누이를 시집보내는 것이다. 상(商)나라 천자(天子) 제을이 누이를 시집보내는 것이다. 임금의 뜻보다 누이의 뜻을 존중하는 것으로 고귀한 행위인 것이다. 제을(帝乙)은 동북아 고대 상(商)나라의 제29대 왕으로, 아버지는 태정(太丁)이며, 아들은 마지막 왕인 주왕(紂王, 帝辛)이다. 비간(比干)·기자(箕子)와 함께 상나라 말기의 세 명의 어진 사람으로 꼽히는 미자(微子)는 제을의 서장자(庶長子)이다.

귀매(歸妹)는 마침을 생각하면서 자신의 삶을 돌아보는 것에서 출발한다. 누이가 시집을 가는 것은 새로운 시작이자 역사를 계승하는 것이다. 합당하지 않으면 기다리고, 학문이 어그러질 수 있기 때문에 돌아감이 더딜 때도 있다.

다음으로 귀(歸)를 선진유학의 경전에서 찾아보면, 『서경』에서는 '상(商)나라가 아래 백성들에게 구한 것이 아니라, 오직 백성들은 일덕(一德)에 돌아간 것입니다'(非商求于下民, 惟民歸于一德)라 하여, 귀덕(歸德)을 밝히고 있다.

『시경』에서는 '아름다운 처녀가 돌아감이여 그 집 사람이 마땅한 것이다'(之子于歸여 宜其家人이라)라 하여, 처녀가 시집을 가는 우귀(于歸)는 여자가 자신의 본래 집으로 돌아가는 것이다.

『논어』에서는 '마침을 삼가고 근원을 추구하면 백성의 덕이 두텁게 돌아가는 것이다'(曾子ㅣ 曰愼終追遠이면 民德이 歸厚矣리라), '하루에 자기를 이기고 예를 회복하면 천하가 인(仁)에 돌아가는 것이다'(一日克己復禮면 天下ㅣ 歸仁焉하나니)라 하여, 귀후(歸厚)와 귀인(歸仁)을 밝히고 있다.

『맹자』에서는 '묵적을 피하면 반드시 양주에게 돌아가고, 양주를 피하면 반드시 유학에 돌아오니, 돌아오거든 이에 받아들일 뿐인 것이다'(孟子曰 逃墨이면 必歸於楊이요 逃楊이면 必歸於儒니 歸커든 斯受之而已矣니라)라 하여, 성학(聖學)으로 돌아오는 귀유(歸儒)를 논하고 있다.

또 '행동하고 얻지 못하거든 모두 돌이켜 자기에서 구하니 그 몸이 바르면 천하가 돌아올 것이다'(行有不得者어든 皆反求諸己니 其身正而天下歸之니라)라 하고, '백성들이 인(仁)으로 돌아감은 물이 아래로 흐르며 짐승이 광야를 달리는 것과 같은 것이다'(民之歸仁也는 猶水之就下하며 獸之走壙也니라)라 하여, 귀인(歸仁)을 밝히고 있다.

클 풍

　　뇌화풍괘(雷火豊卦)는 내괘　이괘(離卦, ☲)와　외괘　진괘(震卦, ☳)로, 우레와 번개가 모두 이르는 형상이다. 괘상(☳)이 풍(豊)의 한자와 닮은 형상이다. 풍(豊)은 사람이 광주리에 곡식을 받들고 있는 형상으로, 하늘에 감사를 올리는 것이다.

　　풍(豊)을 풀이하면, 굽을 곡(曲)은 입 구(口)와 밑 스물 입(卄)으로 싹이 위로 나오는 것이니 진괘(震卦)가 되고, 콩 두(豆)는 형상이 그대로 이괘(離卦, ☲)의 상(象)이다. 또 곡(曲)에서 입(卄)은 진괘(震卦)가 되고, 구(口)는 지방(地方)으로 땅의 중정지기인 이괘(離卦)가 된다. 두(豆)에서도 위의 한 일(一)은, 성인지도가 유일하니 진괘(震卦)이고, 구(口)는 이괘(離卦)와 만나게 된다.

　　풍(豊)은 '풍년', '풍성하다'이고 예(禮)와 통하는데, 「단사」에서는 '풍(豊)은 대(大)이니 밝음이 움직이는 것이라 그러므로 풍(豊)이니'(豊은 大也니 明以動이라 故로 豊이니)라 하고, 「서괘하」에서도 '풍(豊)은 대(大)이니'(豊者는 大也니)라 하여, 큰 대(大)로 밝히고 있다. 풍(豊)은 '크다', '위대하다'는 의미이다.

또 「단사」에서는 '해가 가운데 가면 기울고, 달이 가득차면 먹어 들어가니, 하늘과 땅의 가득차고 빔도 천시와 더불어 사라지는데 하물며 사람이며 하물며 귀신이겠는가'(日中則昃하며 月盈則食하나니 天地盈虛도 與時消息이온 而況於人乎며 況於鬼神乎여)라 하여, 천시(天時)의 운행원리를 밝히고 있기 때문에 대(大)라고 한 것이다.

「괘사」에서는 '풍은 형통하니 왕이 이르니 마땅히 해가 가운데임을 근심하지 않는 것이다'(豊은 亨하니 王이 假之하나니 勿憂宜日中이니라)라 하여, 하늘의 변화에 따라 성인이 드러나게 되는 것이다.

「잡괘」에서는 '풍은 변고가 많고'(豊은 多故也오)라 하여, 하늘의 진리를 공부하는데 경계해야 할 것이 많은 것이다. 「대상사」에서는 '우레와 번개가 모두 이르는 것이 풍괘이니, 군자가 이로써 옥사를 끊고 형벌을 다스리는 것이다'(雷電皆至l 豊이니 君子l 以하야 折獄致刑하나니라)라 하여, 마음의 욕심을 다스려야 하는 것이다.

풍괘 효사(爻辭)에서는 풍기부(豊其蔀), 풍기패(豊其沛), 풍기옥(豊其屋)의 세 가지 풍(豊)을 밝히고 있다.

풍기부(豊其蔀)는 차양(遮陽)이 큰 것으로, 하늘의 빛을 가리는 차양이 얼마나 크면 대낮에 북두칠성을 보는 것이다. 덮개 부(蔀)는 하늘을 가리는 것으로, 진리를 막고 있는 의미이다. 진리를 막고 있는 마음의 덮개는 물질적 탐욕심과 관념적 이데올로기, 타락한 영(靈, 더러운 영)이다.

풍기부(豊其蔀)는 이효(二爻)와 사효(四爻)에 밝히고 있다. 이효(二爻)에서는 '대낮에 두성(斗星)을 보는 것이니 가면 의심의 병을 얻을 것이니'(日中見斗니 往하면 得疑疾하리니)라 하여, 의심의 병을 얻었지만 진리에 대한 확고한 믿음으로 하늘의 뜻을 펼치면 길한 것이다.

사효(四爻)에서는 '대낮에 두성을 봄은 그윽하여 밝지 못하기 때문이고'(日中見斗는 幽不明也ㄹ새오)라 하여, 북두칠성(北斗七星) 내지 남두육성(南斗六星)을 보는 것은 진리에 밝지 못한 것이다.

즉, 대낮에 두성(斗星)을 보았다는 것은 2가지로 생각할 수 있다. 첫째는 자기의 망념(妄念)으로 만들어낸 북두칠성을 보았다는 것이고, 둘째는 대낮에는 하늘의 별을 볼 수 없는데, 거짓으로 보았다는 것이다. 이것이 의심병을 얻은 것이고, 진리에 밝지 못한 것이다.

그러나 사효(四爻)에서는 진리를 밝히고 있는 동쪽의 주인을 만나면 길하다고 하였다. 이주(夷主)는 기자(箕子) 성인(聖人)이 씨를 뿌리고 열매로 드러난 『정역(正易)』의 저자인 일부(一夫) 김항(金恒, 1826-1898)을 말한다.

또한 대낮에 북두칠성을 보는 '일중견두'(日中見斗)는 전통사회에서 칠성신앙(七星信仰)과 연계된다. 별이 인간의 길흉화복과 수명을 지배한다는 도교의 믿음에서 유래한 북두칠성을 신격화한 성신(星辰)신앙은 하늘의 진리에 온전히 밝은 것이 아니라, 그윽이 숨어서 한 부분만 보는 것이다.

풍기패(豐其沛)는 덮은 것이 큰 것으로, 덮은 것이 크기 때문에 대낮에 작은 별을 보는 것이다. 덮을 패(沛)는 어두울 패로, 하늘을 가리는 것이 차양보다 심한 것이다.

'대낮에 작은 별을 보고 오른쪽 팔뚝을 절단하니 허물이 없는 것이다(日中見沫오 折其右肱이니 无咎니라)라 하여, 마침내 쓰지 못하는 것이다. 작은 별은 하늘의 진리가 밝게 드러난 것이 아니고, 아주 작게 빛나는 것이다. 하늘의 진리는 성인(聖人)을 통해 온전히 깨우쳐야 하는 것이다.

풍기옥(豐其屋)은 지붕이 큰 것으로, 집을 덮고 있는 지붕을 크게 하여, 하늘과 소통을 막고 있는 것이다. 그 집을 엿보니 고요하고 사람이 없는 것이다. 3년이 되어도 가인(家人)을 볼 수가 없으니 흉한 것이다. 집은 크게 지었지만, 그 집안에 사는 사람의 마음은 탐욕에 가려져 있는 것이다.

旅 나그네 려

화산려괘(火山旅卦)는 내괘 간괘(艮卦, ☶)와 외괘 이괘(離卦, ☲)로, 산 위에 불이 있는 형상이다. 려(旅)는 사방(四方)의 사람들이 성인지도(聖人之道)를 익히는 나그네이다.

려(旅)를 풀이하면, 모 방(方)은 지방(地方)의 방으로 땅의 중정지기인 이괘(離卦)가 되고, 성씨 씨(氏)는 세상에 살아가는 군자로 간괘(艮卦)가 된다. 또 방(方)에서 위의 돼지머리 두(亠)는 하늘의 작용이 그치는 것으로 간괘(艮卦)라면, 쌀 포(勹)는 땅을 감싸고 있으니 이괘(離卦)라 할 수 있다. 려(旅)의 오른쪽에 있는 누운 사람인(𠂉)은 대인(大人)을 표상하는 이괘(離卦)가 되고, 씨(氏)는 그대로 간괘(艮卦)로 설명된다.

려(旅)는 '군사', '나그네', '무리'의 뜻인데, 「잡괘」에서는 '친함이 적음이 려(旅)이다'(親寡는 旅也라)라 하여, 하늘과 친함이 적어서 나그네가 된 것이다.

「괘사」에서는 '려는 작게 형통하니 나그네가 곧아서 길한 것이다'(旅는 小亨하니 旅ㅣ 貞하야 吉하니라)라 하여, 하늘과 친하기 위해서는 심성내면에서 곧게 해야 하는 것이다.

「단사」에서는 '려(旅)가 작게 형통함은 유(柔)가 밖에서 중도를 얻고 강(剛)에 순응하고 그쳐서 밝음에 걸려있는 것이다'(旅小亨은 柔ㅣ 得中乎外而順乎剛하고 止而麗乎明이라)라 하여, 나그네는 명덕(明德)과 신명(神明)의 밝음에 걸려 있어야 한다.

또 '여괘의 시의(時義)가 위대한 것이다'(旅之時義ㅣ 大矣哉라)라 하여, 진리를 찾아 떠나는 구도자(求道者)의 천시(天時)는 위대한 것으로, 나그네의 길은 내면의 밝음을 얻는 것이다.

우리는 인생을 나그네의 길인 여행(旅行)에 비유하지만, 정처없이 떠돌아다니는 나그네가 아니라 구도자(求道者)가 되어야 한다. 나그네는 자신이 머무는 집이 있어야 하는데, 이는 마음이 머무는 집으로 성인지학(聖人之學)에 대한 뿌리를 가지고 다녀야 하는 것이다.

「대상사」에서는 '산 위에 불이 있음이 여괘(旅卦)이니, 군자가 이로써 삼가 형벌을 밝히며 옥사에 머물지 않는 것이다'(山上有火ㅣ 旅니 君子ㅣ 以하야 明愼用刑하며 而不留獄하나니라)라 하여, 자신의 잘못을 살피고 계율을 지켜야 구도의 여행을 마칠 수 있는 것이다.

여괘(旅卦) 효사에서는 여쇄쇄(旅瑣瑣), 여즉차(旅卽次), 여분기차(旅焚其次), 여우처(旅于處), 여인(旅人)의 다섯 가지 려(旅)를 밝히고 있다.

여쇄쇄(旅瑣瑣)는 나그네가 쇄쇄(瑣瑣)한 것으로, 쇄(瑣)는 옥가루 쇄로, 자질구레한 작은 일을 의미한다. 우리의 여행은 대의(大義)를 찾아야 하는데, 사소한 일에 걸려서 살아가는 것이다. 하늘의 뜻을 망각하고 살아가니 뜻이 궁하여 재앙을 얻게 되는 것이다.

여즉차(旅卽次)는 나그네가 머무는 것으로, 구도(求道)의 거처를 마련하는 것이다. 버금 차(次)는 사처(私處)이자 머무는 것이다. 마음의 거처를 성학(聖學)에 두고, 순수한 사람을 얻으면 마침내 허물이 없는 것이다.

여분기차(旅焚其次)는 여행에서 그 머물 곳을 소실하는 것이다. 자신이 머물 곳을 잃어버리니 또한 상하게 되는 것이다. 성인의 가르침에서 멀어져 세상의 욕망으로 쫓아가는 것이니, 위태롭고 뜻을 잃어버린 것이다. 불사를 분(焚)은 수풀 림(林)과 불 화(火)로, 하늘의 신도(神道)를 태우는 것이다.

여우처(旅于處)는 거처하는 나그네로, 아직 구도자의 길을 걷지 못한 것이다. 나그네 길을 시작하였지만 근본을 바로 세우지 못하고, 정처없이 떠나 세상의 욕망에 머물러 있는 것이다. 살 처(處)는 범 호(虎)와 뒤져올 치(夊)로, 세상에 살아가는 거처이다.

여인(旅人)은 나그네로, 집을 불태우고 떠나는 나그네는 성인의 가르침이 없는 것이다. 상효(上爻)의 나그네는 먼저는 웃지만 뒤에는 울게 되는 것이다. 마침내 『주역』에서 하늘의 소리를 듣지 못하니 흉한 것이다.

다음으로 려(旅)를 선진유학의 경전에서 찾아보면, 『서경』에서는 '내란(內亂)을 보통으로 여기어 능히 무리에 신령하게 계승하지 못하고'(因甲于內亂, 不克靈承于旅), '오직 나의 주왕(周王)이 무리에 신령하게 계승하고'(惟我周王, 靈承于旅)라 하여, 무리나 백성으로 밝히고 있다.

『논어』에서는 '계씨가 태산에 여(旅)제사를 하더니'("季氏 ㅣ 旅於泰山이러니)라 하여, 제사 이름으로 논하고, 『맹자』에서는 '관문에서 기찰하고 세금을 부과하지 않으면 천하의 나그네가 모두 기뻐하고 그 길로 나가기를 원할 것이다'(關에 譏而不征이면 則天下之旅 ㅣ 皆悅而願出於其路矣리라)라 하여, 여행하는 사람들로 밝히고 있다.

들 손

 중풍손괘(重風巽卦)는 내괘와 외괘가 모두 손괘(巽卦, )로, 바람이 바람을 따라가는 형상이다. 괘상(☴)이 손(巽)과 닮아 있다. 손(巽)은 사람들의 마음에 하늘의 뜻이 들어가는 것으로, 천명(天命)을 펼쳐서 일을 행하는 것이다.

 손(巽)을 풀이하면, 여섯째지지 사(巳)는 생명의 출발인 태아를 상징하여 위의 손괘(巽卦)가 되고, 함께 공(共)은 이십(二十)과 일(一)의 뜻에 함께 하는 것으로 아래의 손괘(巽卦)가 된다. 또 공(共)에서 입(卄)은 손괘(巽卦)이고, 팔(八)은 팔괘로 신도(神道)의 작용이니 손괘(巽卦)가 된다. 손(巽)에서 위의 사(巳) 두 개는 음양(陰陽)이고, 아래의 공(共)은 하나가 되는 것으로, 양(陽)이 음(陰)에 들어가 합덕하는 것이다.

 손(巽)은 '공손하다', '유순하다'의 뜻이지만, 「서괘하」에서는 '손(巽)은 들어감이니'(巽者는 入也니)라 하여, 들 입(入)으로 밝히고 있다. 「잡괘」에서는 '손(巽)은 엎드리는 것이다'(巽은 伏也라)라 하여, 들어가 엎드리는 것이 손(巽)이다.

「단사」에서는 '거듭된 손(巽)으로 천명(天命)을 펼치니'(重巽으로 以申命하나니)라고 하여, 거듭된 신도(神道)로 천명을 펼치는 것이다. 「대상사」에서는 '바람을 따름이 손괘(巽卦)이니, 군자가 이로써 천명을 펼쳐서 일을 행하는 것이다'(隨風이 巽이니 君子ㅣ 以하야 申命行事하나니라)라 하여, 하늘의 신도를 펼치는 것이다.

「괘사」에서는 '손은 작게 형통하니 갈 바가 있음이 이로우며 대인을 봄이 이로운 것이다'(巽은 小亨하니 利有攸往하며 利見大人하나니라)라 하여, 마음의 신도를 통해 실천하고 성인의 말씀을 배우면 이로운 것이다.

「계사하」 제7장에서는 '손(巽)은 덕을 제정하는 것이고, 손은 일컫고 숨는 것이고, 손(巽)으로써 권도를 행하는 것이다'(巽은 德之制也라 巽은 稱而隱하니라 巽以行權하나니라)라 하여, 하늘의 신도(神道)를 세상에 사용하는 것이다.

손괘(巽卦) 효사(爻辭)에서는 존재상하(巽在牀下), 빈손(頻巽)의 두 가지 손(巽)을 밝히고 있다.

손재상하(巽在牀下)는 손(巽)이 평상 아래에 있는 것이다. 평상 상(牀)은 나뭇조각 장(爿)과 목(木)으로, 목도(木道)·신도(神道)이다. 상하(牀下)는 평상의 아래로, 신도의 아래인 현상 세계이다. 손재상하(巽在牀下)는 이효(二爻)와 상효(上爻)에서 두 번 밝히고 있다.

이효에서는 평상 아래에 있지만 하늘의 뜻을 따르면 길하고 허물이 없다고 하였다. 상효에서는 마지막 효로 평상 아래에 있음은 궁하고, 자신의 본성을 버리면 곧아도 흉하다고 하였다. 손(巽)은 신도(神道)이고, 목도(木道)이지만, 그것은 사람의 본성을 근거로 드러나게 된다. 진리를 실천하기 위해서는 하늘의 뜻을 따르는 것과 자신의 마음을 바르게 쓰는 것이 필요한 것이다.

빈손(頻巽)은 자주 들어가는 것으로, 막힌 것이다. 자주 빈(頻)은 번번이 자주자주 하는 것이다. 하늘의 뜻에 들어갔다가 세상의 탐욕에 머물다가 하는 것이다. 진리에 뜻을 두면 그 속에서 찾아야 하는데, 들락날락을 반복하는 것이다. 지뢰복괘의 빈복(頻復)은 자기 본성에 자주 하는 것으로 허물이 없지만, 빈손(頻巽)은 하늘의 진리에 자주하는 것으로 뜻이 궁하여 막힌 것이다.

특히 오효(五爻)에서는 '곧으면 길하여 후회가 없어서 이롭지 않음이 없으니, 처음은 없지만 마침은 있는 것이다. 선경삼일(先庚三日)하며 후경삼일(後庚三日)이면 길한 것이다'(九五는 貞이면 吉하야 悔l 亡하야 无不利니 无初有終이라 先庚三日하며 後庚三日이면 吉하니라)라 하여, 무초유종(无初有終)하는 선경삼일(先庚三日)과 후경삼일(後庚三日)을 밝히고 있다.

손괘(巽卦, ☴) 오효(五爻)가 음효(陰爻)가 되면, 산풍고괘(山風蠱卦, ☶)가 된다. 고괘에서 선갑삼일(先甲三日)과 후갑삼일(後甲三日)은 종즉유시(終則有始)하는 천행(天行)이라 하였다.

『주역』에서 간지(干支)를 구체적으로 밝히고 있다. 선갑삼일은 신·임·계(辛壬癸)이고, 후갑삼일은 을·병·정(乙丙丁)이며, 선경삼일은 정·무·기(丁戊己)이고, 후경삼일은 신·임·계(辛壬癸)이다. 즉, 무초유종(无初有終)과 종즉유시(終則有始)는 서로 짝이 되며, 십천간(十天

干)의 운행을 밝힌 것이다.

다음으로 손(巽)을 선진유학의 경전에서 찾아보면, 『서경』에서는 '그대는 명을 받들었으니 나의 자리를 사양할까 하오'(汝能庸命 巽朕位)라 하여, 사양하다는 뜻으로 밝히고 있다.

『논어』에서는 '법어(法語)의 말씀은 능히 좇지 않겠는가 고치는 것이 귀한 것이다. 공손한 말씀은 능히 기쁘지 않겠는가 다스리는 것이 귀한 것이다'(子ㅣ 曰法語之言은 能無從乎아 改之爲貴니라 巽與之言은 能無說乎아 繹之爲貴니라)라 하여, 공손함으로 논하고 있다.

兌 澤澤 兌 八兒 口儿

기쁠 태

　중택태괘(重澤兌卦)는 내괘와 외괘가 모두 태괘(兌卦, ☱)로, 연 못이 연못에 붙어 있는 형상이다.

　태(兌)를 풀이하면, 여덟 팔(八)은 팔괘의 의미로 위의 태괘(兌卦)와 만나고, 형 형(兒)은 구(口)이니 아래의 태괘(兌卦)가 된다. 또 형(兒)에 구(口)와 걷는 사람 인(儿)은 모두 땅을 상징하는 것으로 태괘와 만나 게 된다.

　태(兌)는 '빛나다', '바꾸다', '기뻐하다'의 뜻으로, 「서괘하」에서는 '태 (兌)는 기쁨이니'(兌者는 說也니)라 하여, 기쁠 열(說)로 밝히고 있다. 「단사」에서는 '태(兌)는 기쁨이니, …… 이로써 하늘에 순응하고 사람 에게 응하여 기쁨으로써 사람들의 앞에서 하면 사람들이 그 수고 함을 잊고, 기쁨으로써 어려움을 범하면 사람들이 그 죽음을 잊는 것이니, 기쁨의 위대함은 사람들을 권하는 것이다'(兌는 說也니 …… 是以順乎天而應乎人하야　說以先民하면　民忘其勞하고　說以犯難하면　民忘其 死하나니　說之大ㅣ　民勸矣哉라)라 하여, 태(兌)는 열(說)과 민(民)과 서로 통하는 것이다. 「잡괘」에서는 '태(兌)는 나타남이고'(兌는 見而)라 하여, 기쁨이 밖으로 드러나는 것이다.

「괘사」에서는 '태는 형통하니 곧음이 이로운 것이다'(兌는 亨하니 利貞하니라)라 하여, 마음의 기쁨이 넘쳐서 백성들에게 드러나는 것이다.

「대상사」에서는 '연못에 걸림이 태괘(兌卦)이니, 군자가 이로써 붕우(朋友)가 강습(講習)하는 것이다'(麗澤이 兌니 君子ㅣ 以하야 朋友講習하나니라)라 하여, 학습(學習)의 기쁨을 밝히고 있다. 붕(朋)은 십붕지(十朋之)로 하늘 친구이고, 우(友)는 십(十)을 잡고 있는 사람 친구이다.

『논어』의 첫 문장에서는 '배우고 천시(天時)를 익히면 또한 기쁘지 않는가? 벗이 있어서 멀리에서 바야흐로 오면 또한 즐겁지 않는가?'(學而時習之면 不亦說乎아 有朋이 自遠方來면 不亦樂乎아)라 하여, 붕우강습(朋友講習)의 내용을 구체적으로 밝히고 있다.

또 『논어』에서는 '섭공이 정치를 묻는데, 공자께서 말씀하시기를 가까이 있는 사람은 기뻐하며, 멀리 있는 사람은 오는 것이다'(葉公이 問政한대 子ㅣ 曰近者ㅣ 說하며 遠者ㅣ 來니라)라 하여, 정치(政治)는 백성들을 기뻐하게 하는 것이다. 위민부모(爲民父母)의 마음으로 인정(仁政)을 베풀어 기쁨으로써 백성들의 앞에 하면 백성들이 수고함을 잊게 되는 것이다.

태괘(兌卦) 효사(爻辭)에서는 화태(和兌), 부태(孚兌), 래태(來兌), 상태(商兌), 인태(引兌)의 다섯 가지 태(兌)를 밝히고 있다.

화태(和兌)는 기쁨에서 화합하니, 백성들이 화합하는 것이다. 화(和)는 정의(正義)에 화합하는 것으로, 백성들이 정의롭게 행함에 의심이 없는 것이다. 중천건괘에서는 '이(利)는 의(義)의 화합이고, 만물을 이롭게 하는 것이 족히 의에 화합이며'(利者는 義之和也오 利物이 足以和義며)라 하고, 「설괘」 제1장에서는 '도덕에 화합하여 따르고 의(義)에서 다스리며'(和順於道德而理於義하며)라 하여, 화(和)는 정의(正義)에 근거하고 있다.

부태(孚兌)는 기쁨에서 믿으니, 부(孚)는 절대적 믿음으로 자신의 뜻을 믿는 것이다. 백성들이 믿음으로 기뻐하는 것은 길하고 후회가 없는 것이다. 사람들이 진리에 대한 믿음을 가지고 살아가니, 기쁨이 넘치는 세상인 것이다.

래태(來兌)는 기쁨에서 오는 것이니, 흉(凶)한 것이다. 삼효(三爻)의 래태(來兌)는 자리가 정당하지 않기 때문이다. 래(來)는 왕래(往來)에서 하도(河圖)의 작용을 의미한다. 아직 음양이 합덕되지 않았는데, 기뻐하는 것이니 흉한 것이다.

상태(商兌)는 기쁨을 헤아리니, 아직은 안녕하지 못한 것이다. 의심의 병이 있으면 기쁨이 있는 것이다. 진리에 대한 의심이 있으면 깨우침이 얻어지기 때문에 기쁨이 있고, 여경(餘慶)이 있는 것이다. 백성들의 마음을 헤아리기에는 아직 부족한 상태이다.

인태(引兌)는 기쁨을 끌어당기니, 아직 빛나지 않는 것이다. 끌 인(引)은 활 궁(弓)과 뚫을 곤(丨)으로, 활을 당기듯이 하늘을 끌어당기는 것이다.

인(引)을 췌괘(萃卦)에서는 '육이(六二)는 끌어당기면 길하여 허물이 없으리니 믿음이 이에 약(禴)제사를 씀이 이로운 것이다'(六二는 引하면 吉하야 无咎하리니 孚乃利用禴이리라)라 하여, 자신의 내면으로 끌어당기는 것이고, 「계사상」 제9장에서는 '팔괘가 소성(小成)하여 끌어당겨서 펼치며'(八卦而小成하야 引而伸之하며)라 하여, 삼효단괘(三爻單卦)를 끌어당겨 육효중괘(六爻重卦)인 64괘가 펼쳐지는 것이다. 인(引)은 자신의 본성으로 끌어당김과 동시에 진리를 확장하는 의미이다.

다음으로 태(兌)를 선진유학의 경전에서 찾아보면, 『서경』에서는 '태(兌)의 창과 화(和)의 활과 수(垂)의 대나무 화살은 동쪽 방에 두고'(兌之戈, 和之弓, 垂之竹矢, 在東房)라 하여, 사람 이름으로 밝히고 있다.

흩어질 환

    풍수환괘(風水渙卦)는 내괘 감괘(坎卦, ☵)와 외괘 손괘(巽卦, ☴)로, 물 위에 바람이 부는 형상이다. 환(渙)은 하늘의 물이 흩어지는 것이다.

    환(渙)을 풀이하면, 수(氵)는 그대로 감괘(坎卦)가 되고, 빛날 환(奐)은 신도(神道)가 밝게 빛나는 것으로 손괘(巽卦)와 만난다. 또 빛날 환(奐)에서 위의 쌀 포(勹)는 감싸고 있는 손괘이고, 아래의 큰 대(大)는 하늘의 작용으로 중정지기인 감괘로 해석할 수 있다.

    환(渙)은 '흩어지다', '빛나다'의 뜻으로 「서괘하」에서는 '환(渙)은 떨어지는 것이니'(渙者는 離也니)라 하고, 「잡괘」에서도 '환(渙)은 떨어지는 것이고'(渙은 離也오)라 하여, 떨어질 리(離)로 밝히고 있다. 환(渙)이 흩어지는 것은 진리를 찾기 위해 떨어지는 것이다.

    「괘사」에서는 '환은 형통하니 왕이 사당에 이르며 대천을 건넘이 이로우니 곧음이 이로운 것이다'(渙은 亨하니 王假有廟며 利涉大川하니 利貞하니라)라 하여, 진리에서 떨어졌을 때는 하늘에 제사를 올리면서 곧게 하는 것이다.

「단사」에서는 '대천을 건넘이 이로운 것은 나무를 타서 공(功)이 있는 것이다'(利涉大川은 乘木하야 有功也라)라 하여, 손괘(巽卦)의 목도(木道)를 통해 물 위를 건너가는 것이다.

「대상사」에서는 '바람이 물 위에 부는 것이 환괘(渙卦)이니, 선왕이 이로써 상제에게 제사를 올리며 사당을 세우는 것이다'(風行水上이 渙이니 先王이 以하야 享于帝하며 立廟하나라)라 하여, 하늘에서 떨어져 있기 때문에 하늘에 제사를 올리는 것이다.

환괘 효사(爻辭)에서는 환분기궤(渙奔其机), 환기궁(渙其躬), 환기군(渙其群), 환한기대호(渙汗其大號), 환왕거(渙王居), 환기혈(渙其血)의 여섯 가지 환(渙)을 밝히고 있다.

환분기궤(渙奔其机)는 떨어짐에 그 책상에서 달리는 것이다. 책상 궤(机)는 목도(木道)로 손괘(巽卦), 신도(神道)를 상징한다. 달릴 분(奔)은 큰 대(大)와 십(十) 그리고 입(卄)으로, 진리가 드러남이다. 흩어지고 떨어짐에 목도(木道)에서 달리고 있기 때문에 후회가 없으며, 원하는 것을 얻게 되는 것이다.

환기궁(渙其躬)은 그 몸에서 떨어지는 것이다. 몸 궁(躬)은 신(身)과 궁(弓)으로, 자신의 육체적·정신적 몸을 의미한다. 자신의 몸이 가지고 있는 욕망에서 떨어지는 것이다. 자신의 몸을 벗어난 진리의 세계에 뜻이 있기 때문에 후회가 없는 것이다. 하늘의 진리에 마음을 품고 있다면, 자신의 몸이 가진 욕망과 망념(妄念)에서 떨어져야 한다.

환기군(渙其群)은 그 무리에서 떨어지는 것이다. 무리 군(群)은 임금 군(君)과 양 양(羊)으로 지도자와 백성이 있는 무리이다. 잠시 무리를 떠나서 자신의 수행의 길로 가는 것이다.

오효(五爻)에서는 **환한기대호(渙汗其大號)**와 **환왕거(渙王居)**를 밝히고 있다. 환한기대호(渙汗其大號)는 떨어짐에 그 큰 부르짖음을 호령하는 것이고, 환왕거(渙王居)는 왕이 거처하는 곳에서 떨어지는 것이다. 크게 부르짖으면서 호령하고, 왕이 거처에서 나오는 것은 허물이 없는 것이다.

환기혈(渙其血)은 그 피에서 떨어지는 것이다. 혈(血)은 물보다 진한 것으로 험난을 상징한다. 험난을 떠나서 제거하고 두려움에서 나오면 허물이 없는 것이다. 피에서 떨어지는 것은 해(害)를 멀리하는 것이다.

節 竹 白 마디 절

수택절괘(水澤節卦)는 내괘 태괘(兌卦, ☱)와 외괘 감괘(坎卦, ☵)로, 연못 위에 물이 있는 형상이다. 절(節)은 하늘의 절도에 맞게 살아가는 것이다.

절(節)을 풀이하면, 대나무 죽(竹)은 내리는 비의 형상으로 감괘(坎卦)가 되고, 곧 즉(卽)은 태괘(兌卦)와 만나게 된다. 즉(卽)에서 흰 백(白)은 손괘(巽卦)가 되지만 여기서는 감괘가 되고, 아래의 비수 비(匕)는 인(人)으로 태괘가 된다. 절(節)은 병부 절(卩)과 서로 통하는 것으로 대나무의 마디를 나타내는 것이다.

절(節)은 '마디', '절도', '절개', '규칙'의 뜻으로, 「단사(彖辭)」에서는 '하늘과 땅이 마디가 있어서 사시(四時)가 이루어지니, 마디로써 도수를 제정하여 재물을 상하지 않게 하고 백성을 해치지 않는 것이다'(天地節而四時成하나니 節以制度하야 不傷財하며 不害民하나니라)라 하여, 천지(天地)의 절도(節度)로 밝히고 있다.

「잡괘」에서는 '절(節)은 그치는 것이다'(節은 止也라)라 하여, 군자를 의미하는 간괘(艮卦)의 그침으로 밝히고 있다. 절괘(節卦)는 군자의 그침으로, 성인의 말씀을 상하지 않게 하고 백성을 해치지 않는 것이 사명(使命)이다.

「서괘하」에서는 '절(節)하고 믿음이다'(節而信之라)라 하여, 마디가 있어야 믿음이 생기는 것이다. 「대상사」에서는 '연못 위에 물이 있음이 절괘(節卦)이니, 군자가 이로써 도수(度數)를 제정하고 덕행(德行)을 의논하는 것이다'(澤上有水ㅣ 節이니 君子ㅣ 以하야 制數度하며 議德行하나니라)라 하여, 절괘(節卦)의 원리를 통해 하늘의 도수(度數)를 제정하고 덕행(德行)을 의논하는 것이다.

절괘 효사(爻辭)에서는 부절(不節), 안절(安節), 감절(甘節), 고절(苦節)의 네 가지 절(節)을 밝히고 있다.

부절(不節)은 절도에 맞지 않는 것으로, 스스로 한탄하니 허물이 없는 것이다. 하늘의 절도를 알지 못하는데, 누구를 허물하겠는가. 「잡괘」의 그침으로 해석하면, 부절(不節)은 그치지 않는 것이다. 삼효에서는 그치지 않고 노력하는 것이다.

안절(安節)은 편안한 절도로, 하늘의 진리에 편안하여 형통한 것이다. 형이상의 진리를 계승하니 편안한 것이다. 「잡괘」로 해석하면, 안절(安節)은 그침에 편안한 것이다. 그침과 행함을 알아서 그치는 것이니, 편안한 것이다.

감절(甘節)은 감미로운 절도로, 길한 것이다. 중도(中道)에 거처하기 때문에 행동하면 숭상함이 있는 것이다. 「잡괘」로 해석하면, 감절(甘節)은 그침에 달콤한 것이다.

고절(苦節)은 괴로운 절도로, 옛 성인의 가르침이 가려져 있어서 괴로운 것이다. 바르게 하고자 하지만 진리에서 궁(窮)한 것이다. 「잡괘」로 해석하면, 그침에 괴로운 것이다. 상효(上爻)에 와서야 그치니, 괴로운 것이다. 일반적으로 고절(苦節)은 어려운 지경에서도 변하지 않고 끝까지 지키는 굳은 절개이다.

「괘사」에서는 '절은 형통하니 고절(苦節)은 가히 곧지 못하는 것이다'(節은 亨하니 苦節은 不可貞이니라)라 하여, 괴로운 절도(節度)로는 정도(貞道)가 불가능한 것이다.

우리의 인생은 고(苦)라는 부처의 말씀을 생각하게 된다. 인생이 고(苦)라는 본질을 정확하게 알아야 한다. 단지 인생의 껍데기만 보고 인생은 행복이 가득하고 즐거운 것이라는 것은 잘못된 생각이다. 고생 속에서(고해, 苦海) 잠깐의 행복, 순간의 즐거움이 있는 것이다. 인생(人生)과 고생(苦生)은 모두 같은 생(生)이다. 우리는 괴로움 속에서 인생의 본질을 찾기 위해 어려운 『주역(周易)』을 배우는 것이다. 그리고 성인(聖人)의 말씀을 배우는 것이다.

한편 이괘(頤卦)에서는 '군자가 이로써 말씀을 삼가며 음식을 절도있게 하는 것이다'(君子ㅣ 以하야 愼言語하며 節飮食하나니라)라 하여, 진리의 음식을 먹는 것에 절도가 있어야 한다.

가인괘(家人卦)에서는 '아내와 자식이 희희(嘻嘻)함은 가정의 절도를 잃어버린 것이다'(婦子嘻嘻는 失家節也라)라 하고, 건괘(蹇卦)에서는 '큰 어려움에 벗이 옴은 절도에 적중한 것이다'(大蹇朋來는 以中節也라)라 하여, 가절(家節)과 중절(中節)을 밝히고 있다.

다음으로 절(節)을 선진유학의 경전에서 찾아보면, 『서경』에서는 '성품을 절도있게 하여 오직 날로 힘쓰며'(節性, 惟日其邁)라 하여, 절성(節性)을 밝히고 있다.

『논어』에서는 '행하지 않은 것이 있으니 화합을 알아서 화합하고 예의가 절도에 맞지 않으면 또한 행하지 않는 것이다'(有所不行하니 知和而和오 不以禮節之면 亦不可行也니라)라 하고, 『중용』에서는 '희노애락이 아직 발하지 않음을 중(中)이라 하고, 발하여 모두 절도에 맞음을 화(和)라고 한다'(喜怒哀樂之未發을 謂之中이오 發而皆中節을 謂之和니)라 하여, 예절(禮節)과 중절(中節)로 논하고 있다.

風
澤
中孚

가운데 중   믿을 부

　풍택중부괘(風澤中孚卦)는 내괘 태괘(兌卦, ☱)와 외괘 손괘(巽
卦, ☴)로, 연못 위에 바람이 부는 형상이다. 중부(中孚)는 마음에
서 믿는 것으로, 내면의 자각에서 오는 절대적인 믿음을 의미한다.
　중부(中孚)를 풀이하면, 가운데 중(中)은 땅을 관통하는 것으로
손괘(巽卦)와 만나고, 믿을 부(孚)는 자식을 감싸 안고 있는 것으로
태괘(兌卦)와 만난다. 부(孚)에서 손톱 조(爪)는 심(心)과 통하는 것으
로 태괘가 되고, 자식 자(子)는 근원이 십(十)이기 때문에 하늘의 신
도(神道)인 손괘가 된다.
　중부괘(中孚卦)는 위의 장녀(長女) 손괘(巽卦)와 아래의 소녀(少女)
태괘(兌卦)인데, 초효(初爻)와 이효(二爻)는 양효(陽爻, ▬), 삼효(三爻)
와 사효(四爻)는 음효(陰爻, ▬▬), 오효(五爻)와 상효(上爻)는 양효(▬
)로, 전체적으로 보면 큰 이괘(離卦, ☲)의 형상이다.
　「잡괘」에서는 '중부(中孚)는 믿음이다'(中孚는 信也라)라 하여, 믿을
신(信)으로 밝히고 있다. 「서괘하」에서는 '하늘의 마디가 지어지니
믿는 것이다'(節而信之라)라 하여, 하늘에 순응하는 것이 믿음에서

출발함을 알 수 있다.

「괘사」에서는 '중부는 돼지와 물고기이면 길하니 대천을 건넘이 이롭고 곧음이 이로운 것이다'(中孚는 豚魚면 吉하니 利涉大川하고 利貞하니라)라 하여, 백성을 상징하는 돼지와 물고기에까지 믿음이 미치면 이로운 것이다.

또 「단사」에서는 '돼지와 물고기가 길하다는 것은 믿음이 돼지와 물고기에게 미치는 것이고, 대천을 건넘이 이로운 것은 나무에 타고 배가 빈 것이고, 중부(中孚)로서 정도가 이로운 것은 이에 하늘에 감응하는 것이다'(豚魚吉은 信及豚魚也오 利涉大川은 乘木고 舟虛也오 中孚以利貞은 乃應乎天也리라)라 하여, 하늘에 대한 믿음을 바탕으로, 성인의 말씀을 믿고 나아가 만물에까지 믿음이 미치는 것이다. 나무를 타는 것은 태괘(兌卦)에 바람이 부는 것이고, 주허(舟虛)는 연못에 목도(木道)가 떠있는 것이다.

「대상사」에서는 '연못 위 바람이 있음이 중부괘(中孚卦)이니, 군자가 이로써 옥사를 의논하고 죽음을 느슨하게 하는 것이다'(澤上有風이 中孚니 君子ㅣ 以하야 議獄緩死하나니라)라 하여, 믿음이 있기 때문에 옥사를 의논하고 사형을 늦추는 것이다.

중부괘의 효사(爻辭)에서 유부연여(有孚攣如)를 밝히고 있다.

유부연여(有孚攣如)는 믿음이 있는데 걸려있는 것 같은 것이다. 오효(五爻)는 성인의 자리로, 성인에 대한 믿음이 있으니 허물이 없는 것이다. 걸릴 연(攣)은 실 사(糸) 2개와 언(言) 그리고 손 수(手)로, 하늘의 작용과 말씀에 이어지다·연관되다의 의미이다.

특히 「계사상」 제8장에서는 '우는 학이 그늘에 있거늘 그 자식이 화답하도다. 나에게 좋은 작위가 있어 내가 너와 더불어 함께 하고 자 하노라. 공자께서 말씀하시기를 군자가 그 거처하는 곳에서 말을 함에 선하면, 천리 밖에서도 응하니, 하물며 그 가까운 곳에서야 그 거처하는 곳에서 말을 함에 선하지 못하면, 천리 밖에서도 어기는 것이니, 하물며 그 가까운 곳에서야. 말은 몸에서 나와 백성들에게 더하며, 행실은 가까운 곳에서 발하여 먼 곳에서 나타나니, 말과 행동은 군자의 추기(樞機)이니, 추기가 발하는 것이 영예와 욕됨을 주관하느니라. 언행은 군자가 천지를 움직이는 바이니, 가히 신중해야 하지 않겠는가'(鳴鶴이 在陰이어늘 其子ㅣ 和之로다 我有好爵하야 吾與爾靡之라하니 子曰君子ㅣ 居其室하야 出其言에 善이면 則千里之外ㅣ 應之하나니 況其邇者乎아 居其室하야 出其言에 不善이면 則千里之外ㅣ 違之하나니 況其邇者乎아 言出乎身하야 加乎民하며 行發乎邇하야 見乎遠하나니 言行은 君子之樞機니 樞機之發이 榮辱之主也라 言行은 君子之所以動天地也니 可不愼乎아)라 하여, 중부괘 이효(二爻)의 철학적 의미를 밝히고 있다.

성인이 군자에게 진리를 전하는데, 무엇보다 중요한 것은 군자의 언행(言行)임을 밝히고 있다. 명학(鳴鶴)은 하늘의 소리를 전하는 성인(聖人)이고, 그 자식은 군자(君子)이다. 호작(好爵)은 인·의·예·지(仁義禮智), 충·효·우·제(忠孝友悌)의 하늘의 작위인 천작(天爵)이고, 얽힐 미(靡)는 서로 얽혀서 하나가 되는 것이다.

선(善)은 '한번 음하고 한번 양하는 것을 도(道)라 하니, 이것을 이은 것이 선(善)이고'(一陰一陽之謂ㅣ 道니 繼之者ㅣ 善也오)라 하여, 천도(天

道)의 음양(陰陽) 작용을 계승한 것이다. 말씀이 선(善)한 것은 진리에 맞게 말하는 것이고, 불선(不善)은 진리에 맞지 않는 것이다. 추기(樞機)는 지도리 추(樞)와 기틀 기(機)로 문을 열고 닫을 때 중심을 잡아 주는 돌쩌귀이다. 군자의 언행은 하늘의 진리를 자각하고 실천하는 원리이기 때문에 조심하고 조심해야 한다.

다음으로 부(孚)를 선진유학의 경전에서 찾아보면, 『서경』에서는 '위 하늘이 아래 백성을 믿고 도우며, 죄인을 쫓아내고 엎드리게 하니'(上天孚佑下民 罪人黜伏), '나라는 영원히 아름다움에서 믿으며'(邦其永孚于休), '하늘이 이미 명을 내려서 그 덕을 바르게 하셨거늘'(天旣孚命, 正厥德)이라 하여, 믿음과 내리다는 뜻으로 밝히고 있다.

雷山 小過 過小 之㗊

적을 소　　지날 과

　뇌산소과괘(雷山小過卦)는 내괘 간괘(艮卦, ☶)와 외괘 진괘(震卦, ☳)로, 산 위에 우레가 있는 형상이다. 괘상(卦象)이 나는 새의 형상이다.

　소과(小過)를 풀이하면, 작을 소(小)는 군자의 마음으로 간괘(艮卦)이고, 지날 과(過)는 우레가 치는 것으로 진괘(震卦)와 만난다. 과(過)에서 착(辶)은 가고 멈춤으로 진괘가 되고, 삐뚤 와(咼)는 간괘로 설명할 수 있다.

　소과괘(小過卦)는 위의 장남(長男) 진괘(震卦)와 아래의 소남(少男) 간괘(艮卦)인데, 초효(初爻)와 이효(二爻)는 음효(陰爻, ▬ ▬)이고, 삼효(三爻)와 사효(四爻)는 양효(陽爻, ▬)이고, 오효(五爻)와 상효(上爻)는 음효(▬ ▬)로, 전체적으로 보면 큰 감괘(坎卦, ☵)의 형상이 된다.

　소과(小過)는 '작은 허물'보다는 '작은 것이 지나가다'는 뜻으로, 「단사(彖辭)」에서는 '소과(小過)는 작은 것이 지나가니 형통하고, 지나감이 이롭고 바름은 천시(天時)와 함께 행하는 것이다'(小過는 小者ㅣ 過而亨也니 過以利貞은 與時行也니라)라 하여, 천시에 맞게 행하는 것이

소과(小過)이다.

「서괘하」에서는 '믿음이 있는 사람은 반드시 행하는 것이다'(有其信者는 必行之라)라 하여, 행(行)으로 밝히고, 「잡괘」에서는 '소과(小過)는 지나감이고'(小過는 過也오)라 하여, 실천해 가는 것이다.

「괘사」에서는 '소과는 형통하니 곧음이 이로우니 작은 일은 가하고 큰 일은 불가하니 나는 새가 남긴 소리에 위로는 부합하지 못하고 아래로는 부합하면 크게 길한 것이다'(小過는 亨하니 利貞하니 可小事오 不可大事니 飛鳥遺之音에 不宜上이오 宜下면 大吉하니라)라 하여, 하늘의 소리를 자신의 내면에서 자득하면 크게 길한 것이다.

또 「단사」에서는 '유(柔)가 중을 얻음이라, 이로써 작은 일이 길하고, 강(剛)이 자리를 잃고 중이 아니라 이로써 큰 일은 불가한 것이다. 나는 새의 형상이 있는 것이다. 나는 새가 남긴 소리가 위로는 마땅하지 않고 아래는 마땅함이 크게 길함은 위로 향하는 것은 역(逆)이고 아래로 향하는 것은 순(順)이기 때문이다'(柔得中이라 是以小事ㅣ 吉也오 剛失位而不中이라 是以不可大事也니라. 有飛鳥之象焉하니라 飛鳥遺之音不宜上宜下大吉은 上逆而下順也 ㅣ새라)라 하여, 소사(小事)와 대사(大事)·순역(順逆)의 이치를 밝히고 있다.

소사(小事)는 마음속의 일이고, 대사(大事)는 위대한 일로 하늘의 일이다. 또 소사는 내면에서 진리를 공부하는 일이고, 대사는 밖으로 진리를 실천하는 왕도정치(王道政治)를 말한다.

특히 소과괘(小過卦)의 괘상(卦象)은 새가 날개를 펴고 나는 모양이라 하였다. 괘상에서 그대로 하늘의 뜻이 드러나는 의미를 담고 있는 것이다. 위로 향하는 것은 역(逆)의 작용이고, 아래로 향하는 것은 순(順)의 작용임을 밝힌 것이다.

「대상사」에서는 '공손함이 조금 지나쳐도 되고, 상례에서는 슬픔이 조금 지나쳐도 되고, 씀에는 검소함이 조금 지나쳐도 되는 것이다'(山上有雷ㅣ 小過니 君子ㅣ 以하야 行過乎恭하며 喪過乎哀하며 用過乎儉하나니라)라 하여, 삶의 모습에서 행동을 할 때에 조금 지나가는 것을 밝히고 있다.

소과괘의 효사(爻辭)에서는 과기조(過其祖), 불과방지(弗過防之), 불과우지(弗過遇之), 불우과지(弗遇過之)의 네 가지 과(過)를 밝히고 있다.

과기조(過其祖)는 그 조상(祖上)을 지나가서, 그 죽은 어미를 만나는 것이다. 그 임금에 미치지 못하고 그 신하를 만나면, 허물이 없는 것이다. 임금은 성인(聖人)이고, 신하는 군자(君子)이다. 죽은 어미 비(妣)는 녀(女)와 가지런할 비(比)로, 하늘과 짝이 되는 땅의 뜻을 상징한다.

불과방지(弗過防之)는 절대로 지나가지 못하고 막는 것이다. 지나가야 하는데 막고 있으니, 쫓아가니 하늘이 해치는 것이라 흉한 것이다. 아닐 불(弗)은 활 궁(弓)과 두 이(刂)로 '절대로 아니다'라는 뜻이다. 이(刂)는 이(二)가 바로 선 것으로, 하늘과 땅의 질서를 파괴한 것이기 때문에 절대로 하면 안 되는 것이다. 삼효(三爻)는 빨리 사효(四爻)로 건너가야 하는데, 지나가지 않으니 흉함을 이루 말할 수가 없다.

불과우지(弗過遇之)는 절대로 지나가지 않고 만나는 것이다. 사효

(四爻)는 자리가 합당하지 않기 때문에 반드시 경계하고 쓰지 말아야 한다. 지나갈 자리에서 지나가지 않고 머물러 있는 것이다.

불우과지(弗遇過之)는 절대도 만나지 않고 지나가는 것이다. 상효(上爻)에서는 만나야 하는데, 지나가는 것이다. 나는 새가 떠나가는 것이라 흉하니, 이것이 재생(災眚)인 것이다. 이미 항극(亢極)하여 지나가는 것으로, 천명(天命)이 날아가서 재앙이 되는 것이다.

水
火
旣濟

濟	无
旣	齊

이미 기   건널 제

　　수화기제괘(水火旣濟卦)는 내괘 이괘(離卦, ☲)와 외괘 감괘(坎卦, ☵)로, 물이 불 위에 있는 형상이다. 기제(旣濟)는 이미 건너온 세계이다.

　　기제(旣濟)를 풀이하면, 건널 제(濟)는 물 수(氵)가 있으니 감괘(坎卦)가 되고, 이미 기(旣)에서 비수 비(匕)는 사람이 거꾸로 있는 것으로 이괘(離卦)로 풀이할 수 있다. 또 기(旣)에서 기(旡)는 천(天)이 작용하는 것으로 감괘가 되며, 제(濟)에서 도(刀)와 씨(氏)는 이괘가 된다.

　　기제괘(旣濟卦)는 여섯 효가 양의 자리에는 양효(陽爻, ▬), 음의 자리에는 음효(陰爻, ▬ ▬)가 각각 자리하고 있다. 초효(初爻)·삼효(三爻)·오효(五爻)는 양효이고, 이효(二爻)·사효(四爻)·상효(上爻)는 음효로, 모두 자기의 자리를 얻은 것이다.

　　기제(旣濟)는 '이미 건너왔다', '이미 처리되고 마치다'는 뜻으로, 「서괘하」에서는 '물(物)을 지나가는 것은 반드시 건너는 것이다'(有過物者는 必濟라)라 하고, 「잡괘」에서는 '기제(旣濟)는 정해진 것이다'(旣濟는 定也라)라 하여, 우리의 삶은 이미 건너온 것으로 정해진 것이다.

「괘사」에서는 '기제는 형통함이 작고 이정(利貞)하니 처음은 길하고 마침은 어지러운 것이다'(旣濟는 亨이 小고 利貞하니 初吉코 終亂하니라)라 하여, 이미 건너온 것은 형통하여 처음에는 길하지만 다시 건너야 하기 때문에 마침에는 어지러운 것이다.

「단사」에서는 '기제(旣濟)가 형통한 것은 작은 것이 형통한 것이니'(旣濟亨은 小者ㅣ 亨也니)라 하여, 자신의 내면에서 이미 건너가는 것이 형통하고, 또 '처음의 길함은 유(柔)가 중도를 얻음이고, 마침내 그치면 어지러움은 그 진리가 궁한 것이다'(初吉은 柔得中也오 終止則亂은 其道ㅣ 窮也라)라 하여, 처음에는 길하지만 마침에는 궁한 것이다.

「대상사」에서는 '물이 불 위에 있음이 기제괘(旣濟卦)이니, 군자가 이로써 근심을 생각하고 미리 막는 것이다'(水在火上이 旣濟니 君子ㅣ 以하야 思患而豫防之하나니라)라 하여, 자신의 마음에 근심을 생각하고 미리 방지해야 한다.

기제괘 효사(爻辭)에서는 제(濟)를 찾을 수 없고, 미제괘(未濟卦)와 함께 유기미(濡其尾), 유기수(濡其首)를 공통으로 밝히고 있다.

유기미(濡其尾)는 그 꼬리를 적시는 것으로, 허물이 없는 것이다. 기제괘의 초효(初爻)에서 꼬리를 적시는 것은 뜻에서는 허물이 없는 것이다. 젖을 유(濡)는 물 수(氵)와 기다릴 수(需)로, 물을 기다리는 것이다. 반면에 미제괘(未濟卦) 초효에서 꼬리를 적시는 것은 삼극지도(三極之道)를 모르는 것으로 인색한 것이다.

유기수(濡其首)는 그 머리를 적시는 것으로, 위태로운 것이다. 상효(上爻)는 머리를 적시는 것이니 어찌 오래 가겠는가? 미제괘(未濟

卦) 상효(上爻)에서 머리를 적시는 것은 믿음이 있지만 옳음을 잃어 버리는 것이다.

한편『정역』에서는 '낙서(洛書)는 기제(既濟)의 수(數)이니, 역생도성(逆生倒成)으로 작용하니 후천(后天) 무극(无極)인 것이다'(龜書는 既濟之數而逆生倒成하니 后天无極이니라)라 하여, 기제괘(既濟卦)를 낙서(洛書)와 연계시키고 있다. 기제(既濟)는 이미 건너온 것으로, 낙서(洛書)의 체십용구(體十用九)의 작용을 말하는 것이다.

『정역』에서는 '하도와 낙서의 이치는 후천선천이고, 천지(天地)의 도는 기제미제이다'(圖書之理는 后天先天이요 天地之道는 既濟未濟니라), '태음은 도생역성하니 선천이면서 후천이고 기제이면서 미제인 것이다'(太陰은 逆生倒成하니 先天而后天이요 既濟而未濟니라), '태양은 도생역성하니 후천이면서 선천이고 미제이면서 기제인 것이다'(太陽은 倒生逆成하니 后天而先天이요 未濟而既濟니라), '수화기제괘여 화수미제괘로다'(水火既濟兮여 火水未濟로다), '수화기제괘여 화수미제괘로다. 기제미제혜여 천지(天地) 삼원이로다 미제기제혜여 지천(地天) 오원이로다'(水火既濟兮여 火水未濟로다. 既濟未濟兮여 天地三元이로다. 未濟既濟兮여 地天五元이로다), '역(易)은 셋이니 건괘(乾卦)와 곤괘(坤卦)이고, 괘(卦)는 여덟이니 비괘(比卦), 태괘(泰卦), 손괘(損卦), 익괘(益卦), 함괘(咸卦), 항괘(恒卦), 기제괘(既濟卦), 미제괘(未濟卦)이다'(易은 三이니 乾坤이요 卦는 八이니 否泰損益咸恒既濟未濟니라)라 하여, 기제괘(既濟卦)와 미제괘(未濟卦)를 통해 역도(易道)를 밝히고 있다.

『정역』에서 밝히고 있는 기제괘와 미제괘의 이치는 하도와 낙서의 수리(數理), 선천(先天)과 후천(后天)의 문제, 삼원(三元)과 오원(五元)의 문제, 태음(太陰)과 태양(太陽)의 정사(政事), 도생역성(倒生逆成)과 역생도성(逆生倒成)의 기철학 등을 종합하고 있다.

다음으로 제(濟)를 선진유학의 경전에서 찾아보면, 『서경』에서는 '무리에게 맹세하여 말씀하시기를 여러분 모두 나의 명령을 들으시오'(誓于師曰濟濟有衆, 咸聽朕命), '만민을 구제하고 신에게 부끄러움을 짓지 마십시오'(以濟兆民, 無作神羞), '나는 오직 내가 건널 바를 찾았소'(子惟往求朕攸濟)라 하여, 제제(濟濟)는 사람이 많은 모양이고, 구제하다는 뜻으로 밝히고 있다.

『맹자』에서는 '군자가 그 정치를 고르게 하면 행차에 사람을 피하는 것도 할 수 있으니, 어찌 사람 사람을 얻어서 건너게 해 주겠는가'(君子·平其政이면 行辟人도 可也니 焉得人人而濟之리오)라 하여, 건너 주는 것으로 논하고 있다.

火
水

未濟

未
濟

木
氵

아직 미　　건널 제

　　화수미제괘(火水未濟卦)는 내괘 감괘(坎卦, ☵)와 외괘 이괘(離卦, ☲)로, 불이 물 위에 있는 형상이다. 미제(未濟)는 아직 건너가지 않은 세계이다.

　　미제(未濟)를 풀이하면, 아직 미(未)는 일태극(一太極)의 일(一)이 위주가 되어 땅의 중정지기인 이괘(離卦)가 되고, 건널 제(濟)는 물 수(氵)가 있으니 감괘(坎卦)가 된다. 또 미(未)에서 목(木)은 손괘(巽卦)이지만 이괘와 만나고, 제(濟)에서 수(氵)는 감괘가 된다.

　　미제괘(未濟卦)는 여섯 효가 양의 자리에는 음효(陰爻, ▬▬), 음의 자리에는 양효(陽爻, ▬)가 각각 자리하고 있다. 초효(初爻)·삼효(三爻)·오효(五爻)는 음효이고, 이효(二爻)·사효(四爻)·상효(上爻)는 양효가 있어서, 자기의 자리를 얻지 못한 것이다.

　　미제(未濟)는 '아직 건너가지 않다', '아직 끝나지 않다'는 뜻으로, 「서괘하」에서는 '물(物)이 궁한 것은 옳지 못하다'(物不可窮也라) 하고, 「잡괘」에서는 '미제(未濟)는 남자의 궁함이다'(未濟는 男之窮也라)라 하여, 아직 건너가지 않으면 궁(窮)하게 됨을 밝히고 있다.

「괘사」에서는 '미제는 형통하니 작은 여우가 거의 건너서 그 꼬리를 적시니 이로운 바가 없는 것이다'(未濟는 亨하니 小狐ㅣ 汔濟하야 濡其尾니 无攸利하니라)라 하여, 아직 건너지 않은 것은 건너는 뜻을 두고 있기 때문에 형통하지만, 마침내는 온전히 건너가야 하는 것이다.

「단사」에서는 '미제(未濟)가 형통한 것은 유(柔)가 중을 얻은 것이고'(未濟亨은 柔得中也오)라 하여, 건너가지 않았지만 형통한 것은 중도(中道)를 얻었기 때문이다.

「대상사」에서는 '불이 물 위에 있음이 미제괘(未濟卦)이니, 군자가 이로써 삼가 물건을 변별하여 방정함에 거처하는 것이다'(火在水上이 未濟니 君子ㅣ 以하야 愼辨物하야 居方하나니라)라 하여, 세상의 말씀들을 변별하고 바른 자리에 거처해야 한다.

미제괘의 효사(爻辭)에서는 미제정(未濟征)을 밝히고 있다.

미제정(未濟征)은 아직 건너오지 않았는데 정벌(征伐)하는 것이다. 학문을 통해 대천(大川)을 건너야 하는데, 먼저 세상을 정벌하려는 것은 흉한 것이다. 우리는 스스로 삼가여 자신의 덕을 기르고 사리(事理)를 익혀야 한다.

『주역』 64괘 마지막 효인 상구(上九)에서는 '술을 마심에 믿음이 있으면 허물이 없거니와, 그 머리를 적시면 믿음이 있더라도 옳음을 잃을 것이다. 상에서 말씀하시기를 술을 마시고 머리를 적심이 또한 절도를 알지 못하는 것이다'(上九는 有孚于飮酒면 无咎어니와 濡其首면 有孚에 失是하리라. 象曰飮酒濡首ㅣ 亦不知節也라)라 하여, 하늘에 대한 절대적인 믿음인 유부(有孚)로 마치고 있다.

한편 『정역』에서는 '하도(河圖)는 미제(未濟)의 형상이니, 도생역성(倒生逆成)으로 작용하니 선천(先天) 태극(太極)인 것이다'(龍圖는 未濟之象而倒生逆成하니 先天太極이니라)라 하여, 미제괘(未濟卦)를 하도의 이치로 밝히고 있다. 미제(未濟)는 아직 건너가지 않은 것으로, 하도(河圖)의 체오용육(體五用六)의 작용을 말하는 것이다.

『주역』이 아직 건너가지 않은 미제(未濟)로 마치는 것은 또 다른 시작이라는 의미이고, 또 미제괘(未濟卦)를 음양이 합덕된 하도(河圖)로 표상하는 것은 역도(易道)의 궁극적 지향임을 밝힌 것이다.

제3부 팔괘(八卦)와 팔괘도(八卦圖)

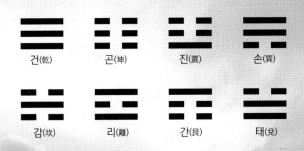

건(乾)　　곤(坤)　　진(震)　　손(巽)

감(坎)　　리(離)　　간(艮)　　태(兌)

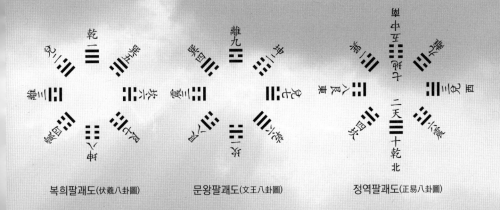

복희팔괘도(伏羲八卦圖)　　문왕팔괘도(文王八卦圖)　　정역팔괘도(正易八卦圖)

三乾 하늘 건

　건괘(乾卦, 三)는 세 효가 모두 양효(陽爻, ━)로, '건은 하늘이라 그러므로 아버지라 일컫고'(乾은 天也라 故로 稱乎父오)라 하여, 하늘·아버지로 상징된다.

　「설괘」에서는 건괘(乾卦)의 형이상학적 뜻을 구체적인 사물 등에 비유하고 있다.

　먼저 '건으로써 지휘하고'(乾以君之)는 건도(乾道)로써 지도자가 지휘하는 것에 비유한 것이며, '건은 강건함이고'(乾은 健也오)에서 하늘의 강건함은 건괘(乾卦)의 성정(性情)이며, '건은 말이 되고'(乾爲馬오)는 동물에 비유하면 힘차게 달리는 말의 강건함이 되며, '건은 머리가 되고'(乾爲首오)는 신체에서는 몸을 주관하는 머리가 되는 것이다.

　또 '건은 하늘이 되고, 둥근 것이 되고, 군주가 되고, 아버지가 되고, 옥이 되고, 금이 되고, 추위가 되고, 얼음이 되고, 큰 적색이 되고, 좋은 말이 되고, 늙은 말이 되고, 수척한 말이 되고, 얼룩말이 되고, 나무의 열매가 되는 것이다'(乾은 爲天 爲圜 爲君 爲父 爲玉 爲金 爲寒 爲氷 爲大赤 爲良馬 爲老馬 爲瘠馬 爲駁馬 爲木果라)라 하여, 건괘(乾卦)를 상징하는 다양한 개념을 밝히고 있다.

대표적으로 「계사상」 제8장에서는 '두 사람의 마음이 같으면 그 날카로움이 쇠를 끊는 것이다'(二人이 同心하니 其利ㅣ 斷金이로다)라 하였는데, 단금(斷金)이 진짜로 쇠를 절단하는 것이 아니라, 건도(乾道)를 익히는 것으로 해석해야 한다.

또 서합괘(噬嗑卦)에서는 '육오(六五)는 마른 고기를 씹다가 황금(黃金)을 얻으니 곧음이 위태롭지만 허물이 없으리라'(六五는 噬乾肉하야 得黃金이니 貞厲면 无咎니라)라 하여, 도학을 공부하다가 건도(乾道)를 자각하였음을 말하고 있다.

정괘(鼎卦)에서는 '상구(上九)는 솥의 옥 솥귀이니 크게 길하여 이롭지 않음이 없는 것이다. 상에서 말하기를 옥 솥귀가 위에 있음은 강과 유가 절도에 맞기 때문인 것이다'(上九는 鼎玉鉉이니 大吉하야 无不利니라. 象曰玉鉉在上은 剛柔ㅣ 節也 ㅣ새라)라 하여, 옥(玉)은 건괘를 상징하고 있다.

또한 64괘에서는 건괘(乾卦)를 하늘(天), 양(陽), 강건(健), 굳셈(剛), 군자(君子)로 밝히고 있다.

☷坤 땅 곤

　곤괘(坤卦, ☷)는 세 효가 모두 음효(陰爻, ⚋)이고, '곤은 땅이
라 그러므로 어머니라 일컫고'(坤은 地也라 故로 稱乎母오)라 하여, 땅·
어머니로 상징된다.

　「설괘」에서는 곤괘(坤卦)의 형이상학적 뜻을 구체적인 사물 등에
비유하고 있다.

　먼저 '곤으로써 감추고'(坤以藏之)에서 곤도(坤道)는 밖으로 드러
나지 않고 안으로 감춰지는 것에 비유한 것이며, '곤은 유순함이
고'(坤은 順也오)는 하늘에 순응하여 따르는 곤괘(坤卦)의 성정(性情)이
며, '곤은 소가 되고'(坤爲牛오)는 동물에 비유하면 소의 유순함이 되
며, '곤은 배가 되고'(坤爲腹이오)는 신체에서는 음식을 받아들이고
포용하는 배가 되는 것이다.

　또 '곤은 땅이 되고, 어머니가 되고, 베가 되고, 가마솥이 되고,
인색함이 되고, 균등함이 되고, 새끼를 많이 기른 어미 소가 되고,
큰 수레가 되고, 문체가 되고, 무리가 되고, 자루(손잡이)가 되고, 그
땅에서는 검은색이 된다'(坤은 爲地 爲母 爲布 爲釜 爲吝嗇 爲均 爲子母牛
爲大輿 爲文 爲衆 爲柄이오 其於地也에 爲黑이라)라 하여, 곤괘(坤卦)를 상

징하는 다양한 개념을 밝히고 있다.

대표적으로 박괘(剝卦)에서는 '상구(上九)는 큰 열매는 먹지 않는 것이니 군자는 수레를 얻고 소인은 움집을 부수는 것이다. 상에서 말하기를 군자가 수레를 얻은 것은 백성을 싣는 것이고, 움집을 부수는 것은 마침내 사용이 불가한 것이다'(上九는 碩果不食이니 君子는 得輿하고 小人은 剝廬리라. 象曰君子得輿는 民所載也오 剝廬는 終不可用也라) 라 하였는데, 득여(得輿)는 군자가 곤도(坤道)를 자득한 것이다.

또 대축괘(大畜卦)에서는 '구이(九二)는 수레의 바퀴가 빠지는 것이로다'(九二는 輿說輹이로다)라 하여, 곤도(坤道)를 자득(自得)함에 온전하지 못한 것이다. '날마다 수레 지킴을 익히면 갈 바가 있어서 이로운 것이다'(日閑輿衛면 利有攸往하리라)라 하여, 날마다 곤도(坤道)를 익히면 이롭다고 하였다.

또한 64괘에서는 곤괘(坤卦)를 순(順), 음(陰), 소인(小人)으로 밝히고 있다.

☳ 震 벼락 진

   진괘(震卦, ☳)는 건괘(乾卦)의 초효를 받은 장남(長男)으로(震은 一索而得男이라 故로 謂之長男이오), 성인(聖人)을 상징한다.

   「설괘」에서는 진괘(震卦)의 형이상학적 뜻을 구체적인 사물 등에 비유하고 있다.

   먼저 '우레로써 움직이고'(雷以動之)의 우레로 비유되는 진괘는 만물을 고동(鼓動)시키는 것이며, '진은 움직이고'(震은 動也오)는 진괘(震卦)의 작용이며, '진은 용이 되고'(震爲龍이오)는 동물에서는 하늘의 변화에 따라 비를 내리는 용(龍)이 되며, '진은 발이 되고'(震爲足이오)는 신체에서 몸을 옮겨주는 발이 되는 것이다.

   또 '진(震)은 우레가 되고, 용이 되고, 검은색과 황색이 되고, 펼쳐짐이 되고, 큰 길이 되고, 장자가 되고, 결단하기를 조급함이 되고, 푸른 대나무가 되고, 갈대가 되고, 말에 있어서는 울기를 잘하고, 뒷발이 흰 말이 되고, 발이 빠른 말이 되고, 이마가 흰 말이 되며, 곡식에 있어서는 껍질을 뒤집어 쓰고 나옴이 되고, 궁극에는 굳셈이 되고, 번성하고 고움이 된다'(震은 爲雷 爲龍 爲玄黃 爲敷 爲大塗 爲長子 爲決躁 爲蒼筤竹 爲萑葦오 其於馬也에 爲善鳴 爲馵足 爲作足 爲的顙이오 其於稼也에 爲反生이오 其究ㅣ 爲健이오 爲蕃鮮이라)라 하여, 진괘(震卦)를 상징하는 다양한 개념을 밝히고 있다.

대표적으로 곤괘(坤卦)에서 '대저 현황(玄黃)이라는 것은 하늘과 땅이 섞여 있는 것이니, 하늘은 현(玄)이고 땅은 황(黃)이다'(夫玄黃者는 天地之雜也니 天玄而地黃하니라)라 하여, 현황(玄黃)은 천지지도(天地之道)로, 진괘(震卦) 성인의 진리를 펼치는 것이다. 또 진괘(震卦)를 푸른 대나무에 비유한 것은, 변치 않는 성인지도(聖人之道)의 영원성을 의미하는 것이다.

정괘(鼎卦)에서는 '구사(九四)는 솥이 다리가 부러져 솥 안의 음식을 쏟으니 그 형상이 끔찍스러운 것이라 흉하다'(九四는 鼎이 折足하야 覆公餗하니 其形이 渥이라 凶토다)라 하여, 하늘에 제사를 올리는 음식을 삶던 솥의 다리는 성인지도(聖人之道)를 의미한다.

진괘(震卦)는 '푸른 대나무가 되고, 갈대가 되고'와 땅에서 새싹이 나오는 '반생'(反生)이라 하여, 풀 초(草)로 상징되고 있다.

또한 64괘에서는 진괘(震卦)를 후(侯)로 밝히고 있다.

巽 | 손괘 손

    손괘(巽卦, ☴)는 곤괘(坤卦)의 초효를 받은 장녀(長女)로(巽은 一索而得女라 故로 謂之長女오), 신도(神道)를 상징한다.

    「설괘」에서는 손괘(巽卦)의 형이상학적 뜻을 구체적인 사물 등에 비유하고 있다.

    먼저 '바람으로써 흩어지고'(風以散之)에서 바람으로 비유되는 손괘는 만물을 흩어지게 하는 것이며, '손은 들어감이고'(巽은 入也오)에서 손괘는 안으로 들어가는 것이며, '손은 닭이 되고'(巽爲鷄오)는 동물에서 새벽의 시간을 알리는 닭이 되며, '손은 허벅지가 되고'(巽爲股오)는 신체에서 몸의 은밀한 부위인 속 허벅지(생식기)가 되는 것이다.

    또 '손(巽)은 나무가 되고, 바람이 되고, 장녀가 되고, 곧은 먹줄이 되고, 장인(匠人)이 되고, 백색이 되며, 긴 것이 되고, 높은 것이 되고, 진퇴가 되고, 과단성이 없음이 되고, 냄새가 되며, 사람에게는 머리털이 적음이 되고, 이마가 넓음이 되고, 눈에 흰자위가 많음이 되고, 이익을 가까이 하여 세 배의 폭리를 남김이 되며, 궁극에는 조급해지는 괘가 된다'(巽은 爲木 爲風 爲長女 爲繩直 爲工 爲白 爲

長 爲高 爲進退 爲不果 爲臭오 其於人也에 爲寡髮 爲廣顙 爲多白眼 爲近利市三
倍오 其究ㅣ 爲躁卦也라)라 하여, 손괘(巽卦)를 상징하는 다양한 개념을
밝히고 있다.

대표적으로 익괘(益卦)에서는 '단에서 말하기를 익(益)은 위의 것
을 덜어 아래에 보태어 주는 것이니, 백성의 기뻐함이 경계가 없다.
위로부터 아래로 내려오니 그 도(道)는 크게 빛난다. .... 대천을 건
넘이 이롭다는 것은 목도(木道)에서 이에 행하는 것이다'(彖曰益은 損
上益下하니 民說无疆이오 自上下下하니 其道大光이라 ..... 利涉大川은 木道ㅣ
乃行이라)라 하여, 손괘(巽卦)를 목(木)에 비유하면서, 하늘의 뜻이 내
려오는 것을 목도(木道)가 행해지는 것이라 하였다.

또 대과괘(大過卦)에서는 '초육(初六)은 깔개로 흰 띠풀을 쓰니 허
물이 없는 것이다'(初六은 藉用白茅니 无咎하니라)라 하여, 흰 백(白)이 손
괘를 의미하고 있다.

坎 험할 감

감괘(坎卦, ☵)는 건괘(乾卦)의 이효(二爻)를 받은 중남(中男)으로 (坎은 再索而得男이라 故로 謂之中男이오), 하늘의 중정지기(中正之氣)이다.

「설괘」에서는 감괘(坎卦)의 형이상학적 뜻을 구체적인 사물 등에 비유하고 있다.

먼저 '비로써 윤택하게 하고'(雨以潤之)에서 비로 비유되는 감괘는 만물을 윤택하게 하는 것이며, '감은 빠짐이고'(坎은 陷也오)에서 감괘는 구덩이에 빠지는 것이며, '감은 돼지가 되고'(坎爲豕오)는 동물에서 사람이 기르는 돼지가 되며, '감은 귀가 되고'(坎爲耳오)는 신체에서 하늘의 소리를 듣는 귀가 되는 것이다.

특히 감괘(坎卦)가 되는 돼지 시(豕)는 집 가(家)에 들어 있다. 우리 집이 돼지가 사는 곳이 아니라, 하늘의 중정지기(中正之氣)를 의미하는 감괘(坎卦)가 펼쳐지는 곳이다. 가정(家庭)이 천국(天國)인 것은 바로 가(家)에 들어있는 감괘를 통해 확인할 수 있다.

또 '감(坎)은 물이 되고, 도랑이 되고, 숨음이 되고, 바로 잡거나 휨이 되고, 활과 바퀴가 되며, 사람에게는 근심을 더함이 되고, 마음의 병이 되고, 귀가 아픔이 되고, 적시는 피가 되고, 적색이 되며, 말에 있어서는 척추가 아름다운 말이 되고, 성질이 급한 말이 되고, 머리를 아래로 떨구는 말이 되고, 발굽이 얇은 말이 되고, 끄는 것이 되며, 수레에 있어서는 하자가 많음이 되고, 통함이 되고, 달이 되고, 도둑이 되며, 그 나무에 있어서는 단단하고 속이 많음이 된다'(坎은 爲水 爲溝瀆 爲隱伏 爲矯輮 爲弓輪이오 其於人也에 爲加憂 爲心病 爲耳痛 爲血卦 爲赤이오 其於馬也에 爲美脊 爲亟心 爲下首 爲薄蹄 爲曳오 其於輿也에 爲多眚이오 爲通 爲月 爲盜오 其於木也에 爲堅多心이라)라 하여, 감괘(坎卦)를 상징하는 다양한 개념을 밝히고 있다.

대표적으로 둔괘(屯卦)에서는 '상육(上六)은 말을 타고 서성거리니 피눈물이 흐르는 듯하다. 상(象)에서 말하기를 피눈물이 흐르는 것 같으니 어찌 가히 오래 가겠는가'(上六은 乘馬班如하야 泣血漣如로나. 象日泣血漣如어니 何可長也리오)라 하여, 수뢰둔괘(水雷屯卦)의 상괘(上卦)인 감괘(坎卦)를 피로 논하고 있다.

수괘(需卦)에서는 '육사(六四)는 피에서 기다리는 것이니 구멍으로부터 나아감이로다. 상에서 말하기를 피에서 기다린다는 것은 순응으로써 듣는 것이다'(六四는 需于血이니 出自穴이로다 象日需于血은 順以聽也라)라 하여, 피는 감괘를 상징하고 있다.

또한 64괘에서는 감괘(坎卦)를 운(雲), 험(險)으로 밝히고 있다.

☲ 離 걸릴 리

　이괘(離卦, ☲)는 곤괘(坤卦)의 이효(二爻)를 받은 중녀(中女)로(離
는 再索而得女라 故로 謂之中女오), 땅의 중정지기(中正之氣)이다.

　「설괘」에서는 이괘(離卦)의 형이상학적 뜻을 구체적인 사물 등에
비유하고 있다.

　먼저 '해로써 말리게 하고'(日以暄之)에서 해로 비유되는 이괘는 만
물을 말리는 것이며, '이는 걸림이고'(離는 麗也오)에서 이괘는 진리에
걸리는 것이며, '이는 꿩이 되고'(離爲雉오)는 동물에서 땅을 날아다
니는 문채가 있는 꿩이 되며, '이는 눈이 되고'(離爲目이오)는 신체에
서 세상의 빛남을 보는 눈이 되는 것이다.

　또 '이(離)는 불이 되고, 해가 되고, 번개가 되고, 중녀가 되고, 갑
주(甲冑)가 되고, 창과 병기가 되며, 사람에게 있어서는 배가 큰 사람
이 되고, 건조시키는 괘가 되고, 자라가 되고, 게가 되고, 소라가 되
고, 조개가 되고, 거북이 되며, 그 나무에 있어서는 가운데가 비고
위가 말라 있는 것이 된다'(離는 爲火 爲日 爲電 爲中女 爲甲冑 爲戈兵이오 其
於人也에 爲大腹이오 爲乾卦 爲鱉 爲蟹 爲蠃 爲蚌 爲龜오 其於木也에 爲科上稿라)
라 하여, 이괘(離卦)를 상징하는 다양한 개념을 밝히고 있다.

대표적으로 이괘(離卦)에서는 '구삼(九三)은 해가 기울어져 걸렸으니'(九三은 日昃之離니)라 하고, 또 풍괘(豐卦)에서는 '해가 중천에 떠 있으니 우려할 것이 없음은 마땅히 세상을 비추는 것이라, 해가 중천에 있으면 기울어지며, 달이 차면 사라지는 것이니'(勿憂宜日中은 宜照天下也라 日中則昃하며 月盈則食하나니)라 하여, 일(日)이 이괘(離卦)를 상징하고 있다.

이괘(離卦)에서는 자라, 게, 소라, 조개, 거북을 비유하였는데, 모두 껍질은 단단하나 속은 부드러운 것이 양효(陽爻)인 초효와 삼효의 단단한 가운데에 부드러운 음효(陰爻)가 숨어 있는 형상이다.

특히 이괘(離卦)가 되는 과병(戈兵)에서 창 과(戈)는 나라 국(國)에 들어 있다. 이는 국가(國家, 나라)는 이괘(離卦)로 상싱되는 땅의 중성지기(中正之氣)가 펼쳐지는 곳으로, 우리의 삶에서 국가는 있어도 되고, 없어도 되는 것이 아니라, 절대적인 의미를 가지고 있다. 『대학』의 팔조목(八條目)에서 수신(修身)·제가(齊家)·치국(治國)·평천하(平天下)는 인간이 인간다운 삶을 살아가는 세계를 펼쳐놓은 것이다.

또한 64괘에서는 이괘(離卦)를 명(明), 문명(文明), 대명(大明), 전(電)으로 밝히고 있다.

그칠 간

간괘(艮卦, ☶)는 건괘(乾卦)의 삼효(三爻)를 받은 소남(少男)으로 (艮은 三索而得男이라 故로 謂之少男이오), 군자(君子)를 상징한다.

「설괘」에서는 간괘(艮卦)의 형이상학적 뜻을 구체적인 사물 등에 비유하고 있다.

먼저 '간괘로써 그치게 하고'(艮以止之)에서 간괘는 만물을 그치게 하는 것이며, '간은 그침이고'(艮은 止也오)에서 간괘는 멈추는 것이며, '간은 개가 되고'(艮爲狗오)는 동물에서 사람을 지키는 개가 되며, '간은 손이 되고'(艮爲手오)는 신체에서 세상에 부지런히 일하는 손이 되는 것이다.

간괘(艮卦)가 개가 되는 것은 개가 집을 지키는 역할을 하는 것과 같이, 군자가 성인지도(聖人之道)의 문을 지키고 펼치는 역할을 하는 것이다. 또 진괘(震卦)의 발이 움직여 옮겨진 성인지도를 간괘(艮卦)의 손이 부지런히 실천하는 것이다.

또 '간(艮)은 산이 되고, 지름길이 되고, 작은 돌이 되고, 높은 문이 되고, 나무와 풀의 열매가 되고, 문지기가 되고, 손가락이 되고, 개가 되고, 쥐가 되고, 부리가 검은 맹금류 등속이 되며, 그 나무

에 있어서는 단단하고 마디가 많음이 된다'(艮은 爲山 爲徑路 爲小石 爲
門闕 爲果蓏 爲閽寺 爲指 爲狗 爲鼠 爲黔喙之屬이오 其於木也에 爲堅多節이라)
라 하여, 간괘(艮卦)를 상징하는 다양한 개념을 밝히고 있다.

대표적으로 박괘(剝卦)에서는 '상구(上九)는 큰 열매를 먹지 않음
이니 군자는 수레를 얻고 소인은 집을 부수는 것이다'(上九는 碩果不
食이니 君子는 得輿하고 小人은 剝廬리라)라 하여, 과(果)가 간괘(艮卦)를
상징하고 있다.

곤괘(困卦)에서는 '육삼(六三)은 돌에서 곤궁하며 찔레와 납가새에
의거하는 것이라 그 집에 들어가더라도 그 아내를 보지 못하니 흉
하다'(六三은 困于石하며 據于蒺藜라 入于其宮이라도 不見其妻니 凶토다)라
하여, 석(石)은 간괘(艮卦)로 군자지도(君子之道)에서 곤궁함으로 밝히
고 있다.

☱ 兌

빛날 태

태괘(兌卦, ☱)는 곤괘(坤卦)의 삼효(三爻)를 받은 소녀(少女)로 (兌는 三索而得女라 故로 謂之少女라), 백성을 상징한다.

「설괘」에서는 태괘(兌卦)의 형이상학적 뜻을 구체적인 사물 등에 비유하고 있다.

먼저 '태괘로써 기쁘게 하고'(兌以說之)에서 태괘는 만물을 기쁘게 하는 것이며, '태는 기쁨이다'(兌는 說也라)에서 태괘는 기뻐하는 것이며, '태는 양이 되고'(兌爲羊이라)는 동물에서 온순한 양이 되며, '태는 입이 되고'(兌爲口라)는 신체에서 먹는 것을 주관하는 입이 되는 것이다.

태괘(兌卦)가 양이 되고, 입이 되는 것은 모두 백성(百姓)과 관계가 있다. 양은 뒤에서 몰아야 앞으로 나아가고, 앞에서 따라오라고 하면 가지 않는다. 백성도 지도자가 방향을 잡아서 뒤에서 몰아가야지 앞에서 이끌어 가면 가지 않는 것이다. 『성경』에서도 어린 양은 백성을 상징하고 있다.

또 입은 대상적인 음식을 먹지만, 형이상의 언어(言語)를 말하는 역할을 한다. 즉, 형이상(形而上)과 형이하(形而下)가 함께 있는 것이 백성이다. 백성은 먹는 것을 하늘로 삼고 살아가지만, 백성들의 살아 있는 양심은 곧 천심(天心)인 것이다.

또 '태(兌)는 연못이 되고, 소녀가 되고, 무당이 되고, 입과 혀가 되고, 이지러지고 꺾어짐이 되고, 붙었다가 떨어짐이 되며, 그 땅에서는 염전이 되며, 첩이 되고, 양(백성)이 된다'(兌는 爲澤 爲少女 爲巫 爲口舌 爲毀折 爲附決이오 其於地也애 爲剛鹵오 爲妾 爲羊이라)라 하여, 태괘를 상징하는 개념을 밝히고 있다.

대표적으로 함괘(咸卦)에서는 '상육(上六)은 그 뺨과 혀에서 감응하는 것이다. 상에서 말하기를 뺨과 혀에서 감응하는 것은 구설(口說)에 오르는 것이다'(上六은 咸其輔頰舌이라. 象曰咸其輔頰舌은 滕口說也라)라 하여, 태괘(兌卦)가 되는 설(舌)과 구(口)를 밝히고 있다.

곤괘(困卦)에서는 '곧은 대인이 길하다는 것은 강(剛)으로써 적중한 것이고, 말이 있지만 믿지 않는 것은 입을 숭상함이니 이에 곤궁할 것이다'(貞大人吉은 以剛中也오 有言不信은 尙口ㅣ 乃窮也라)라 하여, 구(口)가 태괘를 상징하고 있다.

복희팔괘도(伏羲八卦圖)

복희팔괘도의 근거가 되는 「설괘」 제3장에서는 다음과 같이 밝히고 있다.

"하늘과 땅의 위치가 정해지고, 산과 연못의 기운이 통하고, 우레와 바람이 서로 엷어지고, 물과 불이 서로 쏘지 않아서 팔괘가 서로 섞이는 것이니, 감(往)을 헤아리는 것은 순이고 옴(來)을 아는 것은 역이니 그러므로『주역』은 수를 맞이하는 것이다."(天地ㅣ 定位하며 山澤이 通氣하며 雷風이 相薄하며 水火ㅣ 不相射하야 八卦相錯하니 數往者는 順하고 知來者는 逆하니 是故로 易은 逆數也라)

「설괘」 제3장을 근거로 복희팔괘도를 보면, 천지(天地)를 상징하는 건괘(☰)와 곤괘(☷)가 남북에 자리가 정해지고, 간괘(☶)와 태괘(☱)는 서로 기운이 통하며, 진괘(☳)와 손괘(☴)는 서로 엷어지고, 감괘(☵)와 이괘(☲)는 서로 쏘지 않는 상태의 팔괘도인 것이다.

복희팔괘도는「계사상」제9장의 대연지수 50의 의미를 담고 있는 팔괘도이다. 대연지수 50을 구성하는 천수(天數) 5와 지수(地數) 10은 각각 복희팔괘도에서 남북의 축이 되는 곤괘(☷)와 건괘(☰)가 결부되는 것이다.

「계사상」제9장의 두 번째 문장에서 대연지수 50은 천수 5와 지수 10이 상승(相乘)된 수로 천지의 모든 작용수를 상징하며, 대연지수에서 5가 귀체되면서 천도의 사상작용을 표상하는 낙서 45가 되는 것이다. 대연지수 50은 인격성을 상징하는 5가 귀체되지 않은 물리적 천지의 세계를 보여주는 것이며, 그 작용이 49(四十有九)라 한 것은 50 가운데 1이 작용의 기본이 됨을 알 수 있다. 즉, 대연의 작용은 1을 기본으로 하기 때문에 일태극(一太極)에 의해서 이루어지는 작용이다. 이는 인간의 입장에서는 인간이 탄생하였지만 아직 자신의 인격성(도덕성)을 자각하지 못한 자연 상태의 모습을 상징하는 것이다.

복희팔괘도에서 건곤부모가 중심축이 되어, 장남·장녀 괘인 진괘(☳)와 손괘(☴)는 동북과 서남 방위에서, 중남·중녀 괘인 감괘(☵)와 이괘(☲)가 동서의 정방에서, 소남·소녀 괘인 간괘(☶)와 태괘(☱)는 동남과 서북 방위에서 각각 대응하여, 서로서로 합덕하고 있는 것 같지만, 실제적으로는 팔괘의 괘상이 안에서 밖으로 향해 있어서 등을 대고 있는 형상이다. 이는 복희팔괘도가 내면의 인격성을 자각하기 보다 대상세계를 향하고 있음을 보여주는 것이다.

또한 서로 대응하고 있는 1건(乾, ☰)과 8곤(坤, ☷)·2태(兌, ☱)와 7간(艮, ☶)·3이(離, ☲)와 6감(坎, ☵)·4진(震, ☳)과 5손(巽, ☴)이 모두 음수와 양수로 짝을 이루고 있어 음양이 조화된 것처럼 보일 수 있으나, 그 합이 모두 9수로 아직 10의 원리를 알지 못하는 상태이다.

또 4진(☳)과 5손(☴)의 차이는 1, 3이(☲)와 6감(☵)의 차이는 3, 2태(☱)와 7간(☶)의 차이는 5, 1건(☰)과 8곤(☷)의 차이는 7로, 양수인 1·3·5·7이 하늘 작용의 시작임을 알 수 있다. 즉, '하늘과 땅의 위치가 정해지고, 산과 연못의 기운이 통하고, 우레와 바람이 서로 엷어지고, 물과 불이 서로 쏘지 않는' 상태인 것이다. 다만 간괘(☶)와 태괘(☱)의 기운이 통한다고 한 것은 그 수의 차이가 인격성을 상징하는 5이기 때문이다.

대연지수 50은 하도의 마지막 작용인 5와 10의 상승수(相乘數)이지만, 동시에 낙서 사상작용의 본체적 의미도 가지고 있기 때문에 복희팔괘도는 그 구조에서 건·곤(乾坤)이 남·북, 감·리(坎離)가 동서의 정방에 배치되고 있는 것이다. 복희팔괘도의 감리는 문왕팔괘도에 있어서 남북의 축이 되고, 건·곤은 정역팔괘도에 있어서 남북의 축이 되어 음양이 합덕된 팔괘도가 되는 것이다.

이는 대연지수가 천지(天地)만 상승된 것으로 아직 인격적 덕을 합하지 못하고 있는 것과 같은 의미이다. 대연지수에서 인격성을 상징하는 5를 귀체하면, 낙서의 45가 되어 음양합덕을 상징하는 하도의 본체도수 5가 되는 것과 같이 복희팔괘도에서 인격성을 자각하면 감·리(坎離)가 남북의 축으로 작용하는 문왕팔괘도가 드러나고, 동시에 음양이 합덕된 건·곤(乾坤)이 남북의 축이 되는 정역팔괘도가 드러나게 되는 것이다.

또 대연지수 50에서 5를 귀체(歸體)한다는 것은 인간의 입장에서는 삿된 욕심을 덜어내는 것으로 자연적 인간이 자신의 욕심을 극복하기 위해 인격성인 5를 중심 본체로 삼는다는 의미이다. 인간이 자신의 욕심을 덜어내고 인격성(5)을 본체로 삼았다는 것은 오히려 하늘의 은택(10)이 내려오는 것으로 낙서의 사상이 작용하면서, 동시에 음양이 합덕된 55의 하도가 작용하는 것이다.

대연지수(大衍之數) 50(五十)에서 5(五)를 비우면, 그 빈자리에 하늘의 뜻인 10(十)이 내재되는 것이다. 즉, 인간이 욕심을 비우면 그 자리에 인격성이 채워지는 것으로『주역』에서는 손·익(損益)의 원리로 논하고 있다. 자기의 욕망을 죽이면, 하늘이 내려옴이다. 극기복례(克己復禮)하는 것이다. 아상(我相)을 버려야 진아(眞我)가 깨달아지는 것이다.

이와 같이 대연지수 50은 일태극(一太極)을 작용의 기본수로 하여, 5를 귀체시키면 낙서 45가 되고, 5가 귀체되면 하늘의 인격성인 10이 드러나기 때문에 동시에 하도 55가 드러나는 것이다.「설괘」제3장에서 복희팔괘도를 논하고, 바로 이어서 '감(往)을 헤아리는 것은 순이고 옴(來)을 아는 것은 역이니, 그러므로『주역』은 수(數)를 맞이하는 것이다'(數往者는 順하고 知來者는 逆하니 是故로 易은 逆數也라)라고 한 것이다.

복희팔괘도에 대응되는 대연지수 50에서 일태극(一太極)의 왕래(往來)작용에 의해 5를 귀체시키면, 낙서의 45와 하도의 55가 드러나게 됨을 논한 것이다. 「계사상」에서 '역(易)에는 태극이 있으니 이것이 양의(兩儀)를 낳고'(易有太極하니 是生兩儀하고)라 하여, 태극과 음양(陰陽)의 관계로 밝히고 있다.

복희팔괘도에서 군자를 상징하는 간괘(☶)와 백성을 상징하는 태괘(☱)의 상황을 고찰하면, 7간산(七艮山)의 군자는 8곤지(八坤地)의 땅에 숨어 살면서 6감수(六坎水)의 험난(어려움)을 극복하기 위해 4진뢰(四震雷)의 성인지도를 익히고 있는 것이다. 2태택(二兌澤)의 백성은 우상(偶像)인 1건천(一乾天)과 3이화(三離火)에 의지하면서 5손풍(五巽風)의 신도(神道)를 대상화시켜 살아가고 있는 것으로 해석할 수 있다.

「설괘」 제3장에서 밝힌 팔괘(八卦)의 관계는 『주역』의 기(氣)철학에 매우 중요한 사실을 논한 것이다. 즉, '간괘와 태괘가 기운이 통하며'(山澤이 通氣하며)라고 한 것은 바로 팔괘도(八卦圖)가 기의 작용임을 밝힌 것이다.

복희팔괘도의 기(氣)작용을 수(數)의 순서대로 하면, 1건천(一乾天) → 2태택(二兌澤) → 3이화(三離火) → 4진뢰(四震雷) → 5손풍(五巽風) → 6감수(六坎水) → 7간산(七艮山) → 8곤지(八坤地)로 작용하여, 아래와 같은 '태극도'(太極圖)의 기 흐름이 된다. 일태극(一太極)의 원리를 표상하는 복희팔괘도의 의미가 분명하게 드러나게 되는 것이다.

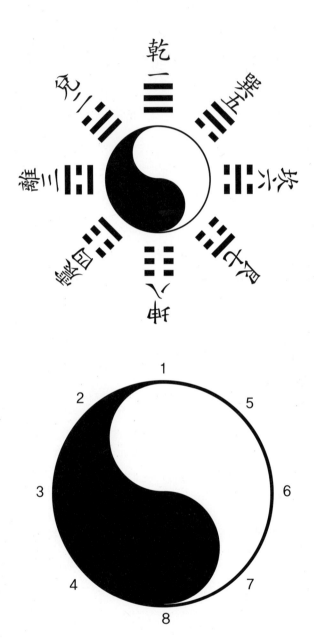

문왕팔괘도(文王八卦圖)

　문왕팔괘도를 설명하고 있는 「설괘」 제5장은 두 문장으로 구성되어 있는데, 첫 문장에서는 "상제가 진괘(☳)에서 나오고, 손괘(☴)에서 가지런해지고, 이괘(☲)에서 서로 나타나고, 곤괘(☷)에서 지극히 길러지고, 태괘(☱)에서 말씀을 기뻐하고, 건괘(☰)에서 싸우고, 감괘(☵)에서 수고롭고, 간괘(☶)에서 말씀이 이루어지는 것이다"(帝ㅣ 出乎震하야 齊乎巽하고 相見乎離하고 致役乎坤하고 說言乎兌하고 戰乎乾하고 勞乎坎하고 成言乎艮하니라)라 하여, 팔괘의 작용성에 대하여 간략히 설명하고, 이어서 문왕팔괘도에 배치된 팔괘의 철학적 의미와 방위를 구체적으로 밝히고 있다.

　"만물이 진괘(☳)에서 나오니 진은 동방이다. 손괘(☴)에서 가지런하니 손은 동남이고, 가지런하다는 것은 만물의 깨끗함과 가지런함을 말한다. 이괘(☲)는 밝음이니 만물이 모두 서로 나타나기 때문으로 남방의 괘니 성인이 남면하여 천하를 들어서 밝음을 향하여 다스리니 모두 이것에서 취한 것이다. 곤괘(☷)는 땅이니 만물이 모두 지극히 길러지기

때문에 그러므로 곤에서 지극히 길러진다고 한다. 태괘(☱)
는 정추이니 만물이 기뻐하는 것이기 때문에 그러므로 태에
서 말씀을 기뻐한다고 한다. 건괘(☰)에서 싸운다는 것은
건은 서북의 괘이니 음양이 서로 엷은 것을 말한다. 감괘
(☵)는 물이니 정북방의 괘이니 수고로운 괘로 만물의 돌
아가는 바이기 때문에 그러므로 감에서 수고롭다고 한다. 간
괘(☶)는 동북의 괘이니 만물의 마침을 이루는 곳이고 시
작을 이루는 곳이기 때문에 그러므로 간에서 말씀이 이루어
진다고 한다."(萬物이 出乎震하니 震은 東方也라 齊乎巽하니 巽은 東
南也니 齊也者는 言萬物之潔齊也라 離也者는 明也니 萬物이 皆相見也할
새니 南方之卦也니 聖人이 南面而聽天下하야 嚮明而治하니 盖取諸此
也라 坤也者는 地也니 萬物이 皆致養焉할새 故로 曰致役乎坤이라 兌는
正秋也니 萬物之所說也일새 故로 曰說言乎兌라 戰乎乾은 乾은 西北之卦
也니 言陰陽相薄也라 坎者는 水也니 正北方之卦也니 勞卦也니 萬物之所
歸也일새 故로 曰勞乎坎이라 艮은 東北之卦也니 萬物之所成終而所成始
也일새 故로 曰成言乎艮이라)

　문왕팔괘도를 보면, 건괘(☰)와 곤괘(☷)의 중정지기인 감괘
(☵)와 이괘(☲)가 남북으로 축이 되고, 건곤부모는 모퉁이 방위
에 물러나 있다. 또 장남인 진괘(☳)와 소녀인 태괘(☱)가 동서에,
건괘(☰)와 장녀인 손괘(☴), 곤괘(☷)와 소남인 간괘(☶)가 각
각 모퉁이에서 서로 대응하고 있다. 문왕팔괘도가 천도의 사상작

용을 표상하는 낙서와 결부되기 때문에 천도(진리)를 밝히는 주체인 성인 진괘(☳)와 백성이 곧 하늘인 태괘(☱)가 동서의 가로축에 위치하고 있는 것이다.

낙서는 네 정방의 9와 1, 7과 3의 천수(天數)와 네 모퉁이의 8과 2, 6과 4의 지수(地數) 그리고 가운데 5로 구성되어 있다. 네 정방과 네 모퉁이 방위에서 서로 마주보고 있는 수의 합은 10이 됨을 알 수 있다. 낙서는 10을 본체로 9(1) → 8(2) → 7(3) → 6(4)의 사상작용을 하기 때문에 10을 체로 하여 9로 작용하는 '체십용구(體十用九)' 원리를 표상하고 있다.

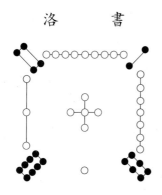

낙 서		
4	9	2
3	5	7
8	1	6

낙서의 수를 문왕팔괘도의 팔괘에 직접 배정하여, 1감(坎, ☵)·9이(九離, ☲), 2곤(坤, ☷)·8간(艮, ☶), 3진(震, ☳)·7태(兌, ☱), 4손(巽, ☴)·6건(乾, ☰)이 서로 대응하고 있다. 그 대응되는 괘의 합은 10수로 10이 분리되어 작용하고 있는 것이다. 문왕팔괘도에서도 팔괘의 괘상이 안에서 밖으로 향해 있지만 그 합은 10이기 때문에 단

순히 내면의 인격성을 자각하지 못한 것이 아니라, 5를 귀체시키는 하늘의 작용으로 양과 양, 음과 음이 서로 등을 대고 있는 것이다.

문왕팔괘도에서 팔괘의 괘상(卦象)이 밖을 보고 있는 것은 바로 양(陽)은 양과, 음(陰)은 음과 등을 대고 있는 것으로 지극히 정상적인 상태이다. 양과 양, 음과 음이 마주보는 것은 하늘의 뜻이 아닌 것이다. 그래서 화택규괘(火澤睽卦)에서는 '두 여자가 함께 살지만 그 뜻은 함께하지 않는다'(二女同居호대 其志不同行이라)라 하여, 여자는 뜻이 남자에게 있어야지, 여자에게 있으면 안 되는 것이다.

또 문왕팔괘도에서 간괘(☶)와 태괘(☱)의 수와 방위를 고찰하면, 8간산(艮山)의 군자는 동북방에서 북방 1감수(坎水)인 하늘의 은 백 속에서 동방 진괘(☳)의 성인지도를 익히고 있다면, 7태택(兌澤)의 백성은 6건천(乾天)의 아버지와 2곤지(坤地)의 어머니 사이인 서방에 위치하여 부모의 뜻을 통해 제자리를 잡고 있는 것이다.

한편 위 두 인용문을 통해 문왕팔괘도의 의미를 고찰해 보면, 먼저 낙서의 사상작용은 9(1) → 8(2) → 7(3) → 6(4)인데, 「설괘」 제5장에서는 7(3)인 3진(☳)·7태(☱) → 6(4)인 4손(☴)·6건(☰) → 9(1)인 1감(☵)·9이(☲) → 8(2)인 2곤(☷)·8간(☶)의 순서로 논하고 있다.

먼저 첫 구절에서 상제와 만물이 모두 진괘(☳)에서 나온다고 하였는데, 『주역』에서 상제는 천지의 주재자로 인격적 존재이며, 만물은 천지의 인격성을 드러내는 현상적 존재를 의미하는 것이다. 상제의 주재 작용을 현상적으로 드러내는 존재가 만물이기 때문에 상제와 만물이 동일하게 진괘(☳)에서 시생된다고 하였다.

특히 첫 문장을 '제(帝)'와 '만물(萬物)'로 시작한 것은 낙서의 체십용구(體十用九) 원리에 바탕한 것으로 체십(體十)의 입장에서는 제(帝), 용구(用九)의 입장에서는 만물(萬物)로 논한 것이다.

진괘(☳)와 대응되는 태괘(☱)에서는 성인의 뜻은 말씀으로 드러나기 때문에 '태괘에서 말씀을 기뻐한다'고 하였다. 다른 팔괘와는 달리 태괘(☱)에서는 방위를 직접 말하지 않고 '정추(正秋)'라고 하여, 성인의 말씀에 기뻐하는 것을 가을에 수확하는 기쁨에 비유하고 있다.

이어서 손괘(☴)에서는 시생한 만물이 '손괘에서 가지런하다'고 하였다. 손괘(☴)는 신도·목도를 상징하는 것으로 신도를 통해 만물이 깨끗하고 가지런해지는 것이다. 손괘(☴)와 대응되는 건괘(☰)에서는 서로 싸우는 것으로 '음양이 서로 엷은 것을 말한다'라 하여, 만물이 가지런해지기 위해서는 서로 싸우는 과정이 필요한 것으로 이해할 수 있다.

다음 이괘(☲)는 일월지도(日月之道)를 상징하는 것으로 천지의 본성이 일월로 드러나면서 만물의 본질이 밝혀지게 되는 것이다. 성인이 일월(日月)원리를 주체적으로 자각하여 남쪽을 향해 백성의 마음을 들어서 천하를 다스리는 것이다. 이괘(☲)와 대응되는 감괘(☵)에서는 '감괘에서 수고롭다'고 하고, 그 수고로움을 통해 만물을 포용하기 때문에 '만물이 돌아가는 바'라 하였다.

마지막으로 곤괘(☷)는 두터운 덕으로 만물을 기르는 원리를 나타내기 때문에 '곤괘에서 지극히 길러진다'라 하였고, 곤괘(☷)와 대응되는 간괘(☶)에서는 만물의 종시 변화가 이루어지는 곳이라 하였다. 간괘(☶)는 성인지도와 대응되는 군자지도를 상징하는 괘로 진괘(☳)에서 시생된 말씀이 간군자(艮君子)의 마음속에서 이루어진다는 것이다. 그래서 '말씀이 이루어진다'고 한 것이다.

문왕팔괘도의 괘상을 보면, 남북의 축인 감(☵)·리(☲)는 일월을 상징하는 괘이기 때문에 일월의 천도 변화원리를 중심축으로 하여, 만물이 도덕적 존재로 드러나는 뜻을 담고 있는 것이다. 문왕팔괘도는 하늘의 인격성을 상징하는 상제(上帝, 萬物)가 진괘(☳, 聖人之道)에서 나와서 군자지도인 간괘(☶)에서 이루어짐을 상징하고 있다.

한편 문왕팔괘도의 팔괘를 수(數)에 따라 기(氣)작용으로 그리면 아래와 같다. 문왕팔괘도는 1에서 9로 작용하는 것이 아니라, 9이(九離, ☲)와 1감(一坎, ☵)이 동시 작용하여, 1감(一坎, ☵) → 2곤(坤, ☷) → 3진(震, ☳) → 4손(巽, ☴) → 5와, 9이(九離, ☲) → 8간(艮, ☶) → 7태(兌, ☱) → 6건(乾, ☰) → 5로 작용하는 천도(天道) 사상(四象)작용이 완성되는 것이다.

『정역』에서는 '낙서(洛書)는 기제(旣濟)의 수(數)이니, 역생도성(逆生倒成)으로 작용하니 후천(后天) 무극(无極)인 것이다'(龜書는 旣濟之數而逆生倒成하니 后天无極이니라)라 하여, 역생도성(逆生倒成)의 작용으로 밝히고 있다. 즉, 역생은 1 → 2 → 3 → 4 → 5의 작용이고, 도성은 9 → 8 → 7 → 6 → 5의 작용이다.

문왕팔괘도의 기작용은 '**역생도성도**'(逆生倒成圖), '**천지사상도**'(天之四象圖), '**천문비상도**'(天文飛翔圖)라 하고, 선도(仙道)에서는 '**이하라**'라고 한다.

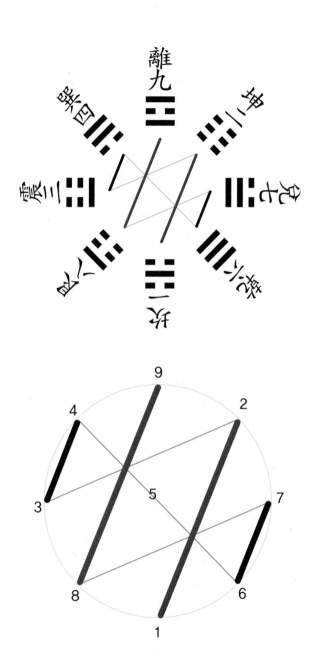

정역팔괘도(正易八卦圖)

「설괘」 제6장에서는 정역팔괘도(正易八卦圖)에 대해 다음과 같이 밝히고 있다.

"신이라는 것은 만물의 묘함이 말씀이 된 것이니, 만물을 움직이는 것은 우레보다 빠른 것이 없고, 만물을 흔드는 것은 바람보다 빠른 것이 없고, 만물을 말리는 것은 불보다 마르는 것이 없고, 만물을 기쁘게 하는 것은 연못보다 기쁜 것이 없고, 만물을 윤택하게 하는 것은 물보다 윤택하게 하는 것이 없고, 만물을 마치고 시작하는 것은 간괘(☶)보다 성대한 것이 없으니, 그러므로 물과 불이 서로 미치며, 우레와 바람이 서로 어긋나지 않으며, 산과 연못이 기가 통한 연후에야 변화하고 이미 만물을 이루는 것이다."(神也者는 妙萬物而爲言者也니 動萬物者ㅣ 莫疾乎雷하고 撓萬物者ㅣ 莫疾乎風하고 燥萬物者ㅣ 莫熯乎火하고 說萬物者ㅣ 莫說乎澤하고 潤萬物者ㅣ 莫潤乎水하고 終萬物始萬物者ㅣ 莫盛乎艮하니 故로 水火ㅣ 相逮하며 雷風이 不相悖하며 山澤이 通氣然後에야 能變化하야 旣成萬物也하니라)

정역팔괘도(正易八卦圖)는 일부(一夫) 김항(金恒, 1826~1898)이 1879년(己卯年)에 그렸지만, 벌써 2,500년 전에 공자가 「설괘」 제6장으로 말씀한 것이다. 선유(先儒)들은 이 문장이 팔괘도(八卦圖)를 말하는 것 같은데, 그 뜻을 모르겠다고 하였다.

『정역』은 「설괘」 제6장의 정역팔괘도, 360 정역(正曆) 등 『주역』에 감춰진 진리를 확연히 드러낸 것이다. 『논어』에서도 밝혔듯이 진리는 3,000년 전이나 3,000년 후나 항상(恒常)한 것이다. 또 복희씨가 깨달은 것과 문왕·주공이 깨달은 것, 공자가 깨달은 것, 일부가 깨달은 것은 시대와 천명(天命)이 다를 뿐이고, 하나의 진리이기 때문에 하늘의 소리인 『주역』이 완성된 것이다.

「설괘」 제6장의 정역팔괘도를 고찰해 보면, '신야자'의 신(神)은 10건(乾, ☰)·5중(中, ☷)이 완전 합덕일치된 것이고, '수화상체(水火相逮)'는 4감(坎, ☵)·9이(離, ☲)가 서로 만나 합덕된 것이고, '뇌풍불상패(雷風不相悖)'는 6진(震, ☳)·1손(巽, ☴)이 바른 위치에서 작용하는 것이며, '산택통기(山澤通氣)'는 8간(艮, ☶)·3태(兌, ☱)가 기운이 통하여 합덕되는 것이다.

특히 2천(天, ☰)과 7지(地, ☷)를 10건(乾, ☰)과 5중(中, ☷)의 안쪽에 배치하여 육효중괘인 중천건괘(重天乾卦)(☰, 二天十乾)와 중지곤괘(重地坤卦)(☷, 七地五坤)의 괘상을 그리고 있는 것이다. 육효중괘(六爻重卦)는 역도가 완성되고, 천·인·지(天人地) 삼재지도의 음양이 합덕된 것을 표상하기 때문에 정역팔괘도가 음양이 합덕된 그림임을 알 수 있다. 따라서 정역팔괘도는 음양합덕을 표상하는 하도와 결부되는 것이다.

하도의 도상은 남방에 1·6 수, 북방에 2·7 화, 동방에 3·8 목, 서방에 4·9 금, 중앙에 5·10 토로 구성되어 음과 양, 생(生)과 성(成)의 수가 5를 근거로 합덕되어 있다. 하도는 음양합덕에 의해 전개되는 오행(五行)원리를 밝히고 있다. 또 하도는 5를 근거로 1·6 → 2·7 → 3·8 → 4·9 → 5·10으로 작용하기 때문에 '체오용육(體五用六)' 원리를 표상하고 있다.

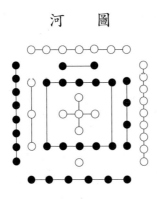

河　圖

하 도
南
2 · 7
3 · 8　　5 · 10　　4 · 9
1 · 6
北

정역팔괘도는 「설괘」 제6장의 인용문에는 존재하지 않지만 만물의 근원적 존재인 화옹(化翁) 무위(无位)인 2천(☰)과 7지(☷)의 원천화(原天火)를 부가하여, 1부터 10까지 수를 모두 결부시켜 하도의 수와 일치하고 있다. 또 팔괘의 괘상이 복희팔괘도나 문왕팔괘도와는 달리 밖에서 안쪽의 방향으로 되어 있다. 이는 밖으로 향하는 마음이 자신의 내면으로 돌아오는 것을 상징하는 것이자, 팔괘가 서로 마주보면서 합덕하고 있음을 의미하는 것이다.

또한 5곤(☷)을 '5중(中)'이라 함으로써 10건(☰)과 5중(☷)이 하도의 가운데 중수(中數)임과 정역팔괘도의 본체 도수가 5임을 밝히고 있다. 특히 5중(☷)은 7지와 함께 중지곤괘(重地坤卦)의 의미를 가지는데, 중지곤괘에서는 '곤괘의 두터움으로 물을 실어서 합덕하는 것이 한계가 없는 것이다'(坤厚載物이 德合无疆이라)라 하여, 합덕의 원리를 밝히고 있다. 또 하도의 체오용육 원리는 중지곤괘의 근거가 되는 것이다.

중지곤괘에서는 '용육(用六)은 길게 곧은 것이 이로운 것이다'(用六, 利永貞,)라 하고, 64괘의 각 효에서 음효(陰爻)(━ ━)를 '초육(初六), 육이(六二), 육삼(六三), 육사(六四), 육오(六五), 상육(上六)'이라 하여, 음효(━ ━)의 이수(理數)를 육(六)으로 표상하고 있다. 즉, 여섯 효가 모두 음효(━ ━)인 중지곤괘는 음양이 합덕(合德)된 지덕(地德)을 표상하는데, 그것은 하도(河圖)가 천지(天地)·음양(陰陽)이 오(五)를 본체로 합덕된 원리에 근거하고 있는 것이다.

정역팔괘도를 하도의 입장에서 보면, 양괘인 건괘(☰)는 10·진괘(☳)는 6·감괘(☵)는 4·간괘(☶)는 8로 음수(陰數)와 결부되고, 음괘인 곤괘(☷)는 5·손괘(☴)는 1·리괘(☲)는 9·태괘(☱)는 3으로 양수(陽數)와 결부되어, 수(數)와 괘(卦)도 음양이 합덕되어 있다.

또한 정역팔괘도에서는 10·5 건곤 부모는 중앙의 남북 정방에 배치하여 높이 받드는 것이고, 4감(☵)과 9이(☲)는 문왕팔괘도를 통해 건곤의 뜻을 모두 대행하고 모퉁이로 물러나 있으며, 6진(☳)의 성인지도와 1손(☴)의 신명원리도 자신의 역할을 다하여 모퉁

이로 물러가고, 8간(☶) 군자와 3태(☱) 백성이 동서의 정방에 자리하고 있는 것이다.

간괘(☶)와 태괘(☱)가 서로 '기운이 통한다'는 것은 군자와 백성의 합덕되는 간태합덕(艮兌合德)을 의미하는 것으로 소남·소녀가 합덕됨으로써 건곤부모의 뜻이 완전히 드러나는 것이다. 동방의 8간(☶) 군자는 4감(☵)의 은택과 1손(☴)의 신명을 행사하고 있는 모습이며, 3태(☱) 백성은 서방에 자리하여 6진(☳)의 성인지도와 9이(☲)의 대인지도(大人之道)을 양쪽에 모시고 있는 것이다.

간태합덕(艮兌合德)은 군자와 백성이 합덕되는 것으로 유학의 왕도정치(王道政治)가 실현되는 세계를 말한다. 『주역』에서는 팔괘(八卦)에서 소남(少男)과 소녀(少女)의 합덕을 통해 대동사회의 이상을 구현하고자 하는 뜻을 담고 있다.

위 인용문의 첫머리에서 말한 신(神)은 바로 음양이 합덕된 것으로 하도를 논한 '귀신'과 연계되는 것이다. 하도는 귀신을 행하는 원리이기 때문에 정역팔괘도를 설명한 「설괘」 제6장에서는 '신(神)이라고 하는 것은 만물이 묘합되어 말씀이 된 것이니'(神也者는 妙萬物而爲言者也니)라 하여, 음양을 대표하는 건곤이 합덕한 것을 신이라 하였다. 「계사상」 제5장에서도 '음양을 헤아릴 수 없는 것을 신이라고 한다'(陰陽不測之謂ㅣ 神이라)라 하여, 신을 음양이나 만물이 합덕된 것으로 밝히고 있다.

또 「설괘」 제6장 마지막에 '변화하고 이미 만물을 이룬다'(能變化하야 旣成萬物也하니라)는 것은 하도의 이치를 논한 「계사상」 제9장의 '변

화를 이루고 귀신을 행하는 것이다(此ㅣ 所以成變化하며 而行鬼神也라)
와 같은 의미를 담고 있다.

또한 「설괘」 제6장에서는 팔괘(八卦) 가운데 오직 간괘(☶)만 언급하고 있는데, 이것은 「설괘」 제5장에서 간괘(☶)는 만물의 마침과 시작을 이루는 곳으로 (하늘의) 말씀이 이루어지는 곳이라고 하였기 때문이며, 정역팔괘도의 세계가 이루어지는 것은 간군자(艮君子)에 의해서 실행됨을 알 수 있다.

이에 정역팔괘도의 팔괘를 하도의 방위에 배치하면 다음과 같다.

正易八卦圖	하 도
南 2天 · 7地 ☱ ☴ 3兌 · 8艮 5中 · 10乾 4坎 · 9離 ☱ ☶ ☵ ☲ ☵ ☲ 1巽 · 6震 ☴ ☳ 北	南 2 · 7 3 · 8 5 · 10 4 · 9 1 · 6 北

위의 그림은 네 정방과 네 모퉁이에 배치된 정역팔괘도의 팔괘를 하도의 네 정방에 배치한 것이다. 먼저 1손(☴) · 2천 · 3태(☱) · 4감(☵)이 각각 6진(☳) · 7지 · 8간(☶) · 9이(☲)의 자리로 옮겨졌음을 알 수 있다. 이는 하도에서 각각의 성수(成數)는 생수(生數)에 인격성을 의미하는 5(本體度數)가 더해진 것으로 음양 합덕

의 작용은 성수에서 이루어지기 때문이다.

또 복희팔괘도와 비슷하게 구조 속에서 건곤 부모를 비롯하여 장남과 장녀, 중남과 중녀, 소남과 소녀가 서로 합덕하고 있지만, 2천과 7지의 원천화(原天火)를 부가하여 남방의 화를 이루게 하였다. 팔괘와 오행의 관계를 보면, 진괘(☳)와 손괘(☴)는 수, 천지(天地)는 화, 간괘(☶)와 태괘(☱)는 목, 감괘(☵)와 리괘(☲)는 금, 건괘(☰)와 곤괘(☷)는 토에 배치되어, 정역팔괘도를 통해 팔괘와 오행의 관계를 이해할 수 있다.

한편 정역팔괘도를 수(數)에 따라 기(氣)작용으로 그리면 아래와 같다. 1손(巽, ☴) → 2천(天, ☰) → 3태(兌, ☱) → 4감(坎, ☵) → 5중(中, ☷), 6진(震, ☳) → 7지(地, ☷) → 8간(艮, ☶) → 9이(離, ☲) → 10건(乾, ☰)으로 작용하는 음양합덕이 완성된다.

『정역』에서는 '하도(河圖)는 미제(未濟)의 형상이니, 도생역성(倒生逆成)으로 작용하니 선천(先天) 태극(太極)인 것이다'(龍圖는 未濟之象而 倒生逆成하니 先天太極이니라)라 하여, 도생역성(倒生逆成)의 작용으로 밝히고 있다. 즉, 도생은 1 → 2 → 3 → 4 → 5의 작용이고, 역성은 6 → 7 → 8 → 9 → 10의 작용이다.

정역팔괘도의 기작용은 '**도생역성도**'(倒生逆成圖), '**음양합덕도**'(陰陽合一圖) 내지 '**정역오행도**'(正易五行圖)이다.

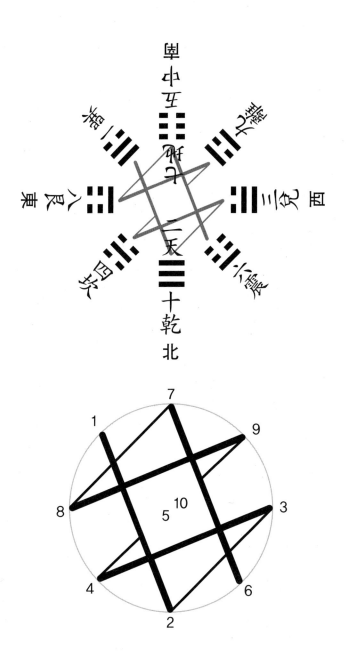

찾아보기

주역 64괘
周易　六十四卦

2023년 7월 31일 초판 인쇄
2023년 8월 15일 초판 발행

지 은 이　임병학
펴 낸 이　신원식
펴 낸 곳　도서출판 **中道**
　　　　　서울 종로구 삼봉로 81 두산위브파빌리온 921호
등　　록　2007. 2. 7. 제2-4556호
전　　화　02-2278-2240
© 2023 임병학

값 : 45,000원

ISBN 979-11-85175-64-5　93180